二十一世纪普通高等教育人才培养“十四五”系列教材
陕西省省级“线上一流课”配套教材

金融学（第三版）

主　编○张若为
副主编○常　婧　贾　宁

西南财经大学出版社
Southwestern University of Finance & Economics Press
中国·成都

图书在版编目(CIP)数据

金融学/张若为主编.--3 版.--成都:西南财经
大学出版社,2024.8(2025.1 重印).--ISBN 978-7-5504-6378-3
Ⅰ.F830
中国国家版本馆 CIP 数据核字第 202422584H 号

金融学(第三版)

主　编　张若为
副主编　常　婧　贾　宁

策划编辑:李晓嵩
责任编辑:李晓嵩
助理编辑:蒋　华
责任校对:王　琳
封面设计:何东琳设计工作室
责任印制:朱曼丽

出版发行	西南财经大学出版社(四川省成都市光华村街 55 号)
网　　址	http://cbs.swufe.edu.cn
电子邮件	bookcj@swufe.edu.cn
邮政编码	610074
电　　话	028-87353785
照　　排	四川胜翔数码印务设计有限公司
印　　刷	郫县犀浦印刷厂
成品尺寸	185 mm×260 mm
印　　张	14.125
字　　数	335 千字
版　　次	2024 年 8 月第 3 版
印　　次	2025 年 1 月第 2 次印刷
印　　数	2001— 4000 册
书　　号	ISBN 978-7-5504-6378-3
定　　价	39.80 元

第三版前言

随着全球经济金融格局的变化以及中国经济的快速发展，中国在全球经济金融舞台上发挥着越来越重要的作用。伴随中国经济金融力量的崛起，以金融为核心的现代经济要维持持久的发展动力，就需要新形势下的发展策略，这也对金融学科领域提出了许多新问题。探索和理解新问题需要以金融活动及运行规律和参与主体为出发点。为适应金融学专业应用型人才培养目标的教学需求，我们编写并修订了这部教材。

本书围绕培养具有实践能力的创新人才的目标，以阐述现代金融的基本理论、基本原理及运行规律为出发点，突出“简单易懂”的原则，介绍了金融学的主要内容和最新发展变化趋势，实事求是地探讨了社会主义市场经济发展中的金融理论及实践问题。

本书具有理论覆盖面广、信息量大、内容新颖、表述简单易懂以及实用性强等特点。

全书共分为11章。第一章主要介绍货币和信用的基本理论与应用；第二章主要介绍商业银行的产生、发展及主要业务等；第三章主要介绍金融机构的类型及主要业务；第四章主要介绍中央银行的产生、发展、主要职能及货币政策等；第五章主要介绍非银行金融机构的主要类型及业务；第六章主要介绍金融市场的要素、功能及类型等；第七章主要介绍国际收支、国际储备、外汇及汇率等内容；第八章主要介绍货币的供给与需求理论；第九章主要介绍金融风险与金融风险管理等内容；第十章主要介绍金融科技、人工智能及银行的数字化转型、区块链技术及其应用、中国央行数字货币以及保险科技、监管科技等内容；第十一章主要介绍金融监管的概念、内容、方法、体制及国际协调等内容。

全书的编写分工如下：第一章由张若为编写，第二章、第九章、第十一章由田婉婉编写，第三章、第五章、第十章由贾宁编写，第四章、第六章由常婧编写，第七章由常芸编写，第八章由付燕编写。全书的统稿工作由张若为负责。

西南财经大学出版社对本书的修订与出版给予了支持和重视，在本书即将出版之际，谨向有关编辑表示最诚挚的谢意！最后，感谢学校领导对我们工作的一贯支持！

由于一些主客观原因，本书还有许多不足之处尚待完善，我们将继续努力改进和提高，恳请同仁和读者指正。

编者

2024 年 8 月

目录

第一章 货币和信用

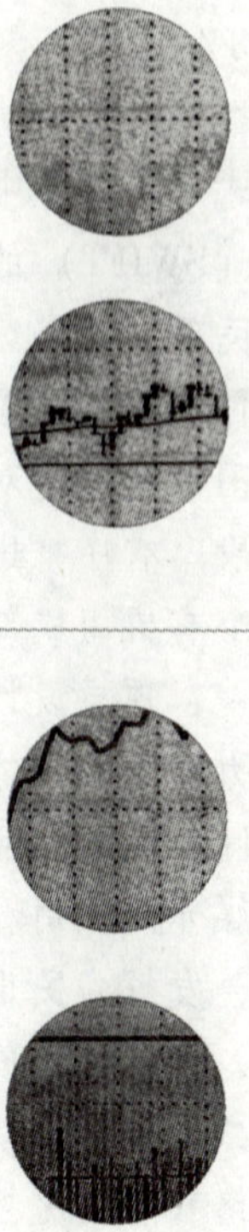

[知识导读]

党的二十大报告指出：“有序推进人民币国际化。”从稳健审慎推进人民币国际化到有序推进人民币国际化，表明人民币国际化从探索和累积经验的稳慎阶段步入了制度设计与行动的有序推进新阶段。有序推进人民币国际化，增加本币使用，解决国内国际双循环中的货币错配难题，降低储备资产风险，是中国统筹发展和安全的需要，是世界对人民币认可程度提高的需要，也是国际货币体系格局多极化调整的需要。

2022 年 8 月，国际货币基金组织将人民币在特别提款权中的权重由 10.92%上调至 12.28%，肯定了中国贸易和金融全球影响力的提升，反映了国际社会对人民币可自由使用程度提高的认可。国际货币基金组织的数据显示，截至 2023 年 12 月底，人民币在全球外汇储备中的占比已达到 2.29%，是全球第六大储备货币。环球银行金融电信协会（SWIFT）的数据显示，2024 年 3 月，在基于金额统计的全球支付货币排名中，人民币保持全球第四大最活跃货币的位置，占比 4.7%。人民币坐稳了全球主要储备和支付货币的位置。

中国加快构建双循环新发展格局推动经济高质量发展要求人民币国际化进入有序推进阶段。有序推进人民币国际化是一项系统而复杂的工程。有序推进人民币国际化包括两个有机组成部分：顶层设计和市场驱动。

第一，顶层设计：确保统筹好发展与安全。党的二十大报告指出：“坚持把发展经济的着力点放在实体经济上。”人民币的着力点应放在服务实体经济发展上，放在服务国内国际双循环相互促进的新发展格局上。人民币在推进新发展格局方面扮演着货币定价和媒介的作用。为了引导、促进人民币参与国际大循环，人民币需要提供全球安全资产，发挥人民币的避险功能，降低人民币应对外部不利冲击时的波动。高质量债券市场，尤其是国债市场的发展将提供市场底层的安全资产。

第二，市场驱动。人民币作为国际货币需要有稳定的币值、便捷广泛的国际交易清算网络和自由兑换的制度安排，以发挥价值尺度、流通手段、支付手段、贮藏手段和世界货币这些货币的职能。支撑国际货币本质属性的是每单位货币衡量的财富价值以及这种财富价值在全球的自由配置。稳定的币值、便捷的全球交易网络、对人民币定价的商品与资产需求增加、稳健的汇率风险管理是提升市场驱动力的四大基础。

人民币坐稳了全球第五大储备和支付货币的位置，让中国人的民族自豪感油然而生。货币国际化并没有理论定义，也没有官方界定。根据 2018 年出版的《新帕尔格雷夫经济学大辞典》（第三版）的定义，如果一种货币能够在跨境交易中发挥价值储藏、交换媒介和计价单位三项功能，该货币就具备了国际货币功能。在现实中，货币国际化更体现为一个过程，这一过程可以概述为一种货币的使用超出国界，在发行国境外可以同时被本国居民或非本国居民使用和持有，伴随使用和持有程度的提高，这一货币的国际化程度也随之提高。

美元作为主权国家发行的信用货币，从具体职能看，美元是各国中央银行持有的主要储备货币。欧元是继美元后的第二大国际货币，得益于欧洲统一大市场。

国际货币各职能的形成通常是从贸易支付起步的，逐渐扩展至投资领域，再延伸至融资功能，最后成为储备货币。成为国际货币需要一系列条件，一国经济规模、中央银行公信力、货币内在价值稳定性、货币可兑换性、深度发达的金融市场以及国家的政治和军事实力决定货币的国际地位。

思考题：

1. 人民币在推进国内国际双循环相互促进的新发展格局上，发挥着什么职能？
2. 在未来，我国应如何有序推进人民币国际化？

第一节 货币

在经济社会生活中，货币和人们的生活生产、经济的运行发展息息相关。货币是金融的本源性要素，学习金融必须先从货币入手。在人类历史长河中，货币已有5 000多年的历史。马克思在《政治经济学批判》一书中引用了19世纪中期美国议会议员格莱恩顿的一句话："受爱情愚弄的人，甚至还没有因钻研货币本质而受愚弄的人多。"可见，人们研究货币的时间之长、为研究货币花费的精力之多，几乎没有任何一个问题的复杂程度能超过货币问题。

一、货币的产生与发展

马克思认为，货币是商品经济发展的必然产物。原始社会时期，由于生产力落后，劳动产品归全社会共同所有，不存在商品交换。随着生产力的提高和社会分工的发展，私有制逐渐形成，商品和商品交换出现。随着商品交换的发展，货币逐渐从商品世界中分离出来，固定地充当一般等价物。

商品交换需要满足两个条件：第一，交换的两种商品具有不同的使用价值；第二，交换的两种商品具有相同的价值。在交换的过程中，根据交换的条件，需要衡量商品价值量的大小。但是，商品本身不能表现自身的价值，需要借助另外一个具有相同价值且具有不同的使用价值的商品来表现。这种以一种商品的价值来表现另外一种商品的价值的方式叫价值表现形式，简称价值形式。价值形式经历了"简单的或偶然的价值形式→扩大的价值形式→一般的价值形式→货币形式"四个阶段。

（一）简单的或偶然的价值形式

原始社会时期的生产力水平较低，不存在商品生产。商品交换具有偶然性。于是，一种商品的价值偶然地、简单地表现在另一种商品上，这就是价值形式发展的原始阶段。

（二）扩大的价值形式

随着生产力的发展，剩余产品增加，可以交换的产品种类和数量大幅度增加。并且，随着第一次社会分工的出现，商品生产专业化程度提高，而生产者的需求更加多样化，这就促使交换不再是偶然发生的，而成为经常的、必不可少的经济活动。这一时期，一种商品的价值就可以通过很多种商品的价值来表现。

虽然这一时期的交换是经常发生的，且一种商品的价值可以由很多种商品表现出来，价值表现形式有了发展和进步，但是也存在一些问题：

1. 价值表现形式不统一

一种商品的价值通过很多种商品来表现，而这些商品中的每一种商品都可以用其余商品来表现其价值，价值表现形式不统一。

2. 交换的链条复杂且难度较大

若想一次交换成功，必须存在“光脚的理发师寻找到长头发的鞋匠”双重偶然才能完成交换。因此，这是一种不完全、不成熟的价值形式。

（三）一般价值形式

一般价值形式是指所有商品的价值通过一种商品来表现，这种商品即为一般等价物。一般价值形式是价值表现形式质的飞跃：第一，扩大的价值形式是一种商品的价值由一系列商品表现，而一般价值形式是一种商品可以表现所有商品的价值；第二，扩大的价值形式本质上还是物物交换，而当一种商品可以表现所有商品价值时，这种商品已不再是普通商品，而是具有交换媒介功能的特殊商品——货币。

一般价值形式促进了商品经济发展，但也存在一个问题：这种特殊的商品并没有完全固定在一种商品上，仍然不利于商品交换的进一步发展。

（四）货币价值形式

当一切商品的价值固定地由一种特殊商品表现时，即为价值形式的最高阶段。在长期的演变过程中，人们发现黄金具有质地均匀、价值大、体积小、抗腐蚀、耐高温、色泽光彩容易鉴别以及容易分割等天然属性，是最理想的货币材料，于是黄金从此成为货币的代名词。

二、货币形态的演变

货币最早是实物货币形态，之后逐渐被替代，然后慢慢发展成现代信用货币。

（一）实物货币

实物货币本身具有特定的使用价值，早期人们使用的实物货币材料有牲畜、五谷、刀具、农具、盐、贝壳等。中国最早的货币为贝币，不同时期不同地域充当实物货币的材料多有不同。但实物货币具有携带不便、分割不便、保存不便、运输不便等诸多不利因素。

我国早在春秋战国时期，就已经使用金属作为货币材料，金属货币是实物货币的重要发展阶段。我国最早使用的金属货币为铜币。之后，一些古文明较发达国家开始使用不同的货币金属。西方发达国家早期的货币金属以黄金为主要币材。

金属货币的发展和演进有别于普通实物货币，其具有独特的发展规律：金属货币一般都经历了由贱金属向贵金属的过渡，而无论以何种金属作为货币，都先后经过称量货币和铸造货币两个阶段。称量货币在使用时以重量为单位计价，铸造货币以金属货币的数量单位计价。

（二）可兑现的信用货币

可兑现的信用货币也可理解为代用货币，即代替金属货币流通，其一般形态为纸币。我国是最早发行和使用纸币的国家。我国的纸币发展源于北宋年间四川成都的“交子”。

纸币之所以能够代替金属货币流通，是因为它有十足的金属货币作为保证，纸币可以自由地与金属货币进行兑换，因此也叫可兑现的信用货币。由于可兑换的信用货币具有造价低、便于携带、容易计价等优点，所以其在货币历史上持续了很长时间。但是，它也存在一些缺陷，比如容易损坏、容易伪造等。因此，这种货币最终也被新的货币形态代替。同时，由于商品经济的繁荣发展使得人们对商品和交换的需求快速扩大，而以黄金作为保证和准备的可兑换信用货币无法满足人们的交换需求。金属货币十足的准备逐渐变为部分准备，之后与黄金完全脱钩，黄金实现非货币化。

（三）信用货币

信用货币也叫不可兑现的信用货币，是由一个国家政府或金融管理当局提供信用保证的流通工具。信用货币的流通需要具备两个条件：一是货币发行的立法保证，二是人们对货币的信心。

常见的信用货币形态主要有通货、银行存款、电子货币以及银行开出的本票、汇票、支票等信用票据。

三、货币的本质与职能

（一）货币的本质

马克思从劳动价值理论着手，通过研究价值形式的发展过程揭示货币的起源，并得出货币是从商品世界中分离出来、起一般等价物作用的特殊商品的结论。货币出现后，商品世界分裂成两极：商品和货币。

货币作为一般等价物也是商品，因其具有商品的共性，即具有使用价值和价值。货币又是特殊的商品，其特殊点在于：第一，货币是可以表现一切商品价值的工具，任何一种商品，只要能够交换到货币，则其价值就得以表现，生产这种商品的私人劳动就转化为社会劳动；第二，货币具有直接同一切商品相交换的能力，普通的商品可以以特定的使用价值满足人们的需求，但不具有同其他一切商品相交换的能力，而作为一般财富代表的货币则具有这样的能力。这两个特殊点也是货币充当一般等价物的两个基本特征。

（二）货币的职能

货币的职能是货币本质的具体表现。马克思的货币理论认为，货币在与商品交换发展演进的过程中，逐渐形成了价值尺度、流通手段、支付手段、贮藏手段和世界货币五种职能，其中价值尺度和流通手段是货币的基本职能。

1. 价值尺度

货币在表现和衡量商品价值时，执行价值尺度的职能，这是货币最基本、最重要的职能。货币之所以能够发挥这一职能，是因为其本身也是商品，同样具有价值。

货币在执行价值尺度职能时，即在给商品标价时，可以是观念上或想象的货币，不需要实际货币。货币执行价值尺度职能需要借助价格标准来完成。由于商品价值大小不同，用货币表现的价格不同，为了方便比较，就需要规定货币计量单位。在金属货币制度时期，货币以重量命名计量单位，货币的重量和价值相等，随着代用货币的出现和发展，货币单位的名称和重量逐渐脱离。

价值尺度和价格标准既有联系又有区别。区别在于：第一，价值尺度职能的发挥是商品内在价值的外在表现，是在商品交换的发展过程中自发形成的；而价格标准是国家立法确定的。第二，价值尺度职能的发挥是为了衡量商品的价值；而价格标准是衡量不同商品的不同价值量。第三，作为价值尺度，商品的价值随着劳动生产率的变化而变化；价格标准与劳动生产率无关。两者之间的联系在于：人为确定的价格标准这一技术规定是为价值尺度职能服务的，货币的价值尺度职能通过价格标准才能发挥作用。

2. 流通手段

货币在商品流通中充当交换媒介时，执行流通手段职能。货币执行流通手段职能时必须是现实的货币，即一手交钱一手交货，但不一定是足值的货币，可以是价值符号。因为货币在执行流通手段职能时，商品从一个所有者手中转移到另一个所有者手中，货币只是发挥媒介作用，至于媒介本身，无论是货币还是货币的象征均可。

货币出现之前，商品交换就是物物交换，货币的出现使得商品交换包含买和卖两个环节，有些人卖了商品后不会立即购买，买卖在时间上和空间上分离，社会分工的生产者相互依赖的环节有可能出现中断，商品生产者之间的关系也更加复杂，这里面蕴藏着危机的可能性，但造成这种危机的并非流通手段职能本身。

货币作为媒介的流通数量受商品流通量的影响。商品流通是货币流通的基础，货币流通是商品流通的外在表现。因此，货币流通量的大小随流通中商品的价值变化而变化，还受货币流通速度（次数）的影响。流通中所需货币量（M）取决于三个因素：商品价格（P）、商品数量（Q）和货币流通速度（V）。其计算公式为：

$$M = \frac{P \times Q}{V}$$

3. 支付手段

货币作为价值的独立运动形式进行单方面的转移时，就是在执行支付手段职能。赊账买卖的商业信用是货币支付手段产生的起源。目前，货币执行支付手段职能的途径很多，例如偿债，缴纳赋税，支付租金、捐款、罚款、工资等职能。

货币执行支付手段职能具有下述特点：第一，流通手段主要服务于商品流通，而支付手段除了服务于商品流通外，还服务于其他经济行为。第二，流通手段职能的发挥不会出现债权债务关系，属于钱货两清的即期交易；而支付手段职能的发挥会产生债权债务关系，是货物与资金清算交割的跨期交易。第三，支付手段使得经济中的债务链条延长，若链条上的某一个主体或一部分主体出现违约，则有可能引发整个债务链条断裂，从而产生危机。

4. 贮藏手段

货币由于某种原因退出流通领域，被持有者当作独立的价值形式和社会财富的代表保存起来，这种现象是货币贮藏手段职能的体现。

货币执行贮藏手段职能必须是实实在在的货币，这与货币执行流通手段职能可以是观念上的货币不同。另外，货币执行贮藏手段职能时必须退出流通领域。若在流通领域，则货币发挥流通手段和支付手段职能。

在足值的金属货币时期，货币发挥贮藏手段职能，具有自发调节货币流通的作用。当流通中的货币供大于求时，多余的货币会退出流通领域；当流通中的货币供小于求时，贮藏的货币会重新进入流通领域，货币就像自动排水机一样实现自动调节。因此，在金属货币流通的条件下，不会发生通货膨胀问题。目前，信用货币则不具有自发调节流通中的货币量的作用。

5. 世界货币

当货币跨出国界在世界范围内充当一般等价物时，则执行世界货币职能。

货币发挥世界货币职能主要表现在支付手段、购买手段和财富转移三方面。1996年，人民币实现了经常项目下的可兑换。2015年年底，人民币被正式纳入国际货币基金组织特别提款权货币篮子，人民币在逐步实现国际化。同时，黄金并没有完全退出历史舞台，依然是国际最后的支付、购买以及财富保存的手段。

货币的五种职能是有机联系在一起的，货币的价值尺度和流通手段是货币最初、最基本的职能，在此基础上货币逐渐发展出现贮藏手段职能，支付手段职能以前两个基本职能为基础，同时以贮藏手段为前提，世界货币只能是前四个职能的延伸。总之，货币的五种职能是货币本质的具体体现，具有内在联系性，并随着商品交换的发展而发展。

四、货币制度

（一）货币制度及构成要素

货币制度是国家法律规定的货币流通的结构和组织形式，简称币制。货币制度产生于金属货币制度时期，随着资本主义制度的建立变得统一、规范，随着商品经济的发展而不断演变。

货币制度主要包括以下四个要素：

1. 货币金属

货币金属是指规定用哪一种金属作为货币材料。不同的金属材料构成不同的货币本位制度。如果是白银作为本位货币材料，则为银本位制；如果同时用金、银作为本位币材料，则为金银复本位制。

2. 货币单位

货币单位包括规定货币单位的名称和单位货币的价值。例如，美国的货币单位为“元”，根据1934年1月的法令规定，1美元含金量为0.888 671克。英国的货币单位为“镑”，根据1816年金币本位法案的规定，1英镑含成色11/12的黄金123.274 47格令（合7.97克）。我国1914年的《国币条例》规定，货币单位名称为“圆”，每1圆含纯银6钱4分8厘（合23.977克）。信用货币制度的核心要素为货币单位。

3. 货币的铸造、发行和流通

一个国家的通货主要包括主币（本位币）和辅币，其各自的铸造、发行和流通是不同的。

（1）主币。主币是一个国家流通中的基本通货，其最小规格是1个货币单位。例如，1人民币、1美元、1欧元、1英镑等。本位币具有自由铸造和无限法偿的特点，自由铸造是指在金属货币流通条件下，人们有权把货币金属送至造币厂铸造成金币或选择把金属铸币融化成货币金属；无限法偿是指法律规定，在货币收付中，无论每次支付的金额多大，若用主币支付，收款人都不得拒绝接受。

（2）辅币。辅币是本位币以下的小面额货币，是本位币的等分。其面值一般是货币单位的1/10、1/100等。辅币具有以下特点：一是用贱金属铸造；二是不足值的铸币；三是可以和本位币自由兑换；四是实行限制铸造，即只能由国家铸造；五是具有有限法偿能力，即在一次支付行为中使用辅币数量超过限额时，收款人可以拒绝接受。

4. 准备制度

准备制度的目的在于稳定货币。金属货币制度下，准备制度主要是建立国家的黄金准备。信用货币制度下，作为发行准备的有黄金、国家债券、商业票据、外汇等。

黄金储备的用途主要有：第一，作为国际支付的准备金；第二，作为调整国内金属货币流通量的准备金；第三，作为支付存款和兑换银行券的准备金。当前，世界各国实行信用货币，金属货币退出流通领域，黄金储备的后两个用途也已随之消失。

（二）货币制度的演变

从货币制度的发展历史来看，其形态经历了银本位制、金银复本位制、金本位制和不兑现的信用货币制度四大类型。

1. 银本位制

银本位制是以白银作为本位货币的一种金属货币制度。银本位制下，白银为本位币币材，具有无限法偿能力，银币可以自由铸造、自由熔化、自由输出输入。银本位制分为银两本位和银币本位。银两本位是以白银的重量为价格标准，实行银块流通。银币本位是以一定重量、成色和形制的银币为本位币，实行银币流通。

银本位制是最早的货币制度，是前资本主义时期的主要币材，这与当时经济发展水平相适应，且持续时间较长。

19世纪后期，世界白银产量快速增长，白银供给量大幅度增加，金银比价波动剧烈。1860年，伦敦市场金银比价为1∶15；1932年，其下降到1∶73.5。由于白银与黄金相比体积大而价值小，不能满足资本主义工业发展下大规模交易的巨额支付，导致许多国家纷纷放弃银本位制度。

我国是最早实行银本位制的国家，主要实行银两本位制。白银在唐宋时期已经普遍流通，元、明时期确立了银两本位制。清朝宣统二年（公元1910年）四月颁布《币制条例》，宣布实行银本位制，但实际上是银圆与银两并存。直到1933年4月，国民政府“废两改元”，颁布《银本位币铸造条例》，实行银圆流通。这种银圆可以自由铸造、无限制使用，这时，银圆才成为真正的本位币。1935年11月4日，国民政府实行“法币改革”，宣布禁止使用银圆，从银本位制改为实行金汇兑本位制。

2. 金银复本位制

金银复本位制是指以金币和银币同为本位币，均可自由铸造、自由熔化、自由输出输入，具有无限法偿的货币制度。金银复本位制在16~18世纪流行于资本主义国家的原始积累时期。当封建社会制度向资本主义制度过渡时，一方面，随着商品生产和交换的发展，小额交易日益增加，社会对白银的需求相应增加；另一方面，随着资本主义工业化的发展，对价值较高的黄金的需求也快速增加，这是金银复本位制建立的客观条件。同期，墨西哥、秘鲁的银矿和巴西的金矿先后被发现并开采，金银产量大增，这为金银复本位制的实行创造了条件。

金银复本位制按照金、银两种金属的不同关系分为平行本位制、双本位制和跛行本位制。

（1）平行本位制。平行本位制是指金币和银币按其实际的价值流通，其兑换比率国家不干预，完全由市场决定比价。由于市场机制形成的金银比价波动频繁，致使不同货币表示商品的价格也经常波动，造成商品交易混乱。

（2）双本位制。为克服平行本位的缺陷，一些国家以法律形式规定了金银比价，实行双本位制，这是金银复本位制度的主要形式。虽然双本位制避免了金银波动带来交易紊乱的情况，但又出现了新的问题——“劣币驱逐良币”现象。由于这一现象是由16世纪英国伊丽莎白女王一世的财政大臣托马斯·格雷欣发现并提出的，所以又将这一现象称为“格雷欣法则”。所谓“劣币驱逐良币”规律，是指在金属货币制度下，当一个国家同时流通两种实际价值不同但法定比价不变的货币时，实际价值高于名义价值的货币（良币）必然被人们熔化、储藏或输出，导致其退出流通领域，而实际价值低于名义价值的货币（劣币）则充斥市场。例如，金银的法定比价为1∶15，由于某些原因致使金银市场比价为1∶16，则金币价值被低估（良币），银币价值被高估（劣币）。这种情况下，人们会不断地从流通中拿走金币熔化成金块，再按照1∶16的比价在市场上换成银块，铸造成银币，又按照1∶15的法定比价向国家金融机构兑换成金币，获得白银的利润。这个过程循环不断，就会获得更多利润，直至金币完全退出流通领域，银币充斥市场。反之，若金银法定比价为1∶15，而金银实际比价为1∶14.5，则金币为劣币，银币为良币，金币将充斥市场，银币退出。

因此，在金银复本位制下，虽然法律规定金币、银币同为本位币，但实际上，市场上只有一种金属铸币在流通。金贱则金币充斥市场，银贱则银币充斥市场，很难保持两种铸币同时流通。

（3）跛行本位制。在由金银复本位制向金本位制过渡时期，出现了一种跛行本位制。跛行本位制是指金银都是本位币，两者之间有兑换比率，但国家规定金币能自由铸造，银币不能自由铸造，已发行的银币依然可以流通，但停止自由铸造，并限制每次支付银币的最高额度，银币实际上发挥着辅币的作用。

3. 金本位制

金本位制是以黄金作为本位货币的一种货币制度，具体有三种形式：

（1）金币本位制。金币本位制是典型的金本位制，国家法律规定以一定重量和成色的金铸币作为本位币。最早从金银复本位制过渡到金币本位制的是英国。金币本位制下金币具有自由铸造、自由熔化、自由输出输入的特点，同时，辅币、银行券可以自由兑换金币。

金币本位制是一种相对稳定的货币制度，由于国内外货币价值一致，汇率稳定，不会发生货币贬值问题，因此极大地促进了资本主义国家经济发展和对外贸易的扩大。但是，由于资本主义各国发展不平衡，世界黄金存量的分配也极不均衡。1913年末，世界黄金存量的2/3被美、英、法、德、俄五国占有，这就削弱了其他国家金铸币流通的基础。另外，少数强国为了战争，财政支出巨大，逐渐不能保证价值符号的自由兑现。还有一些国家从本国利益出发，用关税壁垒限制贸易往来，影响黄金在国际的流通，黄金在国际的自由输出输入受到限制。

第一次世界大战后，金币本位制遭到破坏，导致许多国家放弃金本位。1924—1928年，主要资本主义国家的经济生产恢复到战争前水平，并相继恢复金本位制，但缺乏实行金本位制的基础，所以恢复的过程很艰难。因此，大多数国家只能实行没有金币流通的金块本位制和金汇兑本位制。

（2）金块本位制。金块本位制又称生金本位制，是指在国内不铸造、不流通的金币，只发行代表一定含金量的银行券流通的货币制度。金块本位制虽然没有金币流通，辅币、银行券不能和黄金自由兑换，黄金由政府集中储存，本位币含金量在达到一定数额后才可兑换金块。但是，由于发行的银行券或纸币有含金量，所以这个货币制度依然属于金本位制。

（3）金汇兑本位制。金汇兑本位制又称虚金本位制，是指国家不铸造金币，也不允许公民自由铸造金币，流通中没有金币，只有银行券流通，银行券可以兑换外汇、外汇可以兑换黄金的货币制度。

实行金汇兑本位制的国家规定货币有含金量，本国货币与某一实行金币本位制或金块本位制国家的货币保持固定比价，并将黄金、外汇存放在这个国家作为外汇黄金，通过市场买卖以维持固定比价。在流通领域流通的只是银行券，银行券可以兑换外汇，其外汇可以在挂钩国家兑换黄金。实行金汇兑本位制的国家实际上使本国货币依附在一些经济实力雄厚的外国货币上，是一种具有附庸关系的货币制度。

金块本位制和金汇兑本位制都是一种残缺不全的本位制，都没有金币的流通，已失去了货币自动调节的功能，实行的时间不长，在1929—1933年世界经济危机的冲击下崩溃。从此，各国开始实行不兑现的纸币流通制度。

4. 不兑现的信用货币制度

不兑现的信用货币制度是以纸币为本位币，并且纸币不能兑换黄金的货币制度。20世纪70年代中期以来，各国先后开始实行不兑现的信用货币制度，这是当前世界各国普遍实行的货币制度。其特点如下：

（1）不兑现的信用货币一般由中央银行或类似中央银行的机构统一发行，国家立法赋予其无限法偿能力。

（2）货币不能兑换黄金，货币发行无需金银做保证，也不受金银数量的限制。

（3）货币通过金融机构的信用业务投入流通领域。

（4）货币供给量由中央银行通过货币政策工具进行调节和控制。

（5）对流通领域货币的调节成为国家对宏观经济调控的重要手段之一。当流通领域的货币供给量大于需求量时，会发生通货膨胀，这是发行信用货币所特有的经济现象。

（三）我国的货币制度

人民币是代表一定价值的符号，人民币没有含金量，是不兑现的信用货币。1948

年12月1日，中国人民银行正式成立并同时发行人民币。人民币货币制度的主要内容包括以下几个方面：

第一，人民币是我国的法定货币，具有无限法偿能力，没有法定含金量，不能自由兑换黄金。人民币的单位为“元”，元是本位币，辅币是“角”和“分”。人民币以“¥”为符号，取“元”字汉语拼音“yuan”的首位字母“y”加两横而成。1978年2月，联合国贸易和发展会议以及欧洲经济委员会将三字符货币代码作为国际通用的货币代码或货币名称缩写向全世界推荐，我国人民币的通用代码为“CNY”，其中“CN”为中国地区代码，“Y”为中国货币单位符号。

第二，人民币是中国境内唯一合法通货。国家规定人民币限额出入境制度，金、银和外汇不得在国内商品市场计价结算和流通。人民币实行以市场供求为基础，参考一揽子货币进行调节，有管理的浮动汇率制度。人民币在经常项目下可兑换外汇，在国家统一规定下的国内外汇市场可买卖外汇。

第三，人民币的发行权掌握在国家手里，国家授权中国人民银行管理货币发行工作，中国人民银行是货币的唯一发行机构，并集中管理货币发行基金。

第四，人民币的发行保证。人民币是信用货币，要根据商品生产和流通对货币的需求发行货币。发行量以商品物资为基础，同时以政府债券、商业票据、黄金、外汇储备等作为发行准备。我国建立的黄金和外汇储备主要用于平衡国际收支。

（四）货币层次的划分

货币层次的划分是指把流通中的货币量按照其流动性的大小进行划分和排列，分成若干层次并用符号代表的一种方法。流动性是货币层次划分的依据，所以流动性是指金融工具在市场上尽可能少损失或不损失的变现速度和方便程度。

各国经济和金融发展情况不同，划分对货币层次的口径也不同。

1. 美国联邦储备银行对货币层次的划分

M_{1A}=流通中的现金+活期存款

M_{1B}=M_{1A}+可转让存单+自动转账储蓄存款+信贷协会存款账户+互助储蓄银行活期存款

M_2=M_{1B}+商业银行隔夜回购协议+美国居民持有的即期欧洲美元存款+货币市场互助基金账户+所有存款机构的储蓄存款和小额定期存款

M_3=M_2+大额定期存单+定期回购协议+美国居民持有的定期欧洲美元存款

L= M_3+银行承兑票据+商业票据+储蓄债券+短期政府债券等

2. 国际货币基金组织对货币层次的划分

M_0=现金

M_1= M_0+活期存款

M_2= M_1+储蓄存款+定期存款+政府债券

3. 中国人民银行对货币层次的划分

M_0=流通中的现金

M_1=M_0+银行活期存款

M_2=M_1+准货币（定期存款+居民储蓄存款+其他存款）

世界各国对货币层次的划分存在着这样一个规律：金融市场越发达，货币层次划分越多；金融市场化程度越高，货币层次划分越细。反之则反是。

（五）国际货币制度的发展

国际货币制度是指各国政府对货币在国际范围内发挥世界货币职能所确定的规则、措施和组织形式，一般包含三方面内容：第一，确定国际储备资产；第二，确定汇率制度；第三，确定国际收支不平衡调节方式。国际货币制度旨在促进国际贸易的发展和国际支付更方便。

国际货币制度的演变大体上有四种类型：

1. 国际金本位制

国际金本位制大约形成于1880年末，至1914年第一次世界大战爆发时结束。在金本位制时期，国际货币制度是自发形成的，其建立的基础是主要资本主义国家国内都实行金本位制。

国际金本位制的特点如下：

（1）国际货币是黄金，黄金是各个国家中央银行储备的主要资产。但由于这一时期英国依靠其强大的经济实力和殖民统治，在贸易、金融、海运保险等方面具有优势，英镑实际上充当了世界货币的执行者，所以金本位制也称作英镑本位制。

（2）各国货币均有含金量，汇率则由各国货币的含金量即铸币平价决定。由于黄金具有自由输出入的特点，汇率相对稳定。黄金价值的稳定以及自由铸造、自由兑换和自由输出入的特点使得货币币值和汇率都比较稳定，因此可以认为国际金本位制是严格意义的固定汇率制。

（3）国际收支具有自动调节机制。当一国国际收支出现逆差时候，黄金则流向国外，导致国内通货紧缩，通货紧缩致使国内物价水平下降，商品价格下滑，这将有助于商品出口。随着商品出口量的增加，国外黄金逐渐流入国内，国际贸易逆差消除，国际收支实现自动平衡。这种自动调节机制，就是英国经济学家大卫·休谟最先提出的“价格-铸币流动机制”。

由于资本主义国家经济发展不平衡和黄金分布的极不均衡，使得黄金供应不稳定，不能适应世界经济发展的需求，金本位制自动调节存在严重缺陷等，导致这种缺乏弹性的金本位制在第一次世界大战爆发时最终崩溃了。第一次世界大战后，各国无力恢复金本位制，便用金汇兑本位制代替。实行金汇兑本位制国家的货币与某一实行金币或金块本位制国家（美国、英国、法国、意大利）的货币保持一定的固定比价，并将本国的黄金外汇储备存放在挂钩国家的中央银行，通过市场买卖维持固定比价，国内流通的货币是银行券，银行券不能直接兑换金币或金块，只能兑换成外国货币。由于金汇兑制度本身的不稳定性和附庸性，在1929年世界性经济危机爆发后，金本位制崩溃且再也无法恢复。

2. 美元本位制

1943年4月7日，第二次世界大战还未结束，英、美两国各自从本国利益出发，设计了新的国际货币制度，英国提出“凯恩斯计划”，美国提出“怀特计划”。但由于英国在第二次世界大战期间遭受战争创伤较大，经济被严重破坏，而美国大发战争横财，势力空前强大，因此在 1944 年 7 月美国新罕布什尔州布雷顿森林召开的 44 国会议上，通过了以美国“怀特计划”为基础的《国际货币基金协定》和《国际复兴开发银行协定》，统称为《布雷顿森林协定》，形成了以美元为中心的国际货币体系，即“布雷顿森林体系”。

本雷顿森林体系的主要内容如下：

（1）建立了一个永久性的国际金融机构，即国际货币基金组织（International Monetary Fund，IMF），旨在促进国际货币合作。国际货币基金组织是二战后国际货币制度的核心，其各项规定形成了国际金融的基本秩序，在一定程度上维持国际金融形势的稳定。

（2）以黄金为基础，以美元为最主要的国际储备货币，形成“双挂钩”制度，即黄金与美元保持固定比价，确定 1 盎司黄金等于 35 美元的官方价格，各国政府或央行可以用美元的官价向美国兑换黄金，其他国家的货币与美元挂钩并保持固定比价。

（3）实行可调整的固定汇率制度。各国按照其各自含金量与美元确定比价，汇率上下浮动不超过 1%，若超出规定的范围，各国政府有义务在外汇市场进行干预，保持汇率稳定。当出现国际收支不平衡时，经国际货币基金组织批准，可以进行汇率调整，这称为可调整的固定汇率制。

（4）国际货币基金组织向国际收支逆差国提供短期资金融通。成员方在需要国际储备时，可用本国货币向国际货币基金组织按程序购买一定数额的外汇，在规定时间内用黄金或外汇购回本币的方式偿还。

（5）取消外汇管制。《国际货币基金协定》第八条规定，成员方不得限制经常项目的支付，不得采取歧视性的货币条款，要在兑换性的基础上实行多边支付。

（6）制定了“稀缺货币”条款。当一国国际收支持续盈余，并且该国货币在国际货币基金组织的库存下降到其份额的 75%以下时，国际货币基金组织可将该国货币宣布为“稀缺货币”。于是，国际货币基金组织可按赤字国家的需求实行限额分配，其他国家有权对“稀缺货币”采取临时性限制兑换，或限制进口该国的商品和劳务。

布雷顿森林体系建立了一个相对稳定的国际金融秩序，促进了国际贸易和世界经济的增长。但是，由于布雷顿森林体系实际上是美元本位制，美元是国际储备货币，这就要求美国提供充足的美元来满足国际清偿的需求。同时，美元与黄金的固定比价要求美元供给不能太多，以维持各国对美元的信心。美国耶鲁大学教授罗伯特·特里芬在 20 世纪 50 年代通过研究布雷顿森林体系的内在机理，提出了这一矛盾，即美元供给太多会有不能兑换黄金的风险，美元供给太少会发生国际清偿力不足的问题，被称为“特里芬难题”。

1960 年 10 月，美国外兑债务已超过其黄金储备额，第一次美元危机爆发，各国开始大规模抛售美元、抢购黄金。1971 年 8 月，美国面对本国巨额国际收支逆差和各国中央银行兑换黄金的压力，宣布实行“新经济政策”，停止美元兑换黄金。1971 年 12 月，“十国集团”在美国首都华盛顿的史密森镇召开会议，达成了《史密森协议》。其主要内容是：1 盎司黄金 = 38 美元，且停止兑换黄金；调整各国货币与美元的汇率；允许各国货币兑美元汇率波动范围从上下波动 1%扩大到上下波动 2.25%。1973 年，美国再次宣布美元贬值，1 盎司黄金 = 42.22 美元。1973 年 3 月，加、意、日、瑞士、英五国宣布加拿大元、意大利里拉、日元、瑞士法郎和英镑自由浮动，其他国家也陆续放弃维持固定汇率制度，实行汇率自由浮动。至此，布雷顿森林体系的固定汇率制度彻底解体。

3. 有管理的浮动汇率制度

自布雷顿森林体系崩溃后，国际货币秩序动荡不安，不利于国际贸易和国际经济的发展。1976 年，国际货币基金组织“国际货币制度临时委员会”在牙买加金斯敦召开会议，达成《牙买加协定》。同年 4 月，国际货币基金组织理事会通过了《国际货币基金协定》第二次修正案，形成了国际货币关系的新格局。

《牙买加协定》的主要内容如下：

（1）黄金非货币化。废除黄金条款，取消黄金官价，各成员方中央银行可按市价自由进行黄金交易，取消成员方之间以及成员方与国际货币基金组织之间须用黄金清算债权债务的义务。国际货币基金组织所持有的黄金应逐步加以处理。

（2）浮动汇率合法化。成员方可以自由选择任何汇率制度。但成员方的汇率政策应受国际货币基金组织的监督，并与国际货币基金组织协定。

（3）提高特别提款权的国际储备地位。特别提款权逐步取代黄金和美元成为国际货币制度的主要储备资产。

（4）扩大对发展中国家的资金融通。国际货币基金组织用出售黄金所得收益设立“信托基金”，以优惠的条件向最贫穷的发展中国家提供贷款或援助，以解决它们国际收支的困难。

（5）增加成员方的基金份额。成员方对国际货币基金组织所缴纳的基金份额由原来的 292 亿特别提款权增加到 390 亿特别提款权，各成员方应缴份额比重也有所改变。主要石油输出国比重提高 1 倍，由 5%增加到 10%，其他发展中国家维持不变。

《牙买加协定》确定的国际货币制度，实际上是以美元为中心的多元化国际储备和浮动汇率体系。在这个体系中，黄金的国际作用被严重削弱，但并没有完全消失；美元在诸多储备货币中仍居主导地位，但其地位不断下降，原西德马克、日元的地位被不断提高，特别提款权和欧洲货币的储备货币地位也在提高。在这个体系中，各国所采取的汇率制度自由安排，主要发达国家货币的汇率实行单独浮动或联合浮动，多数发展中国家采取钉住汇率制度，把本国货币钉住美元、法国法郎等单一货币，或钉住特别提款权和欧洲货币单位等合成货币，还有国家采取其他多种形式的有管理的浮动汇率制度。在这个体系中，国际收支的不平衡通过多种渠道进行调节。除了汇率机制以外，国际金融市场和国际金融机构也发挥了重要作用。

国际浮动汇率制度中的国际货币储备体系多元化，由于缺乏统一稳定的货币标准，汇率随经济波动引发汇率市场动荡，对国际贸易、国际投资和国际经济带来影响。面对汇率动荡的冲击和国际贸易风险加大，进一步改革国际货币制度，成为各国普遍关注的问题。

第二节　信用

信用和货币一样，具有古老的发展历史，是金融学基本要素之一，是本源性要素的发展和延伸，是现代金融市场和金融机构发挥作用的基础。它是商品经济发展到一定阶段的产物。本节主要介绍信用的产生和发展、信用工具及基本特征等。

一、信用的含义与特征

（一）信用的含义

“信用”一词源于拉丁文“Credo”，其意思为信任、诚信等。信用的含义有多种，但从经济金融角度讲，信用是指以借贷并偿还本息为特征的经济行为，是不发生所有权变化的价值单方面的暂时让渡或转移。

在借贷活动中，债权人将商品或货币借出，称为授信；债务人接受债权人的商品或货币，称为受信；债务人遵守承诺，按期偿还商品或货币并支付利息，称为守信。因此，信用的本质是财产使用权的让渡，这种转移或让渡不是无偿的，而是以还本付息为条件的借贷行为。这种借贷行为是一种受法律保护的契约关系。

（二）信用的特征

无论是什么样的信用形式，都具有共同的特征：

1. 信用以相互信任为基础

信用关系的建立必须以交易双方相互信任为条件。如果交易双方互不信任或出现信任危机，信用关系即使发生了，也不可能长久持续下去。

2. 以还本付息为条件

信用资金的借贷是有偿的，信用关系一旦确立，债务人将承担按期还本付息的义务，债权人将拥有按期收回本息的权利，且利息的多少与本金金额、信用期限相关。

3. 信用是价值运动的特殊形式

价值运动的一般形式是通过商品的直接买卖关系实现的。在买卖过程中，卖方让渡商品的所有权和使用权，取得货币的所有权和使用权。信用关系引起的价值运动是通过借贷、偿还和支付过程来实现的。从表面上看，信贷资金的运动形式是“钱生钱”的过程，但实际上信贷资金是以产业资金为基础而运动的。

4. 以收益最大化为目标

信用关系确立的前提是借贷双方追求收益最大化或成本最小化。无论是实物借贷还是货币借贷，债权人将闲置资金（实物）借出，都是为了获取闲置资金（实物）的最大收益，避免资本闲置所造成的浪费；债务人借入所需资金或实物同样是为了追求最大收益，避免资金不足所带来的生产中断。

二、信用形式

现代经济又称信用经济，信用关系普遍存在，信用形式繁多。按信用主体不同，可分为商业信用、银行信用、国家信用、消费信用和其他信用。其中，商业信用是最基本的信用形式，银行信用是最主要的信用形式。

（一）商业信用

商业信用是指工商企业之间以延期付款或预付款的形式相互提供的信用。目前，商业信用的具体形式除了延期付款、预付款，还有分期付款、委托代销等。商业信用包含两个同时发生的经济行为：买卖行为和借贷行为。一方面是信用双方的买卖交易，另一方面是信用双方债权债务关系的形成。

商业信用对于企业之间调剂资金余缺、提高资金使用效率、节约交易成本、加速商品流通等发挥着重要作用。但也存在一些局限性：第一，具有较严格的方向性。商业信用是企业之间相互提供的信用，其对象是商品资本，信用只能由产品的生产者提供给产品的需求方，而不能反方向提供信用。第二，商业信用的规模受产业规模的约束。商业信用所能提供的信用数量受其产业资本规模的限制。一般来说，产业资本规模越大，商业信用的规模也就越大；反之，商业信用的规模也就越小。第三，信用工具的接受性存在限制。商业票据是商业信用工具，由于企业的信用具有有限性，其开出的商业票据在使用范围上具有一定的限制，只能通过票据贴现等方式转换为货币才具有广泛的可接受性。第四，信用链条不稳定性。商业信用是工商企业之间相互提供的，企业和企业之间信用关系错综复杂，一个经济社会有多少工商企业，就可能就多少信用关系环节。当某一环节因债务人不能按期履约而造成债务链条断裂，就有可能引发债务危机，甚至冲击银行信用，严重则会引发金融危机。

由于上述局限性，商业信用对资源和资金的配置具有分散性、盲目性的特点，不能有效满足市场经济资源的合理配置。因此，商业信用虽然是社会信用最普遍的形式，但不是最主要的信用形式。

（二）银行信用

银行信用是指银行及其他金融机构以存、贷款等多种业务形式提供的货币形态的信用。银行信用是在商业信用基础上发展起来的一种更高层次的信用。

银行信用具有以下三个特点：第一，银行信用克服了商业信用数量规模上的局限性。银行机构将社会闲散资金聚合后统一进行借贷，其借贷资金的规模不受银行信贷业务相关的产业、企业规模限制。第二，银行信用克服了商业信用方向、范围、期限等限制。银行的信贷资金是独立的，不属于产业资本范畴，因此信贷资金在方向和范围上没有限制，在期限上可以通过“借短期贷长期”实现转换。第三，银行信用的风险一般低于商业信用。相较于企业，银行等金融机构具有规模优势、信息优势、专业优势等，这些均有助于降低信息成本和交易成本，有效降低信用双方的信息不对称引发的逆向选择和道德风险问题。

由于上述银行信用的优点，使得它在整个信用体系中占据核心地位，发挥主导作用。

（三）国家信用

国家信用是指国家及其附属机构作为债权人或债务人向社会公众或外国政府放债或举债的一种形式。

国家信用伴随政府财政赤字的发生而产生。随着各国经济的发展，财政支出庞大，财政赤字成为普遍现象，为弥补财政赤字或资金不足，向社会公众发行债券或向外国政府举债成为各国政府必然选择。另外，当国内经济增长出现需求不足时，政府可以通过发行国债投资增加财政支出，推动经济扩张发展，同时，国债投资的政府行为也会引导银行信贷和民间投资趋势，因此政府通过国家信用达到调节经济的目的。

在国家信用中，债权人多为银行和其他金融机构、企业和居民。由于政府债券的安全性高、流动性强、收益稳定，是市场广受欢迎的投资工具。中央银行通过买卖政府债券进行公开市场操作，调节货币供给量，实现宏观调控。

（四）消费信用

消费信用是指向消费者提供的、用于满足其消费的信用。其实质是通过赊销或消费贷款等方式，为消费者提供提前消费的条件，加速商品流通，促进经济发展。

消费信用的形式主要有以下三种类型：

（1）商品赊销。这是一种短期消费信用形式，商品销售方以延期付款的销售方式向消费者提供信用，如信用卡消费。

（2）分期付款。这是一种中期消费信用形式，消费者先支付一部分货币（首期付款），然后按照合同分期分摊还本付息。这种付款方式在购买耐用消费品中广泛使用。

（3）消费贷款。这属于中长期信用，银行或其他金融机构直接贷给消费者用于购买耐用消费品、住房以及支付旅游费等。消费贷款可分为一次偿还和分期偿还两种方式。我国商业银行目前的消费贷款主要有住房贷款、汽车贷款和助学贷款等。

三、信用工具

信用活动的载体即为信用工具。信用工具是契约关系的法律证明，是资金供求双方融资活动所签发的证明债权债务关系的法律有效凭证，也称融资工具、金融工具、金融资产、金融商品等。

信用工具主要包括票据、信用证、信用卡、股票、债券等。

（一）票据

票据是债权债务关系的书面凭证，是代表一定数量货币请求权的有价证券。票据在法律规定的条件下可以流通转让，发挥汇兑、支付、结算等功能。我国现行票据法规定，票据包括汇票、本票和支票三种。

票据通过背书可以转让流通。背书指的是票据背面或者粘贴单上记载有关事项并签章的票据行为。每个背书人和票据签发人（出票人）同样需对票据的支付负责。如果票据的签发人不付款，票据持有人有权向背书人要求付款。除非票据上记载“不可转让”或“现金”字样，一般情况下则可以转让。

1. 汇票

汇票是出票人签发的，委托付款人在见票时或者在指定日期无条件支付确定金额给收款人或持票人的票据，包括银行汇票和商业汇票。

银行汇票是汇款人将款项存入当地出票银行，由出票银行签发的，由其在见票时按照实际结算金额无条件支付给持票人或收款人的票据。银行汇票是见票即付，属于即期票据。

商业汇票是出票人签发的，委托付款人在指定日期无条件支付确定金额给收款人或者持票人的票据，需要承兑后票据才有效。商业汇票分为商业承兑汇票和银行承兑汇票。

2. 本票

本票是出票人签发的，承诺自己在见票时无条件支付确定金额给收款人或持票人的票据。根据我国现行票据法的规定，本票指银行本票，没有商业本票。银行本票是指申请人将款项交存银行，由银行签发的承诺自己在见票时无条件支付确定金额给收款人或持票人的票据。

3. 支票

支票是银行的存款人（出票人）签发的，委托存款银行在见票时无条件支付确定金额给收款人或持票人的票据。

支票按其支付方式的不同，可以分为现金支票和转账支票两种。前者可以支取现金，后者只能用来转账。转账支票常在票面划两条红色平行线，也称划线支票、平行线支票或横线支票。

（二）信用证

信用证是银行根据其存款客户的请求，并按其指示向第三方发出，在一定的期限内凭符合规定的单据付款的书面保证文件。信用证是银行有条件保证付款的证书，是国际贸易活动中常用的结算方式。

（三）信用卡

信用卡是银行提供给客户先消费后还款的小额信贷支付工具。即消费者在卡里没有现金的情况下进行消费，享受一定的免息还款期。

（四）股票

股票是股份公司为筹集资金而发给投资者的入股凭证。股票持有人即为公司的股东。股票种类有多种，按照有无票面金额，可以分为有票面金额的股票和无票面金额的股票；按是否记名，可以分为记名股票和不记名股票；按盈利分配方式的不同，可以分为优先股票和普通股票。

（五）债券

债券是债务人向债权人承诺在指定日期偿还本金并支付利息的有价证券。按照债券发行者的不同，可以分为国家债券、公司债券和金融债券。

四、征信

信用在民众的意识当中越来越强。征信既有企业征信，也有个人征信。征信是指对企业、事业单位等组织（以下统称为“企业”）的信用信息和个人的信用信息进行采集、整理、保存、加工，并提供给信息使用者的活动。

在征信业务中，采集个人信息应当经信息主体本人同意，未经本人同意不得采集。但是，依照法律、行政法规规定公开的信息除外。企业的董事、监事、高级管理人员与其履行职务相关的信息，不作为个人信息。征信机构禁止采集个人的宗教信仰、基因、指纹、血型、疾病和病史信息以及法律、行政法规规定禁止采集的其他个人信息。征信机构不得采集个人的收入、存款、有价证券、商业保险、不动产信息和纳税数额信息。

信息提供者向征信机构提供个人不良信息，应当事先告知信息主体本人。但是，依照法律、行政法规规定公开的不良信息除外。征信机构对个人不良信息的保存期限为自不良行为或事件终止之日起5年；超过5年的，应当予以删除。在不良信息保存期限内，信息主体可以对不良信息作出说明，征信机构应当予以记载。信息主体可以向征信机构查询自身信息。个人信息主体有权每年两次免费获取本人的信用报告。

向征信机构查询个人信息的，应当取得信息主体本人的书面同意并约定用途。征信机构或信息提供者、信息使用者采用格式合同条款取得个人信息主体同意的，应当在合同中作出足以引起信息主体注意的提示，并按照信息主体的要求作出明确说明。

信息使用者应当按照与个人信息主体约定的用途使用个人信息，不得用于约定以外的用途，不得未经个人信息主体同意向第三方提供。征信机构可以通过信息主体、企业交易方、行业协会提供信息，政府有关部门依法已公开的信息，人民法院依法公布的判决、裁定等渠道，采集企业信息。

在中文里面，“信用”一词的含义非常广泛，一是守信、履约，二是诚信、诚实。在征信这个行业，其更多地侧重履行义务。举例来说，有些人因为工作的变化，如2008年美国次贷危机时，很多华尔街的精英失业了，他们之前买了很大的房子，每个月要负担几万元的房贷，失业之后其还款能力就受到了影响，而这跟他们的诚信是没有联系的，因为这是他们自身不能控制的因素产生了逾期的结果。对征信系统来说，其记录的主要是过去履行合同的情况，它和道德之间有交叉，但是没有必然的联系。

在人口流动日益频繁的情况下，让金融机构了解一个人，成本是非常高的。如果让一个系统把个人之前履行合同的行为记录下来，就相当于个人的“经济身份证”，可以使个人的交易对手比较方便地了解到其是不是一个“靠谱”的人。在现代社会，拥有一张“经济身份证”可以给个人的经济生活和社会生活提供很大的便利。

本章思考题

1. 谈谈你对货币起源的认识。
2. 简析货币的本质及五大职能。
3. 货币形态经历了哪些发展变化？
4. 简要说明货币价值形式的演进过程。
5. 如何理解“劣币驱逐良币”现象？
6. 信用的基本内涵及主要形式都有哪些？
7. 货币层次划分的依据是什么？浅析中美两国货币层次划分的基本内容及差异。

第二章 商业银行

[知识导读]

党的二十大报告指出："高质量发展是全面建设社会主义现代化国家的首要任务。"各商业银行深入学习领会党的二十大精神，坚决贯彻落实党中央、国务院决策部署，全力做好稳投资、促消费、保民生各项金融服务，加大对重点领域、薄弱环节的信贷支持力度，全力推动经济进一步回稳向上。商业银行用政策性开发性金融工具，扩大中长期贷款投放，推动加快形成更多实物工作量，更好发挥有效投资的关键作用；发挥设备更新改造专项贷款和财政贴息政策合力，积极支持制造业和服务业有效需求；进一步加大对小微企业、个体工商户、货车司机等市场主体的支持力度，按照市场化原则积极支持符合条件的普惠小微企业贷款延期还本付息，主动向实体经济减费让利；全面落实房地产长效机制，因城施策实施差别化住房信贷政策，支持刚性和改善性住房需求；保持房地产融资平稳有序，稳定房地产企业开发贷款、建筑企业贷款投放，支持个人住房贷款合理需求，支持开发贷款、信托贷款等存量融资在保证债权安全的前提下合理展期，维护住房消费者合法权益，促进房地产市场平稳健康发展。各商业银行全面贯彻新发展理念，坚持以推动高质量发展为主题，为全面建设社会主义现代化国家开好局起好步提供有力有效的金融支持。

从宏观上来讲，银行将社会各方面的闲置货币集中起来，并将其转化为现实的生产和流通资本，使闲置货币得到充分有效运用，从而减少闲置货币在社会总资本中的份额，促进经济发展。商业银行为客户进行非现金结算，大大减少现金的使用，节省社会流通费用，加速结算过程和货币资金的周转，起到了促进扩大再生产的作用。中央银行的货币政策可以通过商业银行信用创造的功能，从而有效地调控全社会的货币供应量，影响整个社会的经济活动水平。商业银行联系面广、信息灵通，特别是电子计算机的广泛应用，使商业银行具备了为客户提供更好的金融服务的技术条件。因此，随着商业银行业务领域的不断扩展、与客户的联系日益密切，商业银行在整个国民经济中的影响也越来越大。从微观上来讲，商业银行为人们提供广泛的金融服务，像存款、贷款、汇兑和理财等，无一不为人们日常之所需。

思考题：

1. 商业银行的业务有哪些类型？
2. 在追求利润最大化的同时商业银行怎样承担社会责任？

第一节　商业银行概述

一、商业银行的概念及发展历程

（一）商业银行的概念

商业银行是现代金融体系的主体，距今已有近800年的历史，是一国银行体系中最重要的金融机构。早期的商业银行主要吸收短期存款，并相应发放短期商业贷款。

随着资本主义经济的发展，商业银行也在不断发展演变，其经营对象远远超出了传统的业务范畴，现代意义上的商业银行是具有信用创造功能、以经营存放款和办理结算业务为主要业务、以获取利润为主要经营目标的综合性金融机构。

在西方金融体系中，商业银行是某一类银行的抽象化的一般概念，具体到某一家银行时一般并不直接称为商业银行，如美国的国民银行、英国的存款银行、日本的城市银行、法国的信贷银行等都属于商业银行，但是都没有直接命名为商业银行。可见，商业银行是一个总体抽象概念，不是指某一家或某几家银行，而是指具有某种共同职能和特征的一类银行。

（二）商业银行的产生与发展

1. 商业银行的产生

近代银行起源于文艺复兴时期的意大利，当时的意大利处于欧洲各国国际贸易的中心地位。早在1272年，意大利的佛罗伦萨就出现了一个巴尔迪银行。1310年，佩鲁齐银行成立。1397年，意大利又设立了麦迪西银行，10年后又出现了热那亚乔治银行。当时的这些银行都是为了方便经商而设立的私人银行，比较具有近代意义的银行则是1587年设立的威尼斯银行。

此后，世界商业中心由意大利移至荷兰以及欧洲北部。1609年，荷兰成立阿姆斯特丹银行。1621年，德国成立纽伦堡银行，1629年，德国又成立了汉堡银行。这些银行除了经营货币兑换、接受存款、划拨款项等业务外，也发放贷款。这时，这些银行所经营的贷款业务仍带有高利贷性质，而且贷款对象主要是政府和拥有特权的企业，大多数商业资本家仍得不到信用支持。

与此同时，在英国出现了通过金匠业发展而来的银行。1653年，英国建立了资本主义制度，英国的工业、商业都迅速发展，需要有可以提供大量资金融通的专门机构与之相适应。金匠业以自己的信誉做担保，开出代替金银条块的信用票据，并得到了人们的广泛认可，具有流通价值，便产生了更具有现代意义的银行。1694年，英国政府为了同高利贷做斗争以维护新兴资产阶级发展工商业的需要，同时也是为了英法战争筹款的需要，设立了一家专门为战争筹款的机构，由1 286名商人以股份制的形式筹集了120万英镑，成立了英格兰银行。英格兰银行成立以后就向工商企业发放低利率的贷款。英格兰银行的成立，标志着现代银行的诞生。

2. 商业银行的形成路径

西方国家商业银行产生的社会条件和发展环境各不相同，归纳起来主要有以下两条途径：

第一，从旧的高利贷银行转变而来。早期的银行是在资本主义关系还未建立时成立的，当时贷款的利率非常高，属于高利贷形式。随着资本主义生产关系的建立，高利贷因利息过高影响资本家的利润，制约着资本主义的发展。此时的高利贷银行面临贷款需求锐减的困境和关闭的威胁。不少高利贷银行顺应时代的变化，降低贷款利率，转变为商业银行。这种转变是早期商业银行形成的主要途径。

第二，按资本主义组织原则，以股份公司形式组建而成的现代商业银行。大多数商业银行是按照这一方式建立的。

3. 商业银行的发展

尽管各国商业银行产生的条件不同，且经过几个世纪的发展，商业银行的经营业务、服务范围发生了巨大的变化，但是纵观世界商业银行的发展过程，基本都遵循着两种模式。

（1）英国式融通短期资金模式的商业银行。这一模式深受“实质票据论”的影响和支配，资金融通有明显的商业性质，因此主要业务集中于短期的自偿性贷款。银行通过贴现票据发放短期贷款，一旦票据到期，贷款就可以自动收回。这种贷款由于与商业活动、企业产销相结合，所以期限短、流动性高，商业银行的安全性就能得到一定的保证，并获得稳定的利润。但是其不足之处在于使得商业银行的业务发展受到一定的限制。

（2）德国式综合银行模式的商业银行。与传统模式的商业银行相比，综合式的商业银行除了提供短期商业性贷款以外，还提供长期贷款，甚至可以直接投资于股票和债券，帮助公司包销证券，参与企业的决策与发展，并为企业提供必要的财务支持和咨询服务。这种综合式的商业银行有“金融百货公司”之称，有利于银行开展全方位的业务经营活动，充分发挥商业银行的经济核心作用，但是会增加商业银行的经营风险。

二、商业银行的性质

（一）商业银行是企业

商业银行具有现代企业的基本特征，其经营目标和经营原则与一般企业相同，所以商业银行同样要追求经营利润的最大化，并实行自主经营、自负盈亏、自担风险、自求发展的原则。

（二）商业银行是经营特殊商品的特殊企业

商业银行不是一般的企业，而是经营货币资金、提供金融服务的金融企业。商业银行的活动范围不是一般的商品生产和商品流通领域，而是货币信用领域，它以信用方式与工商企业及社会经济生活的其他方面发生广泛的联系，起着调节社会经济生活的特殊作用。

三、商业银行的职能

商业银行的特殊性质决定了商业银行的基本职能。一般来说，商业银行具有以下几个主要职能：

（一）信用中介

信用中介是指商业银行通过负债业务，将社会上的各种闲散资金集中起来；通过资产业务，将所集中的资金运用到国民经济各部门中去。作为存款金融中介机构，银行对资金多余单位和资金短缺单位都提供金融服务，为借贷活动充当信用中介，这是银行最基本的职能。银行的信用中介职能对经济的发展起着极大的推动和促进作用。银行的信用中介职能将社会各方面的闲置货币集中起来，并将其转化为现实的生产和流通资本，使闲置货币得到充分有效地运用，从而减少闲置货币在社会总资本中的份额，促进经济发展。

（二）支付中介

支付中介职能是指商业银行利用活期存款账户为客户办理各种货币结算、货币收付、货币兑换和转移存款等业务活动。在执行支付中介职能时，商业银行是以企业、团体或个人的货币保管者、出纳或支付代理人的资格出现的。由商业银行充当支付中介，为客户进行非现金结算，大大减少了现金的使用，节省了社会流通费用，加速了结算过程和货币资金的周转，起到了促进扩大再生产的作用。借助于支付中介职能，商业银行成为国民经济活动中的现金出纳中心和转账结算中心。

（三）信用创造

信用创造是指商业银行利用其吸收活期存款的条件，通过发放贷款、从事投资业务而衍生出更多的存款，从而扩大货币供应量。商业银行的信用创造包括两层意思：一方面，自现代商业银行产生后，打破了贵金属的垄断，创造了银行券和支票等信用流通工具，既节约了流通费用，又能及时满足经济发展对于流通手段和支付手段的需要；另一方面，借助于支票流通和非现金结算制度，银行的信用活动还可以创造出大量的派生存款，从而使银行可以超过自身资本和吸收的存款数额来扩大贷款规模。通过其信用创造的制约机制，商业银行成为调节宏观经济的杠杆。中央银行可以通过货币政策工具的使用，有力地影响商业银行信用创造的规模，从而有效地调控全社会的货币供应量，影响整个社会的经济活动水平。

（四）金融服务

商业银行的金融服务职能是指商业银行通过自身的业务活动为满足全社会对货币的各种需要而提供多样化的服务。商业银行联系面广、信息灵通，特别是电子计算机的广泛应用使商业银行具备了为客户提供更好的金融服务的技术条件。社会化大生产和货币流通专业化程度的提高又使原本属于企业自身的货币业务也交由银行代理，如发放工资、催收贷款、代理支付等。因此，随着商业银行业务领域的不断扩展，与客户的联系日益密切，商业银行在整个国民经济中的影响也越来越大。

四、商业银行的外部组织结构

商业银行的组织制度是一个国家用法律形式所确定的该国商业银行体系、结构及组成这一体系的原则的总和。目前，各国商业银行产生和发展的经济条件不同，因而组织形式也存在一定的差异。世界上商业银行的组织制度主要有以下五种类型：

（一）单元银行制

单元银行制又称单一银行制，是指商业银行业务由各个相互独立的银行本部经营，不设立或不允许设立分支机构的一种银行制度。每家商业银行既不受其他商业银行的控制，也不得控制其他商业银行。这种银行制度以 20 世纪 70 年代以前的美国为典型代表。

这种银行制度的优点是有利于自由竞争，防止银行垄断；有利于银行和地方经济的融合；银行具有较高的独立性和自主性，业务经营的灵活性也较大；银行管理层较少，有利于银行内部的经营管理。其缺陷是银行规模较小，经营成本高，不易取得规模经济效益，抗风险能力差；银行易受该地区、该行业经济发展状况的影响；业务发展和金融创新受限制；金融监管部门要面对大量的金融机构，从而削弱了金融监管的效果。

（二）总分行制

总分行制是指法律上允许在总行以外，在国内外其他地区设立分支机构的一种银行制度。这种银行一般在大城市设立总行，在中心城市设立分支机构，所有分支机构统一由总行领导。这种银行制度以英国为典型。目前，世界上大多数国家实行这种银行制度。

与其他银行制度相比，总分行制的优点十分明显，即分支机构多、分布广，便于吸收存款、扩大经营规模、增强银行实力；大量的分支机构便于资产在地区和行业上的分散，降低放款的平均风险，提高银行的安全性；银行规模较大，易于采用现代化设备，提供多种便利的金融服务，取得规模效益；银行总数少，便于金融监管当局监管。

当然，总分行制也有一定缺点，即不利于自由竞争，该制度容易造成大银行对小银行的吞并，形成金融垄断，使小银行处于不平等的竞争地位；银行规模过大，内部层次结构较多，加大了银行内部的控制难度。但是，总体来看，总分行制更能适应现代经济发展的需要，因而成为目前各国普遍采用的一种银行制度。

（三）持股公司制

持股公司制又称集团银行制，是指一个集团成立持股公司，再由该公司收购或控制两家以上的若干独立的银行而建立的一种银行制度。这些独立银行的业务和经营决策由持股公司控制。

持股公司制的优点是能够有效地扩大资本总量，增强银行的实力，提高抵御风险和参与市场竞争的能力，弥补单元银行制的不足。但是实行持股公司制的缺点在于容易形成银行业的集中和垄断，不利于银行之间开展竞争，并在一定程度上限制了银行经营的自主性，不利于银行的创新活动，阻碍了银行业的发展。

（四）连锁银行制

连锁银行制又称联合银行制，是指由一个人或某一个集团购买若干独立银行的多数股份，进而控制这些独立银行的业务和经营决策的一种银行制度。这种控制可以通过持有股份、共同指导或法律允许的其他方式完成。连锁银行的每个成员都有自己的独立法人地位，拥有自己的董事会，但是由于受控于同一人或同一集团，因此还有统一的决策机构。

连锁银行制与持股公司制具有一定相似之处，但是也有区别。连锁银行制不设置持股公司，而是通过若干家银行互相持有对方股票，互相成为对方股东方式结成连锁关系。连锁银行虽然表面上是独立的，但是在业务上互相融合、互相支持，常常调剂余缺、互通有无，而且其控制权往往掌握在同一财团手中，成为实质上的分支银行制。这两种银行制度都以美国最为典型。

（五）跨国银行制

跨国银行制又叫国际财团制，是指由不同国家的大型商业银行合资组建银行财团的一种商业银行组织形式。跨国银行制的商业银行经营国际资金存贷业务，开展大规模投资活动。目前，在世界经济一体化和跨国公司发展的背景下，跨国银行制这种组织形式也日渐增加。

五、商业银行的经营模式

按照是否与其他金融机构存在业务交叉，商业银行的经营模式分为分业经营和混业经营两种模式。

（一）分业经营模式

分业经营模式也称专业化业务制度。其核心在于银行业、证券业、保险业、信托业之间分业经营、分业管理，各行之间有严格的业务界限。

分业经营的优点主要有：第一，分业经营为两种业务的发展创造了一个稳定而封闭的环境，避免了竞争摩擦和合业经营可能出现的综合性银行集团内的竞争和内部协调困难问题；第二，分业经营有利于保证商业银行自身及客户的安全，阻止商业银行将过多的资金用在高风险的活动上；第三，分业经营有利于抑制金融危机的产生，为国家和世界经济的稳定发展创造了条件。

分业经营的缺点主要有：第一，以法律形式所构造的两种业务相分离的运行系统，使得两类业务难以开展必要的业务竞争，具有明显的竞争抑制性；第二，分业经营使商业银行和证券公司缺乏优势互补，证券业难以利用、依托商业银行的资金优势和网络优势，商业银行也不能借助证券公司的业务来推动其本源业务的发展；第三，分业经营也不利于银行进行公平的国际竞争，尤其是面对规模宏大、业务齐全的欧洲大型全能银行，单一型商业银行很难在国际竞争中占据有利地位。

（二）混业经营模式

混业经营模式是指银行不仅可以经营传统的商业银行业务，如存款、贷款等，还可以经营投资银行业务，包括证券承销交易、保险代理等。实行混业经营模式的金融机构主要有两种：一种是德国式的全能银行，银行依法从事包括投资在内的，涉及商业银行、证券、保险业务的各种金融业务；另一种是金融控股公司，此形式在美国最为发达和典型。

混业经营的优势主要有：第一，能同时从事经营商业银行业务和证券业务，可以使两种业务相互促进，相互支持，做到优势互补；第二，混业经营有利于降低银行自身的风险；第三，混业经营使全能银行充分掌握企业经营状况，降低贷款和证券承销的风险；第四，实行混业经营，任何一家银行都可以兼营商业银行与证券公司业务，这样便加强了银行业的竞争，有利于优胜劣汰，提高效益，促进社会总效用的上升。

混业经营的缺点主要有：第一，容易形成金融市场的垄断，产生不公平竞争；第二，过大的综合性银行集团会产生集团内竞争和内部协调困难的问题，可能会招致新的更大的金融风险。

20 世纪 30 年代以前美国商业银行经营不受限制，还兼营工商业务。1933 年颁布的《格拉斯-斯蒂格尔法》实现了商业银行、投资银行在机构、业务、人事上的分离。1998 年 5 月 13 日，美国众议院通过了《1998 年金融服务业法案》。该法案首创“金融控股公司”这一法律概念。该法案规定，金融控股公司的母公司既可以是商业银行，也可以是证券公司或保险公司，同时取消了这三类不同性质的金融机构限制交叉持股的禁令。1999 年 11 月 12 日，美国总统克林顿签署了国会通过的《金融服务现代化法案》。该法案的目的是使所有的美国人都能够获得“一条龙”式的金融服务，即客户可以在一家金融企业内办理其所需要的金融交易，如储蓄、信贷、证券、保险、信托等全方位的金融服务。

第二节　商业银行业务

一、负债业务

商业银行的负债业务是银行融通资金、筹措经营资本和资金的业务，也就是形成其资金来源的业务。负债业务决定商业银行资金来源的规模和结构，从而决定商业银行资金运用的规模和结构。负债业务是资产业务的基础和前提。商业银行的负债主要包括自有资本、存款负债和借入负债三种类型。

（一）自有资本

自有资本又称银行资本或资本金，是指银行为了正常营运而自行投入的资金，代表股东对银行的所有权。在我国，设立全国性商业银行的注册资本最低限额为 10 亿元，设立城市商业银行的注册资本最低限额为 1 亿元，设立农村商业银行的注册资本最低限额为 5 000 万元。注册资本应当是实缴资本。自有资本是商业银行实力强弱的标志之一，也是商业银行经营发展和业务扩展的基础。自有资本的多少还体现商业银行资本实力对债权人的保障程度。在现代商业银行中，自有资本往往是其资金来源的一小部分，但是其作用巨大，可以减少商业银行的经营风险，维持商业银行业务的正常经营和使商业银行保持适度的资产规模。

从严格意义上讲，银行资本应属净资产，不应算在负债之内，而将其列入负债方只是为了表明它与各种负债共同构成了银行的资金来源，不能因此而将银行的债权与所有权相混淆。

（二）存款负债

存款是商业银行最主要的资金来源，也是商业银行最主要的负债。存款为银行提供了绝大部分资金来源，并为实现银行各职能活动提供了基础。按照传统的存款划分方法，商业银行的存款分为企业活期存款、企业定期存款和居民储蓄存款。

1. 企业活期存款

活期存款是存款人可以随时存入和提取的存款。存款人可以在自身的存款额度内随时签发支票，或进行日常支付和结算。活期存款存取数量大、流通速度快、支付频繁，银行需要付出大量的人力物力，因此西方商业银行对活期存款一般不支付利息，活期存款是商业银行的“专利业务”，是商业银行创造存款货币的基础。

2. 企业定期存款

定期存款是指存款人在银行存款时先约定存款期限，到期才能提取本金和收取利息的存款。若存款人提前支取，必须承担相应的利息损失。定期存款一般采用记名、存单方式存取。定期存款具有较高的稳定性，是商业银行吸收外来资金中较可靠的部分，可用于中长期贷款业务，因此各国商业银行均给予较高的利息。

3. 居民储蓄存款

储蓄存款一般是个人或非营利单位为积蓄货币，取得利息收入而采用的一种凭存折或存单提取的存款方式，包括活期储蓄存款、定期储蓄存款等。对储蓄存款一般要支付利息，在商业银行负债业务中，居民储蓄存款是最普遍、最重要的业务之一。其特点是易变性强，对于通货膨胀、经济波动的敏感性高，如果出现挤兑，容易引发危机。

商业银行办理个人储蓄存款业务，应当遵循存款自愿、取款自由、存款有息、为存款人保密的原则。对个人储蓄存款，商业银行有权拒绝任何单位或个人查询、冻结、扣划，但法律另有规定的除外。对单位存款，商业银行有权拒绝任何单位或个人查询，但法律、行政法规另有规定的除外；商业银行有权拒绝任何单位或个人冻结、扣划，但法律另有规定的除外。

商业银行应当按照中国人民银行规定的存款利率的上下限，确定存款利率，并予以公告。商业银行应当按照中国人民银行的规定，向中国人民银行交存存款准备金，留足备付金。商业银行应当保证存款本金和利息的支付，不得拖延、拒绝支付存款本金和利息。

（三）借入负债

商业银行在自有资本和存款不能满足放款需求时，或银行资金的流动性不足时，可以通过各种借款主动寻求资金，因此借款是商业银行的主动负债。商业银行借入资金主要有以下渠道：

1. 向中央银行借款

商业银行向中央银行借款的形式主要有两种：一种是直接借款，即再贷款。再贷款是指商业银行以政府债券等信用等级较高的证券作为抵押担保，向央行贷款获得资金融通的融资行为。央行提供的再贷款以短期为主，主要用于解决商业银行调剂头寸、补充储备等需要。另一种是间接借款，即再贴现。在市场经济发达的国家，由于商业票据和贴现业务的广泛流行，再贴现成为商业银行向中央银行借款的主要渠道；在商业票据信用不普及的国家，商业银行主要采取再贷款的形式向中央银行借款。

2. 向其他金融机构借款

向其他金融机构借款又称同业拆借，是指金融机构之间的短期资金融通，主要用于日常资金周转，是解决短期资金余缺、调剂法定准备头寸而相互融通资金的重要方式。商业银行不得利用拆入资金发放固定资产贷款或用于投资。

3. 向国际金融市场借款

国际金融市场特别是欧洲货币市场交易量大，资金来源充裕，借款手续简单，资金流动性强，受政府管制少，调拨资金灵活，利差小。商业银行很乐意采用这种借款渠道，尤其是在国内信贷资金紧张时，向国际金融市场借款是商业银行重要的资金来源。

4. 向社会公众借款

商业银行发行中长期金融债券借入资金，主要是满足中长期投资和放款的资金需要或作为附属资本的来源。向社会公众借款是商业银行以发行人的身份直接向货币所有者举借债务并承担债券利息的融资方式。这种渠道获得的资金来源稳定，但是资金成本较高，增大了银行经营的风险。

二、资产业务

资产业务是运用资金的业务，通过对这种业务运作状况的考察，能反映出银行资金的存在形态及银行所拥有的对外债权。商业银行的资产业务按资金运用方式的不同，可以分为现金资产、信贷资产和证券投资。

（一）现金资产

现金资产是商业银行应付客户随时提现的资产准备，包括库存现金、存放在中央银行的准备金、存放同业的现金和结算中占用的现金。现金资产主要满足商业银行日常管理工作中客户提存、营业支出等需要，是商业银行经营中必不可少的资产组成部分，是银行信誉的基本保证。现金资产不能给银行带来收益，且保管费用较高，因此商业银行一般都把现金资产控制在法律规定的最低标准之内。

（二）信贷资产

信贷资产是银行发放的各种贷款。贷款是商业银行取得利润的主要途径，是商业银行与客户保持良好关系的重要条件，也是商业银行最主要的资产，一般占商业银行总资产的50%~70%。

1. 商业银行的贷款种类

商业银行贷款业务活动十分复杂。为了便于经营，通常依据贷款期限、贷款用途、贷款的保障程度和贷款质量等对其进行分类。

按贷款期限的不同，贷款可以分为短期贷款、中期贷款和长期贷款。短期贷款是指贷款期限为1年以内的贷款；中期贷款是指贷款期限为1~5年的贷款；长期贷款是指贷款期限为5年以上的贷款。

按照贷款用途的不同，贷款可以分为工商贷款、不动产贷款和消费贷款。工商贷款是指发给工商企业的贷款，是商业银行最主要的贷款；不动产贷款是指以土地、房地产等不动产作抵押而发放的贷款；消费贷款是指贷放给个人消费者满足其消费需求（大多为高档耐用消费品）的贷款，消费贷款按用途的不同，又可以分为住房贷款、汽车贷款、助学贷款和度假旅游贷款等。

按照贷款的保障程度的不同，贷款可以分为信用贷款、担保贷款。信用贷款是指银行完全凭借客户的信誉、无须提供抵押物或第三者保证等任何担保而发放的贷款；担保贷款是指商业银行为了确保贷款的按时收回，要求借款人提供第三人资信或提供一定的财产作为担保而发放的贷款。按照担保方式的不同，担保贷款可以分为保证贷款、抵押贷款、质押贷款。

按照贷款质量的不同，贷款可以分为正常贷款、关注贷款、次级贷款、可疑贷款和损失贷款五类。正常贷款是指借款人能够履行借款合同，有充分把握按时足额偿还本息的贷款；关注贷款是指贷款的本息偿还仍正常，但是存在一些可能对偿还贷款产生不利影响的贷款；次级贷款是指借款人的还款能力出现明显问题，依靠正常收入已无法足额偿还本息的贷款；可疑贷款是指借款人无法足额偿还本息，即使执行抵押或担保，也肯定要造成一部分损失的贷款；损失贷款是指采取了所有可能的措施和一切必要的法律程序之后，本息仍无法收回，或只能收回极少部分的贷款。

2. 商业银行发放贷款的原则

在西方国家，为了保证贷款的安全与盈利，银行非常重视对借款人信用情况的调查与审查，根据实践总结出了一套评价标准，即“6C”标准：

品德（character），即借款人是否具有偿还债务的意愿和严格履行合同的责任感，过去是否有一些不良的品德记录。

才能（capacity），即借款人的才干、经验、判断能力、业务素质优劣等。没有才能容易导致投资失败，贷款的安全性较低。

资本（capital），即借款人资本的数量和真实性。借款人如果资本雄厚，则贷款的风险较小。

担保或抵押品（collateral），即贷款申请人用来还款保证的抵押物。有担保或抵押品的贷款比信用贷款风险要小得多。

经营环境（condition），即借款人的行业在整个经济中的发展趋势、政局变化、经济周期、同业竞争情况。此外，对企业自身的经营状况，如技术水平、劳资关系和购销条件也应考虑在内。

事业的连续性（continuity），指对借款客户持续经营前景如应变能力、适应发展需要能力的审查。因为现代科学技术日新月异、飞速发展，产品更新换代的周期日趋缩短，市场竞争愈演愈烈，所以企业只有能够适应经济形势及市场行情的变化，才能继续生存并发展下去。只有如此，银行贷款才能避免收不回来的风险。

当然，就我国目前银行贷款的实际情况来看，还存在很多人为的干扰因素，诸如行政干预严重、贷款管理制度存在漏洞等，结果导致银行贷款的安全性受到严重威胁，贷款效益也不尽如人意。针对这种情况，中国人民银行颁布的《贷款通则》明确规定：借款人与贷款人的业务往来应当遵循自愿、平等、诚实和守信的原则。

商业银行根据国民经济和社会发展的需要，在国家产业政策指导下开展贷款业务。商业银行对借款人的借款用途、偿还能力、还款方式等情况进行严格审查，实行审贷分离、分级审批的制度，应当与借款人订立书面合同。合同应当约定贷款种类、借款用途、金额、利率、还款期限、还款方式、违约责任和双方认为需要约定的其他事项。商业银行应当按照中国人民银行规定的贷款利率的上下限确定贷款利率。

（三）证券投资

证券投资是指商业银行以其资金在金融市场上购买各种有价证券的业务活动。近些年来，由于利率和汇率风险加剧，尤其是受到一些发展中国家债务危机的困扰，西方国家商业银行资产业务证券化趋势明显，银行贷款比例下降，投资业务的重要性日益增强。投资与贷款相比，具有较强的主动性、独立性。银行投资于证券有两点好处：一方面，为其暂时多余的资金找到投放途径，从而取得收益；另一方面，需要资金时又可在证券市场上迅速售出变现，其灵活调度资金性能优于贷款。

商业银行进行证券投资的目的主要是获得收益、分散风险和保持流动性。取得收益是商业银行证券投资业务的主要目的，在贷款需求减弱或收益较低而找不到理想的客户的情况下，银行将闲置的资金投资于证券，使资金得到了充分的运用，又由此增加银行的收益。同时，证券投资使商业银行的资产得以分散，从而为分散风险提供了一种选择。在银行的经营中，现金资产具有高度的流动性，是第一准备，而既有利息收入又可转手出售的短期证券则是商业银行理想的第二准备，可满足商业银行流动性的要求。

商业银行证券投资的主要对象包括政府债券、公司债券和股票。其中，政府债券安全性最高、流动性最强，是较好的二级准备金，在商业银行投资总额中所占的比重最大。公司债券的盈利性要好于政府债券，但流动性和安全性要差得多，因此商业银行购买公司债券的比重一般都低于政府债券的比重，且应注意风险评估，以防止风险损失。股票投资风险较大，各国对商业银行从事股票投资都有不同程度的限制。20 世纪 80 年代以来，随着金融自由化趋势和金融业国际国内竞争的加剧，金融混业经营已形成大趋势，相应地，各国对商业银行投资的限制也在开始放松、放开。按我国商业银行法的规定，商业银行不得从事境内信托投资和证券经营业务。因此，目前我国商业银行证券投资业务的对象主要是政府债券和公司债券。

三、表外业务

表外业务是由商业银行从事的不列入资产负债表内，而且不影响资产与负债总额的业务。表外业务的特点是服务与资金的分离，是银行提供的非资金服务。在多数情况下，银行只是充当中介人，为客户提供保证。根据是否承担风险，表外业务分为无风险的表外业务和有风险的表外业务。无风险的表外业务也叫中间业务，有风险的表外业务是狭义上的表外业务。

（一）无风险的表外业务——中间业务

中间业务是指银行不需动用自己的资金，代理客户承办支付和其他委托事项而收取手续费的业务。中间业务主要有以下内容：

1. 结算业务

结算业务是各经济单位之间因商品交易、劳务供应、资金转移等原因所引起的货币收付行为。按收付形式的不同，结算业务可以分为现金结算和转账结算。现金结算是在经济往来中直接使用现金进行货币收付的结算方式。在我国，现金结算有特定的使用范围。转账结算又称非现金结算或银行结算，是通过商业银行划拨转账的方式完成货币收付的结算方式。转账结算是我国商业银行最主要的日常中间业务。

商业银行在办理结算过程中，应遵循三条基本结算原则：一是恪守信用，履约付款；二是谁的钱进谁的账，由谁支配；三是银行不垫款。按照有关规定，我国结算制度实行以“三票一卡”为主体的支付工具体系，并在此基础上使用汇兑、委托收款和托收承付的结算办法。“三票”就是我国票据法规定的汇票、本票、支票，其中，汇票包括银行汇票和商业汇票，本票主要是指银行本票；“一卡”就是信用卡。

按照收款人和付款人所处地点的不同，可以分为同城结算与异地结算。

同城结算是指收款人与付款人在同一城市或地区的结算，其主要结算方式是支票结算。若支票的收付双方在同一银行开户，银行即将支票上所载的金额从付款人账户划转到收款人账户上。若支票的收付双方不在同一银行开户，则需通过票据交换所实现交换。随着计算机网络技术的推广和应用，大多数票据结算、清算业务都通过金融体系的自动转账系统进行。所有参加这一系统的银行之间的同业拆借、外汇买卖和汇款划拨等，都不再通过支票或通知书，而是通过将有关数据输入自动转账系统的终端机来进行，结算速度更快。

异地结算是指收款人与付款人不在同一地区时的结算。异地结算有汇兑、托收和信用证结算三种方式。汇兑是指付款人将现款交付给银行，由银行把款项支付给异地收款人的一种业务。托收与此相反，收款人向付款人开出一张汇票，要求其付款，并把汇票连同有关单据一起交付给托收行，委托其代为收款。信用证结算则是一种由银行提供付款保证的结算业务，在国际贸易中普遍采用。

2. 代理业务

代理业务是指商业银行在客户指定的委托范围内代客户办理某些特定业务的一种中间业务。目前，我国商业银行所开展的代理业务主要有代理收付款、代为清理债权债务、代理保管等。

（1）代理收付款是指银行为客户代为办理指定项目的收付款事宜。其可分为代收业务和代付业务。代收包括代收货款、管理费及水、电、煤气费等，代付包括代付货款、运费、租金、保费等。

（2）代为清理债权债务业务，可分为代理清理“人欠”货款、代理清理“欠人”货款、代理融资三项业务。前两项比较简单，代理融资是指商业银行或专业的代理融通公司代客户收取应收款项，并向客户提供资金融通的一种业务方式。

（3）代理保管业务是指银行设置保管库，接受单位或个人的委托，代为保管各种贵重物品或单证的业务。它又可分为露封代保管、密封代保管、保管箱出租三种方式。

3. 租赁业务

商业银行租赁业务是指商业银行出资购买一定的物品，直接或间接地以出租人的名义将物品租给承租人在约定的期限内使用，通过收取租金逐步收回投资本息的业务。租赁业务的基本类型有：

（1）经营性租赁。经营性租赁又称服务性租赁或操作性租赁，适用于租期相对较短、通用性较强的财产、设备。经营性租赁在租赁契约期内由出租人负责设备的安装、保养、维修、缴纳税金、支付保险费和提供专门技术服务等。承租方在提前通知的情况下，可以中途解约。经营性租赁的租期一般要短于设备的预期寿命，每一次租金的收入往往不足以全部抵消设备成本，因此经营性租赁又被称为未完全付清的租赁。租赁期满，不发生所有权转移，可以续租、退租，但不能以象征性价格购入。

（2）融资性租赁。融资性租赁又称资本性租赁，是一种国际通行的长期租赁形式，是指由出租方融通资金，为承租人提供所需设备，承租方定期偿还租金并获得设备资产的使用权。融资性租赁的租金大致相当于设备折旧、贷款利息与管理手续费的总和。在融资性租赁契约期内，租赁物的挑选、维修、保养、保险由承租人负责，承租人通常在租赁期满后以象征性价格取得设备的所有权。融资性租赁可以采取直接租赁、回租租赁、转租赁、杠杆租赁等不同的形式。

4. 信托业务

信托即信任委托，是建立在信任基础上的财产经营管理制度。商业银行的信托业务是指商业银行作为受托人，接受委托人的委托，为了受益人的利益而代为管理、营运或处理所托管的财产的业务。信托一般涉及三个关系人：委托人、受托人和受益人。委托人一般是信托财产的所有人；受益人是享受信托财产利益的人，一般必须由委托人指定，既可以是委托人本人，也可以是委托人指定的其他人。

与信贷业务不同，商业银行对信托业务一般只收取有关的手续费，而营运中所获得的收入则归委托人或其指定的受益人所有。同时，信托也不同于代理，在代理关系中，代理人只是以委托人的名义，在委托人指定的权限内办事，在法律上，委托人对委托财产的所有权并没有改变；而在信托关系中，信托财产的所有权从委托人转移到了受托人手中，受托人以自己的名义管理和处理信托财产。

信托业务种类很多，可以从不同的角度进行划分。如按组成信托关系对象的不同划分，有个人信托和法人信托；按成立信托关系方式的不同划分，有任意信托和特约信托；按受益对象的不同划分，有公益信托和私益信托；按信托财产的不同划分，有资金信托、动产信托和不动产信托等。

5. 咨询业务

咨询业务是商业银行接受客户委托，以其专门的知识、技术、经验和广泛的联系，为客户提供有关市场和客户的情况、经济信息，解答各种疑难问题的一种服务性业务，主要有资信调查、商情咨询、投资咨询、金融咨询、财务咨询、介绍客户等。在现代社会中，信息成为社会发展的主要支柱之一，信息是无形的财富。商业银行凭借广泛的信息来源、一大批资深专家和现代化设备的优势，向政府、企业或个人提供咨询服务，既满足了客户需求，又密切了银行与客户的联系，为银行扩大经营规模、增强竞争力创造条件。

（二）有风险的表外业务

根据巴塞尔委员会提出的判断标准，表外业务可分为广义和狭义两种。广义的表外业务包括所有不在资产负债表中反映的业务，它由中间业务和狭义表外业务构成；狭义的表外业务是指商业银行从事的按国际会计准则不计入资产负债表内，因而不影响资产负债总额，但能改变银行损益和营运资金状况的业务。表外业务在一定条件下会转变为资产或负债业务，因此表外业务构成了商业银行的或有资产和或有负债。商业银行主要的表外业务有以下几类：

1. 贸易融通类业务

贸易融通类业务主要有银行承兑业务与商业信用证业务。

银行的承兑业务是由银行为客户开出的商业汇票提供承兑服务，即承诺兑付。承兑以后，银行负有不可撤销的第一手到期付款责任。经银行承兑后的票据，可贴现流通。汇票到期后，承兑银行成为票据的第一支付人，承兑行付款后再向客户收取款项。银行提供承兑业务可获得收入，但其同时也必须承担客户的信用风险。一旦客户支付困难，银行将无法收回已支付的款项。

商业信用证是国际贸易结算中的重要方式，是指进口商请求当地银行开出的一种支付保证书，授权出口商所在地的另一家银行通知出口商，在符合信用证规定的条件下，愿意承兑或承购出口商交来的汇票单据。信用证业务实际上就是进出口双方签订合同后，进口商主动请求进口地银行为自己的付款责任做出的保证。银行开立信用证既不必占用自有资金，还可以得到开证手续费收入。同时，进口商所缴纳的押金，在减少垫款风险的同时，也可以为银行提供一定量的流动资金来源。

2. 金融保证类业务

金融保证类业务主要由备用信用证、贷款承诺、票据发行便利、保函业务以及贷款销售等构成。

备用信用证是银行应客户要求为其开立的信用保证书，属于一种信用担保。当客户与其受益人达成某种协议，表明客户对受益人负有偿付义务，客户为确保自己的信誉，可要求银行为其开立备用信用证，保证客户无力支付时，由银行代客户向受益人进行偿付，银行为此支付的款项变成了向客户的贷款。银行开立备用信用证，提高了客户的信誉，银行可据此收取手续费。备用信用证与商业信用证的不同之处在于，商业信用证业务中银行承担的是第一支付人的责任；而在备用信用证业务中，银行只承担了支付的连带责任，即只有在客户无法履行支付义务时，才由银行代为支付。

贷款承诺是指银行与借款客户达成的一种具有法律约束力的正式契约，银行将在正式的有效期内，按照双方约定的金额、利率，随时准备应客户的要求提供贷款。银行提供这种承诺的同时，要按一定比例向客户收取承诺费，即使在规定期限内客户并未申请贷款，也需缴纳承诺费。

票据发行便利是指银行承诺帮助工商企业或政府发放短期票据融资，售不出去的部分将全部由银行按事先约定的价格买下。银行赚取承诺费，但同时承担流动性风险和信贷风险。

保函业务是一种较简单的担保业务，银行为客户的融资或其他活动出具保函，提供信用担保，并收取担保费，一旦客户到期不能履约支付，银行具有连带支付责任。

贷款销售或资产证券化业务是指银行将已发放的贷款出售给其他金融机构或投资者的行为。自贷款出售后，银行继续提供与贷款有关的一些服务，如为贷款购买者收取本息、监督借款人的财务状况等。贷款销售包括有追索权的贷款出售和无追索权的贷款出售两种形式。有追索权的贷款出售，一旦出现借款人无力偿还借款的情况，银行必须承担对买方还本付息的责任。在无追索权的贷款出售中，银行则没有什么风险，只是将原有贷款从资产负债表转出，代之以收回的货币资金。资产证券化也是贷款销售的一种方式。证券化就是把流动性较差的小额同质（期限、利率、风险等类似）贷款合并成一个贷款组合，并以这个贷款组合为担保发行证券，出售给投资者。贷款出售对提高银行的资本充足率，分散、转移银行资产的风险，提高资产的流动性，都具有积极的作用。

3. 金融衍生工具交易业务

金融衍生工具交易业务是目前西方商业银行中最流行的表外业务。它是指以股票、债券或货币等资产的交易为基础派生出来的金融工具交易，如金融期货交易、金融期权交易、货币互换等。

4. 投资银行业务

这是指在金融业务自由化、金融业混业经营趋势日趋明显的情况下，商业银行与投资银行业务交叉，商业银行承担了许多投资银行业务，如证券包销、企业兼并、资产重组等。

银行表外业务的不断发展实际增加了银行的潜在风险，《巴塞尔协议》对表外业务的活动做出了比较严格的管理规定，即按其风险程度的大小分为五类，并赋予不同的信用转换系数，以其本金数额乘以不同的信用转换系数，转换成同类型的表内项目，再同银行的资本金进行比较，从而获得相应的信贷风险等级。

第三节　商业银行经营原则与管理

一、商业银行的经营原则

商业银行是以追求利润为经营目标，以经营存贷款为其主要业务的金融中介机构。商业银行又是一个高负债率、高风险的部门，并且与国民经济各部门存在着复杂的债权债务关系。商业银行经营的成败，不仅关系到自身的生存发展，更影响到社会经济的正常运转。因此，国家非常重视对商业银行的监督管理，商业银行自身经营也要遵循一些经营原则。一般说来，商业银行在业务经营活动中必须贯彻安全性、盈利性和流动性原则。

（一）安全性原则

安全性原则是指商业银行应当尽量控制风险、避免损失，保证银行稳健经营。这是商业银行经营首先要考虑的原则。之所以要坚持安全性原则，其原因主要有两点：一是因为银行在经营过程中始终面临各种风险，如信用风险、利率风险、汇率风险、管理风险、营运风险、道德风险等。如果银行不能采取有效措施，控制各类风险，则必然会削弱银行的清偿力，危及银行的声誉及银行自身的安全。二是银行自有资本少，风险承受力弱。银行主要依靠负债经营，相对于一般工商企业而言，银行自有资本占其资产的比重很小。按照《巴塞尔协议》的规定，银行的核心资本只占风险加权资产的4%，这说明银行的财务杠杆比例极高，风险承受力弱，稍有经营不善发生损失，就会使自有资本耗损殆尽，面临倒闭的风险。因此，坚持安全性原则，力求避免或减少各种风险造成的损害，历来都是银行家们所高度重视的事情。

安全性管理要求银行坚持稳健经营的理念，保持较高的资本充足比率，合理安排资产负债结构，提高资产质量，运用各种法律允许的策略和措施来分散和控制风险，提高银行抵抗风险的能力。

（二）盈利性原则

盈利性原则是指商业银行在稳健经营的前提下，要以实现利润最大化为经营目标。坚持盈利性原则要求商业银行有较强的获利能力，这是商业银行经营目标的要求，也是其不断开拓业务的内在动力。商业银行的一切经营活动，包括设立分支机构、开发新的金融产品、提供何种金融服务、建立什么样的资产组合等均要服从这一目标，这是由商业银行的企业性质决定的。坚持盈利性原则，对提高信贷资金运用效率、加强银行经营管理、提升银行服务质量、提高银行竞争力，都具有十分重要的意义。

盈利性管理要求银行从总体上把握提高收益和控制成本两方面的工作。具体来说，提高收益应做好以下几方面的工作：

（1）合理地确定资产结构，提高盈利资产的比重。

（2）提高资产质量尤其是贷款质量，减少贷款和投资损失。

（3）合理地为贷款定价，除考虑资金成本外，还应综合考虑与客户的全面关系、贷款风险等因素。

（4）注重业务创新，积极拓展中间业务和表外业务，增加银行的非利息收入。

控制成本应做好以下几方面的工作：

（1）控制负债成本。

（2）加强内部经济核算，控制各项费用。

（3）规范操作程序，减少事故和差错及其他损失。

（三）流动性原则

流动性原则是指商业银行要具有随时以适当的价格取得可用资金，随时满足客户提取存款和满足客户合理的贷款需求的能力。它包括资产的流动性和负债的流动性两个方面。资产的流动性是指银行各类资产能随时得到偿付或在不受价值损失的条件下具有迅速变现的能力。负债的流动性是指银行能以较低的成本随时获取资金的能力。流动性是一般财务活动和金融活动共同面临的问题，而作为商业银行，研究和掌握流动性要比一般工商企业显得更为重要。这是因为银行资产负债的稳定性较差，面临的是大量的不确定的客户，这使银行特别容易受到流动性的威胁。一旦银行流动性不足，发生支付危机，将严重损害银行的信誉，影响业务发展并增加经营成本，甚至破产倒闭。同时，借贷活动中的此存彼取、此借彼还，处处涉及流动性的问题。

流动性管理目标可以通过资产和负债两种途径实现。

（1）建立多层次准备资产，以保持资产的流动性。准备资产主要有现金资产和短期有价证券。通常，现金资产（包括库存现金、在中央银行存款、同业存款）作为第一准备、短期证券资产作为第二准备。

（2）通过主动性负债和潜力养成法来提高负债的流动性。主动性负债主要指向中央银行借款、同业拆借、国际金融市场借款、发行金融债券等。为了增强负债的流动性，银行还可以通过企业识别战略改善形象，搞好公共关系，建立协作网络，扩大本行知名度等，创造银行潜在的或无形的流动性能力。在实际运作中，商业银行往往将这两个方面结合起来，保持合理的资产负债结构，并根据本银行和金融市场的实际情况，选择最有利的途径和方式进行流动性管理。

商业银行业务经营三原则之间既有联系又有矛盾，一般来说，安全性和流动性是统一的，但是它们又跟盈利性是矛盾的。在经营过程中，银行应该以安全性为前提，以流动性为正常经营的保证，在此基础上实现盈利性。银行应做到同时兼顾三原则的要求，力求找到安全性、盈利性和流动性三者之间的最佳结合点。

二、商业银行的管理与《巴塞尔协议》

西方商业银行在历史发展过程中依次经历了资产管理理论、负债管理理论和资产负债管理理论三个阶段。

（一）资产管理理论

以商业银行资产的流动性为重点的传统管理方法在20世纪60年代以前比较盛行。

资产管理理论依次经历了以下三个发展阶段：

1. 商业贷款理论

商业贷款理论是早期的资产管理理论，源于亚当·斯密的《国民财富的性质和原因的研究》，也称"真实票据理论"或"生产性贷款理论"。其基本观点是：存款是银行贷款资金的主要来源，而银行存款的大多数是活期存款，这种存款随时可能被提取。为了保证资金的流动性，商业银行只能发放短期与商业周转有关的、与生产物资储备相适应的有偿性贷款，而不能发放不动产等长期贷款。这类贷款用于生产和流通过程中的短期资金融通，一般以3个月为限，以商业行为为基础，以商业票据为凭证，随着商品周转的完结而自动清偿，因此不会引起通货膨胀和信用膨胀。

随着商品经济和现代银行业的发展，这一理论的局限性越来越明显。这主要表现在以下几个方面：第一，不能满足经济发展对银行长期资金的需求，将银行的资金运用限制在狭窄的范围内，既限制了经济的发展，也限制了银行自身的发展；第二，忽视了银行存款的相对稳定性，使长期负债没有得到充分利用；第三，忽视短期贷款的风险性，且该理论使银行的发展受制于经济周期，银行的经营同样存在风险。

2. 资产转移理论

资产转移理论也称可转换理论，最早由美国的莫尔顿于1918年在《政治经济学》杂志上发表的一篇论文中提出。其基本观点是：为了保持足够的流动性，商业银行最好将资金用于购买变现能力强的资产。这类资产一般具有以下条件，即信誉高、期限短、易于出售。根据该理论，银行持有政府的公债正是最容易出售转换为现金的盈利资产。正因为如此，这一理论在一段时期内成为商业银行信贷管理的精神支柱，使得第二次世界大战后银行有价证券的持有量超过贷款，同时带动了证券业的发展。

该理论的缺陷主要表现在以下方面：第一，证券价格受市场波动的影响很大，当银根紧缩时，资金短缺，证券市场供大于求，银行难以在不受损失的情况下顺利出售证券；第二，当经济危机发生使证券价格下跌时，银行大量抛售证券，却很少有人购买甚至无人购买，这与银行投资证券以保持资产流动性的初衷相矛盾。

3. 预期收入理论

预期收入理论是第二次世界大战之后发展起来的理论。第二次世界大战后，美国经济高速发展，企业设备和生产资料亟须更新改造，对中期贷款的需求迅猛增加，贷款投向由商业转向工业，预期收入理论随之产生。预期收入理论最早是由美国的普鲁克诺于1949年在《定期放款与银行流动性理论》一书中提出的。其基本思想是：银行的流动性应着眼于贷款的按期偿还或资产的顺利变现，而无论是短期商业贷款还是可转让资产，其偿还或变现能力都以未来收入为基础。如果某项贷款的未来收入有保证，即使期限长，也可以保证其流动性；反之，即使期限短，也可能出现到期无法偿还的情况。

以上三种理论各有侧重，但都是为了保持资产的流动性。商业贷款理论强调贷款的用途，资产转移理论强调资产的期限和变现性，预期收入理论强调银行资产投向的选择。它们之间存在着互补的关系，每一种理论的产生都为银行资产管理提供一种新思想，促进银行资产管理理论的不断完善和发展。

（二）负债管理理论

负债管理理论是以负债为经营重点来保证流动性和盈利性的经营管理理论。该理论产生于20世纪50年代末期，盛行于20世纪60年代。当时世界经济处于繁荣时期，生产流通不断扩大，对银行的贷款需求也不断增加。在追求利润最大化的目标下，银行希望通过多种渠道吸收资金、扩大规模。与此同时，欧洲货币市场的兴起、通信手段的现代化、存款保险制度的建立，大大地方便了资金的融通，刺激了银行负债经营的发展，也为负债管理理论的产生创造了条件。

负债管理理论的核心即以借入资金的方式来保证流动性，以积极创造负债的方式来调整负债结构，从而增加资产和收益。这一理论认为，银行保持流动性不需要完全靠建立多层次的流动性储备资产，一旦有资金需求就可以向外借款，就可通过增加贷款获利。负债管理理论的发展依次经历了以下三个阶段：

1. 存款理论

存款理论曾经是商业银行负债管理理论的主要正统理论。其基本观点如下：第一，存款是银行最主要的资金来源，是银行资产业务的基础；第二，银行在吸收存款的过程中是被动的，为保证银行经营的安全性和稳定性，银行的资金运用必须以其吸收存款沉淀的余额为限；第三，存款应当支付利息，作为对存款者放弃流动性的报酬，付出的利息构成银行的成本。

这一理论的主要特征在于稳健性和保守性，强调应按照存款的流动性来组织贷款，将安全性原则摆在首位，反对盲目存款和贷款，反对冒险谋取利润。存款理论的缺陷在于，没有认识到银行在扩大存款或其他负债方面的能动性，也没有认识到负债结构、资产结构以及资产负债综合关系的改善对于保证银行资产的流动性提高银行盈利性等方面的作用。

2. 购买理论

购买理论是继存款理论之后出现的另一种负债管理理论，对存款理论做了很大的否定。购买理论的基本观点如下：第一，商业银行对存款不是消极被动的，而是可以主动出击，购买外界资金，除一般公众外，同业金融机构、中央银行、国际货币市场及财政机构等，都可以视为购买对象；第二，商业银行购买资金的基本目的是增强其流动性；第三，商业银行吸收资金的适宜时机是在通货膨胀的情况下，此时实际利率较低甚至为负数或实物投资不景气而金融资产投资较为繁荣，通过刺激信贷规模可以弥补利差下降的银行利润。

购买理论产生于西方发达国家经济滞胀年代，对于促进商业银行更加主动地吸收资金，刺激信用扩张和经济增长以及增强商业银行的竞争能力具有积极的作用。但是，该理论的缺陷在于助长了商业银行片面扩大负债，加重了债务危机，导致了银行业的恶性竞争，加重经济通货膨胀的负担。

3. 销售理论

销售理论是产生于20世纪80年代的一种银行负债管理理论。其基本观点是：银行是金融产品的制造企业，银行负债管理的中心任务就是迎合顾客的需要，努力推销金融产品，扩大商业银行的资金来源，提高其收益水平。该理论是金融改革和金融创新的产物，给银行负债管理注入现代企业的营销观点，即围绕客户的需要来设计资产类或负债类产品以及金融服务，并通过不断改善金融产品的销售方式来完善服务。销售理论贯穿着市场观念，反映了20世纪80年代以来金融业和非金融业相互竞争与渗透的情况，标志着金融机构正朝着多元化和综合化方向发展。

（三）资产负债管理理论

资产负债管理理论是指要求商业银行对资产和负债进行全面管理，而不能只偏重资产或负债某一方的一种新的管理理论。该理论是在20世纪70年代末80年代初产生的。当时，金融管制逐渐放松，银行的业务范围越来越大，同业竞争加剧，使银行在安排资金结构和保证获取利润方面困难增加，客观上要求商业银行进行资产负债综合管理，由此产生了均衡管理的资产负债管理理论。

在现代商业银行资产负债管理技术中，主要的管理方法有以下两种：

1. 缺口管理法

缺口管理法是自20世纪70年代以来美国商业银行资产负债综合管理中常用的方法。该方法分为两种：一种为利率敏感性缺口管理方法。该方法下的缺口是指在一个既定时期内利率敏感型资产与利率敏感型负债之间的差额。其基本思路是，银行可以根据利率变动的趋势，通过扩大或缩小缺口的幅度来调整资产和负债的组合及规模，以达到盈利的最大化。另一种为持续期缺口管理方法。其具体做法是，在任何一个既定时期，加权计算资产和负债的平均到期日，资产加权平均到期日减负债加权平均到期日的差额，即为持续期缺口。如该缺口为正，则说明资金运用过多；反之，则说明资金运用不足。银行可依据不同的外部环境进行调控。

2. 利差管理法

利差管理法就是要控制利息收入和利息支出的差额，以便适应银行的经营目标。风险和收益是衡量银行经营效应的重要标志，利差的敏感性和波动性决定银行总的风险与收益。商业银行管理利差的主要手段如下：第一，增加利差。例如，准确预测利率的变动趋势、增加盈利资产在总资产中的比重、加强投资的期限结构等。第二，创新金融衍生工具及其交易方式，用于利差管理与资产的避险保值，如金融期货交易、金融期权交易、利率互换等衍生工具。

（四）《巴塞尔协议》

1988年，国际清算银行BIS通过了《关于统一国际银行资本衡量和资本标准的协议》，规定12个参加国应以国际可比性及一致性为基础制定各自的银行资本标准，将商业银行的资本应与资产的风险相联系。其主要内容包括：第一，商业银行的最低资本由银行资产结构形成的资产风险所决定，资产风险越大，最低资本额越高；第二，银行的主要资本是银行持股人的股本，构成银行的核心资本；第三，协议签署国银行的最低资本限额为银行风险资产的 8%，核心资本不能低于风险资产的 4%；第四，国际银行业竞争应使银行资本金达到相似的水平。

2004 年，巴塞尔委员会对《巴塞尔协议》的内容进行了修订和补充，形成了《巴塞尔新资本协议》。其主要内容包括：第一，最低资本要求。该协议将信用风险、市场风险和操作风险一并纳入银行资本予以考量。第二，监管约束。该协议允许银行根据银行自己估算的各类风险敞口来确定其资本充足率要求，但是监管机构要进行监管。第三，市场约束。该协议要求银行更广泛地披露其财务状况或提高财务信息的披露程度。

2010 年又颁布了《巴塞尔协议Ⅲ》。其主要内容有：第一，修改了核心资本的定义，强调普通股应占主导地位；第二，扩大资本覆盖风险范围，增加对交易账户新增风险、交易对手等的风险覆盖；第三，新增留存超额资本、系统重要性附加风险、逆周期超额资本要求；第四，建立杠杆率标准，增强对银行表内外资产总规模的资本约束；第五，增设流动性覆盖率与净稳定融资比率两项监管指标；第六，要求加强银行公司治理，建立薪酬管理机制。

三、我国商业银行的接管与终止

在我国，商业银行已经或可能发生的信用危机严重影响存款人的利益时，国务院银行业监督管理机构（现为国家金融监督管理总局，下同）可以对该银行实行接管。接管的目的是对被接管的商业银行采取必要措施，以保护存款人的利益，恢复商业银行的正常经营能力。被接管的商业银行的债权债务关系不因接管而变化。接管由国务院银行业监督管理机构决定，并组织实施。自接管开始之日起，接管组织行使商业银行的经营管理权。接管期限届满，国务院银行业监督管理机构可以决定延期，但接管期限最长不得超过 2 年。

商业银行因分立、合并或出现公司章程规定的解散事由需要解散的，应当向国务院银行业监督管理机构提出申请，并附解散的理由和支付存款的本金与利息等债务清偿计划。商业银行经国务院银行业监督管理机构批准后解散，并成立清算组，进行清算，按照清偿计划及时偿还存款本金和利息等债务。国务院银行业监督管理机构监督清算过程。商业银行因吊销经营许可证而被撤销的，国务院银行业监督管理机构应当依法及时组织成立清算组，进行清算，按照清偿计划及时偿还存款本金和利息等债务。

商业银行不能支付到期债务，经国务院银行业监督管理机构同意，由人民法院依法宣告其破产。商业银行被宣告破产的，由人民法院组织国务院银行业监督管理机构等有关部门和有关人员成立清算组，进行清算。破产清算时，在支付清算费用、所欠职工工资和劳动保险费用后，应当优先支付个人储蓄存款的本金和利息。商业银行因解散、被撤销和被宣告破产而终止。

本章思考题

1. 商业银行产生的途径有哪些?
2. 商业银行的外部组织形式有哪些?
3. 商业银行在社会中的职能有哪些?
4. 商业银行借入负债有哪些途径?
5. 信用分析的“6C”原则是什么?
6. 中间业务和表外业务有什么联系和区别?
7. 商业银行的中间业务都有哪些?
8. 商业银行的负债业务有哪些?
9. 商业银行的资产业务有哪些?
10. 商业银行资产负债管理技术中主要的管理方法有哪些?

第三章　金融机构

[知识导读]

党的二十大报告指出："强化国家安全工作协调机制，完善国家安全法治体系、战略体系、政策体系、风险监测预警体系、国家应急管理体系，完善重点领域安全保障体系和重要专项协调指挥体系，强化经济、重大基础设施、金融、网络、数据、生物、资源、核、太空、海洋等安全保障体系建设……深化金融体制改革，建设现代中央银行制度，加强和完善现代金融监管，强化金融稳定保障体系，依法将各类金融活动全部纳入监管，守住不发生系统性风险底线。"金融市场的运行具备一定的特殊性，存在着极高的风险，而且风险的传导性强。金融市场的良好运行，需要各种金融中介参与到市场活动中。金融中介组成金融体系，金融体系的构成包括银行与非银行金融体系，银行机构体系居于支配地位。其中，中央银行为金融机构体系的核心，商业银行是中央银行政策的传导机构，专业性银行在专业的领域提供专业的服务；非银行金融机构体系与银行金融机构属于并存的地位，主要包括证券公司、信托公司、基金公司等。

针对金融的高风险性，政府需要对金融实施监管，成立专门的监管机构，监管机构也构成了金融机构体系的一部分，属于金融体系中的重要组成部分。为强化金融稳定的保障体系，我国形成了"一行两会"的金融监管体系，为金融市场市场的良好运营提供了保障。为践行党的二十大提出的"完善农业支持保护制度，健全农村金融服务体系"的要求，配合国家的产业政策，我国成立了服务农村的金融机构和政策性金融机构。政策性金融机构体系处于金融体系的补充地位，服务于直接或间接地贯彻、配合国家特定经济和社会发展政策。由于金融市场的发达程度不同，每种类型的金融机构的规模和作用也不同，因此不同国家形成了不同的金融体系类型：一类是以市场为基础的金融体系，另一类是以银行为基础的金融体系。

随着金融活动的全球化、自由化，国际金融活动越来越频繁，需要国际金融机构的参与。目前，国际金融机构包括全球性的金融机构和区域性的金融机构，如世界银行、国际货币基金组织、国际清算银行、亚洲开发银行等，这些金融机构为国际金融活动的开展提供了基础，是国际金融秩序稳定的关键。

党的二十大报告指出："共建'一带一路'成为深受欢迎的国际公共产品和国际合作平台。我国成为一百四十多个国家和地区的主要贸易伙伴，货物贸易总额居世界第一，吸引外资和对外投资居世界前列，形成更大范围、更宽领域、更深层次对外开放格局。"为推动"一带一路"高质量发展，促进"一带一路"合作伙伴的基础设施建设，我国倡导成立了亚洲基础设施投资银行（简称"亚投行"），促进中国与周边国家的区域经济一体化发展。

思考题：

1. 结合党的二十大精神，谈谈我国目前的金融体系的构成及特点。
2. 我国倡导成立的亚投行的主要宗旨是什么？

在金融市场中，从事各种金融活动的组织称为金融机构，金融机构组成金融体系。在金融体系中，金融机构是指在信用关系中借方与贷方之间的媒介。与资金余缺双方进行金融交易的金融中介类型很多，范围极广，融资领域不同，金融机构的类型也不同。在间接融资领域中，金融机构包括各种类型的银行；在直接融资领域中，金融机构包括为筹资者和投资者牵线搭桥，提供咨询、策划、承销、经纪服务的中介机构，主要有证券公司、信托公司、基金公司等。金融机构的经济活动中心是金融服务，属于金融服务业，与其他产业一样，都是追求利润，但是在追求利润的同时，应该首先保证金融安全。

金融市场在运行的过程中可能出现各种各样的风险，金融资产极高的持有率，权益资本极低的保有率，决定了其高风险的特点。另外，金融机构相互之间联系紧密，一个环节的振荡有可能立即扩散至其他环节，并导致金融领域的一部分乃至整体的振荡，进而影响经济活动的全局。基于此，政府需要对金融机构实施监管，成立专门的监管机构，监管机构也构成了金融体系的一部分，属于金融体系中重要的组成部分。

金融机构应能为社会各个阶层提供服务，但是金融机构追求利润，因此很多企业、产业享受不到金融机构的金融服务。在这种情况下，需要政府成立政策性金融机构。政策性金融机构以国家信用为基础，运用种种特殊的融资手段，严格按照国家法规限制的业务范围、经营对象，以优惠的存贷款利率或条件，直接或间接地为贯彻、配合国家特定经济和社会发展政策而进行特殊的资金融通行为或活动。

商业银行、非银行金融机构、监管机构、政策性金融机构共同组成了金融机构体系，在不同的国家，金融市场的发达程度不同，使得每一种类型的金融机构的地位和作用也不同。

第一节　金融机构概述

一、金融机构的概念

金融机构是指在金融市场中从事金融服务业有关的金融中介机构，是金融市场的重要参与者。金融机构组成金融体系，为金融市场提供金融产品，但是金融市场在经营的过程中具有高风险、高杠杆的特征，金融风险对经济的影响巨大。因此，金融监管机构也是金融市场中重要的组成部分，这样才能保证金融市场的良好运行。

在当前世界市场经济中，金融机构的构成是一个庞大、多样的大系统，统称为金融体系。金融体系就是一个国家从事金融活动的组织，按照一定结构所形成的整体。由于金融机构的作用不同，金融体系可以分成两类：一类是以市场为基础的金融体系，多为发达国家，如美国；另一类是以银行为基础的金融体系，多为金融市场不发达国家，如中国、德国。以市场为基础的金融体系中，证券市场在金融体系中的地位超过了银行机构，股票市场相对于银行信贷更加活跃；以银行为基础的金融体系中银行占据着绝对重要的地位，发挥着关键性的作用。

二、金融机构类型

金融机构主要可以分为银行类、非银行类机构以及政策性金融机构。其中，银行类金融机构主要包括中央银行、商业银行、专业银行等，非银行类金融机构主要有证券公司、保险公司、基金公司、信托公司、金融租赁公司等，政策性金融机构主要是政府参股或者设立的金融机构，其主要目的是促进国家产业的发展。

（一）银行类金融机构

1. 中央银行

中央银行是一国金融市场中特殊的金融机构，是一国金融机构体系的核心，处于领导地位，是最高级别的金融管理机构。中央银行主要的职能是调控、服务金融市场，很多国家的中央银行还具有金融监管的职能，这也是中央银行和商业银行最大的区别，中央银行通过货币供求的调节对金融市场实行监管调节。从而防止金融市场的动荡不安给社会经济发展影响，目的是维护金融体系的健全与稳定。

中央银行主要是在金融市场不断发展的过程中产生的，金融市场的不断发展导致金融风险加剧，需要一个专门的机构来进行监督管理，因此便产生了中央银行。从世界各国中央银行的形成来看，主要途径有以下两点：一是由原有的商业银行代为行使中央银行的职能，逐渐成为一国的中央银行，如英国的英格兰银行；二是政府部门直接设立中央银行，中央银行成为政府的一个特殊部门。

2. 商业银行

商业银行又称存款货币银行，在金融市场活动中，商业银行主要以存款和贷款业务为主，同时包括一些其他类型的中间业务，将资金的需求方和供给方连接起来，并为客户提供很多的中间业务，同时起着创造存款货币的作用。商业银行是中央银行实施宏观调控的主要传导机构。在金融体系中，尤其是在银行为主导的金融体系中，商业银行机构数量多，业务广泛，因此属于主体地位。商业银行的主要业务是存贷业务，同时提供多种金融服务。随着金融市场的不断发展，商业银行的业务范围不断扩大，开始涉足证券业务、投资银行业务、保险业务、外汇业务、租赁、信托业务等。

3. 专业银行

专业银行是指经营范围和业务有一定特殊性的银行。专业银行是社会分工发展的结果，是社会分工发展在金融领域的体现，专业银行类型多样，可以按照服务对象和贷款用途的不同进行分类。

（1）按照服务对象的不同进行分类，专业银行包括农业银行、储蓄银行。农业银行指向农业生产提供信贷的银行。农业生产是一个特殊的产业，易受到自然灾害的影响，对资金的需求有一定的季节性。农村地域广阔、分散，这些因素决定了农业信贷具有风险大、期限长、收益低的特点，因此一般的商业银行不愿开展农业信贷业务。为此，西方国家设立了专门为农业信贷提供资金的专业银行，这类银行的资金主要来源于政府的财政拨款，也有的来源于客户的存款。

储蓄银行主要是指为居民办理储蓄存款业务的银行，西方国家的储蓄银行既有私营的也有公营的，其中大多数是公营的。储蓄银行的业务受到严格约束，储蓄存款较为稳定，因此可以用于长期投资，但有些国家严格规定投资于政府公债的比例。不过，由于规模和业务的快速发展，有些储蓄银行也开始参与商业银行的业务。

（2）按照贷款用途的不同进行分类，专业银行包括投资银行、抵押银行、贴现银行等。投资银行指专门针对工商企业办理有关投资业务的银行。一般投资银行不接受存款，资金主要来源于发行股票和债券，也可以从其他金融或其他渠道筹资，但不是主要的来源。投资银行主要的业务是对工商企业的股票、债券进行投资，为工商企业代发包销股票和债券，包销政府的债券，参与企业并购和其他形式的金融咨询活动。有些投资银行还兼营黄金、外汇买卖及租赁业务。

抵押银行是提供长期贷款的银行，主要以土地、房屋及其他不动产为抵押。抵押银行的资金主要来源于发行不动产抵押证券。贷款业务主要有两大类：一是以土地为抵押的长期贷款，二是以城市不动产为抵押的长期贷款。另外，目前也有一些商业银行开始经营抵押银行的业务，这种兼营、融合的发展是未来发展的趋势。

贴现银行是指承办票据贴现业务的银行，包括贴现银行和再贴现银行。贴现银行一般为商业银行；再贴现银行也可以称为银行的银行，是对贴现公司或贴现银行承办贴现业务的银行。能够承办票据再贴现业务的大银行，通常是各国的中央银行。

（二）非银行类金融机构

1. 证券公司

证券公司又称券商，是由证券主管机构批准设立并进行监管的专门从事各种有价证券经营及相关业务的金融企业。其主要业务包括证券承销业务、证券自营业务、证券经纪业务、证券咨询服务业务等。在证券市场中，证券公司是重要的参与者，使证券市场交易更加便捷，从而使投资和筹资双方达到各自的融资目的。

2. 保险公司

保险公司是专门经营各种保险业务、提供保险保障的非银行金融机构。保险公司的资金来源是投保人缴纳的保费。保险基金主要对投保人所发生的意外灾害和事故予以经济补偿，也可运用于投资政府债券、企业债券和保单贷款。在市场经济发达国家，保险业也十分发达，保险公司的种类和数量也很多，发展速度快，各类保险公司也是各国最重要的非银行金融机构。

3. 其他类型的非银行类金融机构

信托公司是接受客户的委托，根据客户的需要，为客户管理、经营金融资产、经营信托业务的金融机构。金融租赁公司是专门经营租赁业务的金融机构，通过融物的形式来达到融通资金的目的。财务公司是经营部分银行业务的非银行金融机构。信用合作社是一种互助合作性金融组织，在发达的市场经济国家普遍存在。养老金或退休基金是一种向参加养老计划者以年金形式提供养老金的专门金融组织。投资基金是一种以投资证券为主体的投资信托。

除此之外，非银行金融机构还有金融资产管理公司、汽车金融公司、货币经纪公司及邮政储蓄机构等。

（三）政策性金融机构

政策性金融机构是指那些由政府或政府机构发起、出资创立、参股或保证的，不以利润最大化为经营目的，在特定的业务领域内从事政策性融资活动，以贯彻和配合政府的社会经济政策或意图的金融机构。

政策性金融机构主要是针对经济建设欠发达的国家，不能满足基础设施建设和战略性资源开发所需的巨额、长期投资需求，通过设立政策性金融机构对经济发展的薄弱部门和行业需要重点扶持或强力推进，对经济开发、农业发展、进出口、住房等方面进行资金的支持。

第二节　中国金融机构

一、中国金融机构的变迁

在 2 000 多年的历史长河中，中国古代的金融经济发展水平，曾经居于当时世界的前列。

（一）新中国成立之前的金融机构发展

早在周朝时期我国就出现了从事货币信用业务的金融机构。唐朝经济发展较快，金融业发展迅速，出现了兼营银钱的机构，如质库。宋朝有专营银钱交易的钱馆、钱铺，明朝有钱庄、钱肆，清朝有票号和汇票庄等。虽然这时金融业有了快速的发展，但是封建社会时期金融机构还没有形成完整的体系，也没有专门的监管机构。

中国出现真正意义上的银行是在近代外国资本主义入侵之后。1845 年，英国丽如银行在香港、上海设立分行。随后美、法、俄、日等国家争相来华设立银行。我国第一家民族资本银行——中国通商银行于 1897 年在上海设立。

民国时期，形成了“四行二局一库”的金融体系。“四行”是指中央银行、中国银行、交通银行和中国农业银行，“二局”是指邮政储金汇业局和中央信托局，“一库”就是中央合作金库。当时的金融机构都掌握在国民党政府和“四大家族”手中。还有一些地方政府办的钱庄、信托公司、保险公司、证券行、证券交易所和票据交换所等非银行金融机构。

中国共产党领导下的革命根据地和解放区相继建立了陕甘宁边区银行、晋察冀边区银行、西北农民银行、北海银行、华北银行、华中银行、中州农民银行、南方人民银行、长城银行、内蒙古银行、关东银行、东北银行等金融机构，同时发行了自己的货币。其中，华北银行、西北农民银行、北海银行为中国人民银行的前身。

（二）新中国金融机构体系的建立与发展

1. 初步建立阶段（1948—1952 年）

1948 年 12 月，由华北银行、西北农民银行、北海银行组建成立了中国人民银行，中国人民银行为新中国成立初期的金融机构体系的核心，原来各解放区的银行逐步改组为中国人民银行的分支机构，形成了大区分行体制，划分为西北区行、东北区行、华东区行、华北区行、中南区行、西南区行六大区行。到 1953 年，我国已基本形成了以中国人民银行为核心和骨干、少数专业银行和其他金融机构为辅助与补充的新中国金融机构体系。

2. 逐步发展阶段（1953—1978 年）

1953 年我国开始实施经济建设第一个五年计划，建立了高度集中统一的计划经济体制。金融体系作为整个经济体制的一个重要组成部分，也形成了“大一统”的格局。这一时期成立的中国农业银行成为中国人民银行在农村的基层机构；交通银行改建为中国人民建设银行，其任务是在财政部领导下专门对基本建设的财政拨款进行管理和监督，实际上并不经营存、贷款业务，因而成为财政部下属机构；政府部门接管中国银行。另外，1949 年成立的中国人民保险公司最初隶属于中国人民银行，1952 年划归财政部，1959 年又转交中国人民银行国外局。

1953—1978 年，金融机构的发展随着计划经济的实施，逐步走向了中国人民银行“大一统”的道路，几乎所有的金融业务都由中国人民银行垄断。从机构设置来看，中国人民银行成为我国唯一的银行，经营金融监管、信贷、货币发行等业务，甚至保险业务都由中国人民银行直接或者间接参与。

3. 改革发展初期（1979—1993 年）

这一时期金融机构进行改革的主要原因是党的十一届三中全会以来党中央把全党工作的重点转移到经济建设上来，对经济体制进行了改革。在金融机构改革中，中国人民银行业务被拆分。1979 年 3 月，中国农业银行重新恢复成立，中国银行从中国人民银行中分离出去，作为国家指定的外汇专业银行，统一经营和集中管理全国的外汇业务，同时国家设立外汇管理局。

1983 年 9 月，国务院颁布《关于中国人民银行专门行使中央银行职能的决定》，中央银行制度框架初步确立。《关于中国人民银行专门行使中央银行职能的决定》同时规定：成立中国工商银行，承办原来由中国人民银行办理的工商信贷和储蓄业务。

1984 年 1 月起，中国人民银行不再办理针对企业和个人的信贷业务，专门行使中央银行的职能。1986 年以后，又增设了交通银行、中信实业银行这样的综合性银行以及广东发展银行、招商银行、兴业银行等区域性银行。同时，非银行金融机构发展迅速。1979 年 10 月，第一家信托投资公司——中国国际信托投资公司成立，揭开了信托业发展的序幕。另外设立了中国人民保险公司、城市信用社和农村信用社等。经过几年的改革，我国建立起了以中国人民银行为核心、专业银行为主体、其他金融机构并存的新的金融机构体系。多元化的金融机构体系、合理的分工，打破了“大一统”的格局，更能促进经济的发展。

4. 快速发展阶段（1994 年至今）

1994 年，为适应社会主义市场经济体制的需要，更好地发挥金融在国民经济中宏观调控和优化资源配置的作用，国务院决定改革现行金融体制，逐步形成了以中央银行为领导核心、商业银行为主体，非银行金融机构同时发展的格局。

（1）建立我国的商业银行体系，将银行的政策性业务分离。通过建立国家开发银行、中国农业发展银行、中国进出口银行三家政策性银行，将各专业银行原有的政策性业务与经营性业务分开，形成了包括国有独资商业银行和其他商业银行在内的商业银行体系，其中，光大银行、中信银行、招商银行、华夏银行完成了股份制改造。

1996 年 1 月，第一家由非公有制企业入股的全国性股份制商业银行——中国民生银行在北京成立。1998 年后，城市合作银行陆续更名为“城市商业银行”。1998 年 7 月，北京城市合作银行更名为“北京商业银行”，同年 10 月，原上海城市合作银行更名为“上海银行”。

（2）非银行金融机构发展迅猛，以农村信用社为代表的合作金融机构获得了恢复和发展。农村信用合作社从中国人民银行业务中剥离，业务范围扩大，全国各地成立的分支机构越来越多。1994 年之前成立的保险公司、信托公司，在 1994 年之后发展迅速，各省市相继成立了一大批地方性的信托投资公司和国际信托投资公司。1992 年，中国证券监督管理委员会正式成立。1998 年 11 月，中国保险监督管理委员会成立。证券行业和保险行业的监督从中国人民银行中剥离。2003 年 3 月，中国银行业监督管理委员会成立。2018 年 4 月，中国银行保险监督管理委员会正式挂牌，中国银行业监督管理委员会和中国保险监督管理委员会成为历史。2023 年 5 月，国家金融监督管理总局正式揭牌，中国银行保险监督管理委员会正式退出历史舞台。从此对非银行机构的监管越来越严格，一方面促进了金融行业的发展，另一方面避免了金融风险的产生。

（3）境外金融机构数量不断增多。在中国的境外金融机构数量不断增多，第一家境外银行于 1979 年在北京开设办事机构，境外金融机构的设立地点从香港特区和沿海大中城市向内地大中城市扩散。1996 年，中国开始向外资银行有限度地开放人民币业务。同时，中国商业银行和保险公司在境外设立的金融机构也不断增多。

二、中国金融机构的现状

经过 40 多年改革发展，我国形成了以中央银行为核心、商业银行为主体、政策性银行为产业导向、多种金融机构并存的金融体系（见表 3-1）。

表 3-1　中国金融机构体系

银行类金融机构	中央银行	中国人民银行
	商业银行	国有控股商业银行
		股份制商业银行
		外资商业银行
		中国邮政储蓄银行
		城市商业银行
		村镇银行
		农村商业银行
		农村合作银行
		民营银行
	政策性金融机构	国家开发银行
		中国进出口银行
		中国农业发展银行

表3-1(续)

非银行金融机构	证券公司	经纪类证券公司
		综合类证券公司
	保险公司	人寿保险公司
		财产保险公司
		再保险公司
		保险中介公司
	信托投资公司	—
	基金管理公司	—
	金融资产管理公司	中国华融资产管理公司
		中国东方资产管理公司
		中国信达资产管理公司
		中国长城资产管理公司
	企业集团财务公司	—
	金融租赁公司	—
	汽车金融公司	—
	消费金融公司	—
	货币经纪公司	—
	农村金融机构	农村信用合作社
		农村资金互助社
金融监管机构	中国证券监督管理委员会	—
	中国银行保险监督管理委员会	—

（一）中国人民银行

20 世纪 80 年代，中国人民银行剥离商业银行业务，专门行使中央银行职能。1995 年 3 月，第八届全国人民代表大会第三次会议通过《中华人民共和国中国人民银行法》，就中国人民银行的设立、职能等以立法形式进行了界定。中国人民银行在国务院的领导下，制定和执行货币政策，防范和化解金融风险，维护金融稳定。

中国人民银行上海总部于 2005 年 8 月 10 日正式成立，设立了 16 个直属机构，并在全国设有众多的分支机构。中国人民银行的分支机构根据中国人民银行的授权，负责维护本辖区的金融稳定，承办有关业务，贯彻实施货币政策，管理货币市场，经理国家金库和代理发行政府债券，开展现金发行和调拨工作，加强外汇管理工作，适应外汇体制改革。在总行和分支机构之间，银行业务和人事干部实行垂直领导、统一管理，地方政府需保证和监督中国人民银行贯彻执行国家的方针政策，但是不能干预。

（二）商业银行

中国的商业银行体系类型包括国有商业银行、股份制商业银行、邮政储蓄银行、城市商业银行、农村商业银行、民营银行等。其中，国有商业银行包括中国工商银行、中国农业银行、中国银行、中国建设银行、交通银行。2007 年 3 月 20 日正式挂牌成立的中国邮政储蓄银行是中国第六大银行，是在改革邮政储蓄管理体制的基础上组建的国有商业银行。中国邮政储蓄银行承继原国家邮政局、中国邮政集团公司经营的邮政金融业务及因此而形成的资产和负债，并将继续从事原经营范围和业务许可文件批准、核准的业务。同时，我国还有 12 家全国性股份制商业银行，分别是招商银行、浦发银行、中信银行、中国光大银行、华夏银行、中国民生银行、广发银行、兴业银行、平安银行、浙商银行、恒丰银行、渤海银行。股份制商业银行已成为国民经济发展过程中重要的组成部分。

城市商业银行和农村商业银行是由以前的信用合作社发展起来的，主要为地方经济和农村经济发展提供信贷业务。经济发展之后，私人资本也变得丰厚起来。目前，国内设立了 19 家民营银行。另外，众多的外资银行也是我国商业银行体系的组成部分。

根据《中华人民共和国商业银行法》的规定，商业银行在中国境内不得从事信托投资和股票业务，不得投资于非自用不动产，不得向非银行金融机构和企业投资。

（三）政策性金融机构

1994 年，为适应建立社会主义市场经济体制的需要，我国先后组建了国家开发银行、中国进出口银行和中国农业发展银行三家政策性银行。

1. 国家开发银行

国家开发银行成立于 1994 年，是由国务院直接领导的政策性金融机构。2008 年 12 月，国家开发银行改制为国家开发银行股份有限公司。2015 年 3 月，国务院明确国家开发银行定位为开发性金融机构。国家开发银行是全球最大的开发性金融机构，中国最大的对外投融资合作银行、中长期信贷银行和债券银行。

国家开发银行主要通过开展中长期信贷与投资等金融业务，为国民经济重大中长期发展战略服务。国家开发银行目前在中国境内设有 37 家一级分行和 3 家二级分行，境外设有香港分行和开罗、莫斯科、里约热内卢、加拉加斯、伦敦、万象、阿斯塔纳、明斯克、雅加达、悉尼 10 个代表处，旗下拥有国开金融、国开证券、国银租赁、中非基金和国开发展基金等子公司。

国家开发银行的发展关系国计民生，支持国家产业发展，因此国家开发银行在以习近平同志为核心的党中央坚强领导下，坚持稳中求进工作总基调，扎实服务供给侧结构性改革，积极发挥逆周期调节作用，加大开发性金融服务实体经济力度，努力化解处置风险，以全面从严治党带动全面从严治行，各项工作取得新成效。

2. 中国农业发展银行

中国农业发展银行成立于 1994 年，注册资本 570 亿元，是国务院直属机构，是我国唯一一家农业政策性银行。其主要任务是以国家信用为基础，以市场为依托，筹集支农资金，支持“三农”事业发展，发挥国家战略支撑作用。经营宗旨是紧紧围绕服务国家战略，建设定位明确、功能突出、业务清晰、资本充足、治理规范、内控严密、运营安全、服务良好、具备可持续发展能力的农业政策性银行。目前，全系统共有 31 个省级分行、309 个地市级分行和 1 686 个县级支行，服务网络遍布全国。

3. 中国进出口银行

中国进出口银行是由国家出资设立、支持中国对外经济贸易投资发展与国际经济合作、具有独立法人地位的国有政策性银行。中国进出口银行也是国务院直属机构，其依托国家信用支持，积极发挥在稳增长、调结构、支持外贸发展、实施“走出去”战略等方面的重要作用，加大对重点领域和薄弱环节的支持力度，促进经济社会持续健康发展。目前，中国进出口银行已在国内设有32家营业性分支机构和香港代表处；在海外设有巴黎分行、东非南非代表处、圣彼得堡代表处、西北非代表处。中国进出口银行的经营宗旨是紧紧围绕服务国家战略，建设定位明确、业务清晰、功能突出、资本充足、治理规范、内控严密、运营安全、服务良好、具备可持续发展能力的政策性银行。中国进出口银行支持领域主要包括对外经贸发展和跨境投资，“一带一路”建设、国际产能和装备制造合作，科技、文化以及中小企业“走出去”和开放型经济建设等。

（四）非银行金融机构

1. 保险公司

改革开放以来，我国保险业发展迅速。1980年以后，中国人民保险公司逐步恢复了停办多年的国内保险业务，成为保险行业的独家企业。1996年9月，中国人民保险公司改建为中国人民保险集团公司，简称中保集团。中保集团直接对国务院负责，中国人民银行负责对中保集团的业务领导、监督和管理。

1998年10月，中国人民保险集团公司宣告撤销，其下属的三个子公司成为三家独立的国有保险公司——中国财产保险有限公司、中国人寿保险有限公司、中国再保险公司。其中，海外业务全部划归香港中国保险（集团）有限公司管理。

此外，中国太平洋保险公司、中国平安保险公司、华泰财产保险公司、泰康人寿保险公司等多家公司加入保险系统。1998年11月，中国保险监督管理委员会成立，对保险业进行监管。2018年3月，中国保险监督管理委员会撤销，由新组建的中国银行保险监督管理委员会对保险业实施监管。2023年5月18日，国家金融监督管理总局正式揭牌。其主要职责之一是依照法律法规统一监督管理保险业。

保险公司的业务主要由财产保险业务和人身保险业务。保费是保险公司资金的主要来源。保费除了用于理赔给付外，保险资金的运用渠道也在不断拓宽，可以投资政府债券、金融债券、股票市场以及间接投资基础设施建设等。

2. 证券公司

截至2023年9月，全国共有140家证券公司，但是规模大小不一，业务的开展程度也不一样。当前，我国规模较大的证券公司主要有中信证券、海通证券、广发证券、华泰证券等。1999年7月1日公布实施的《中华人民共和国证券法》规定，国家对证券公司实行分类管理，分为综合类证券公司和经纪类证券公司。综合类证券公司经营的业务范围是证券经纪业务、证券自营业务、证券承销业务和经国务院证券监管委员会规定的其他证券业务；经纪类证券公司只允许专门从事证券经纪业务。综合类证券公司将逐渐向投资银行靠拢。

3. 信托投资公司

信托投资公司是以受托人身份经营信托投资业务的金融机构。中国第一家信托公司于1979年成立。由于国家对信托投资机构管理比较松，各类信托投资机构数量曾多达800家，机构发展面太宽，带来了很大的金融风险。1989年9月，中国人民银行收回了对信托投资机构的审批权，并对已设立的信托投资机构进行了清理整顿。我国信托投资公司在经历了五次大规模的整顿后重新注册登记，目前信托投资公司是在“一法两规”（《中华人民共和国信托法》《信托投资公司管理办法》《信托投资公司资金信托管理暂行办法》）的框架下开展业务，信托公司的业务越来越广泛。

4. 金融租赁公司

1981 年，我国为了引进外资，便以中外合资企业的形式成立了最早的租赁公司。之后步入快速发展阶段，到 1997 年，经原中国人民银行批准的金融租赁公司共 16 家。20 多年来中国租赁业有了长足的发展，目前，经过增资扩股后正常经营的金融租赁公司有 70 余家，它们主要从事公交、城建、医疗、航空、IT 等产业。未来中国的经济将进入快速发展时期，国家将会加大在能源交通和基础设施方面的投资，中国企业急需产业更新和技术改造，而发达国家的成功经验已经证明租赁是解决这些需求的最有效途径，今后市场的巨大需求是租赁业务发展的最好时机。

5. 企业集团财务公司

企业集团财务公司是由企业集团组建的非银行金融机构。1987 年，我国第一家企业集团财务公司在深圳经济特区建立。财务公司主要是为集团内部成员提供金融服务，一般不得在企业集团外部吸收存款，业务上受中国人民银行领导和管理。为了规范和促进财务公司的发展，1994 年，中国财务公司协会经中国人民银行批准成立，在中国境内由中国银行业监督管理委员会批准设立的企业集团财务公司均可自愿申请加入中国财务公司协会。

6. 金融资产管理公司

金融资产管理公司是由国家出资组建的专门处理银行不良资产的非银行金融机构。1999 年，我国相继设立了 4 家金融资产管理公司，即中国华融资产管理公司、中国长城资产管理公司、中国信达资产管理公司和中国东方资产管理公司，主要收购、管理和处置中国工商银行、中国农业银行、中国银行、中国建设银行和国家开发银行剥离出来的不良资产，最大限度保全资产，提高银行业不良资产回收价值。

我国的金融资产管理公司涉及银行业务的由中国银行保险监督管理委员会监管，涉及证券业务的由中国证券监督管理委员会负责监管，财政部负责财务监管。

7. 农村金融机构

我国农村金融机构已经形成了农村信用合作社、农村合作银行、农村商业银行、村镇银行等新型的农村金融机构，数量越来越多，覆盖面越来越广。农村信用合作社属于计划经济体制下的农村集体金融组织，于 20 世纪 50 年代中期农村信用合作社在农村逐渐组建起来，主要原则是为社员服务，主要面向农村提供个人储蓄以及农户贷款服务。2003 年，我国开始对农村金融机构进行改革，产生了农村合作银行和农村商业银行，这两类金融机构都是由农村信用合作社改制而来的。截至 2023 年 12 月末，全国农村商业银行共 1 607 家、农村合作银行共 23 家、农村信用社共 499 家。此外，我国还有 1 636 家村镇银行。

随着金融市场的快速发展，我国的非银行金融机构类型越来越丰富，覆盖面越来越广，除了上述的类型外，还有基金投资公司、汽车金融公司、货币经纪公司等，不同类型的金融机构为金融市场的发展带来了新的血液。

（五）金融监管机构

2023年3月，中共中央、国务院印发了《党和国家机构改革方案》，决定在中国银行保险监督管理委员会基础上组建国家金融监督管理总局，不再保留中国银行保险监督管理委员会。国家金融监督管理总局的成立标志着金融行业的监管机构由“一行三会”变成了“一行一局一会”。“一行”指中国人民银行，“一局”指国家金融监督管理总局，“一会”指中国证券监督管理委员会。

金融行业的监管机构由“一行三会”变成“一行一局一会”是为了更好地防范金融风险。金融是国家重要的核心竞争力，金融安全是国家安全的重要组成部分，金融制度是经济社会发展中重要的基础性制度。改革开放以来，我国金融业发展取得了历史性成就。特别是党的十八大以来，我国有序推进金融改革发展、治理金融风险，金融业保持快速发展，金融改革开放有序推进，金融产品日益丰富，金融服务普惠性增强，金融监管得到加强和改进。同时，我国金融业的市场结构、经营理念、创新能力、服务水平还不能完全适应经济高质量发展的要求，一些矛盾和问题仍然突出。我国要抓住完善金融服务、防范金融风险这个重点，推动金融业高质量发展。

1. 中国证券监督管理委员会

中国证券监督管理委员会于1992年成立，是国务院直属正部级事业单位，依照法律、法规和国务院授权，统一监督管理全国证券期货市场，维护证券期货市场秩序，保障其合法运行。中国证券监督管理委员会的成立标志着中国证券市场统一监管体制开始形成。

中国证券监督管理委员会的主要职责如下：

（1）建立统一的证券期货监管体系，对证券期货监管机构实行垂直管理，管理证券期货交易所。

（2）负责组织拟订有关证券市场、期货市场的法律法规草案，依法对证券期货违法行为进行调查、处罚。

（3）监督股票、可转换债券、期货等的发行、交易、托管和清算，批准企业债券上市。

（4）国务院交办的其他事项。

2. 国家金融监督管理总局

2023年3月7日，根据国务院关于提请审议国务院机构改革方案的议案，国家金融监督管理总局开始组建。国家金融监督管理总局在中国银行保险监督管理委员会基础上组建，将中国人民银行对金融控股公司等金融集团的日常监管职责、有关金融消费者保护职责，中国证券监督管理委员会的投资者保护职责划入国家金融监督管理总局。2023年5月18日，国家金融监督管理总局在北京金融街揭牌。国家金融监督管理总局负责贯彻落实党中央关于金融工作的方针政策和决策部署，把坚持和加强党中央对金融工作的集中统一领导落实到履行职责过程中。其主要职责如下：

第一，国家金融监督管理总局依法对除证券业之外的金融业实行统一监督管理，强化机构监管、行为监管、功能监管、穿透式监管、持续监管，维护金融业合法、稳健运行。

第二，国家金融监督管理总局对金融业改革开放和监管有效性相关问题开展系统性研究，参与拟订金融业改革发展战略规划；拟订银行业、保险业、金融控股公司等有关法律法规草案，提出制定和修改建议；制定银行业机构、保险业机构、金融控股公司等有关监管制度。

第三，国家金融监督管理总局统筹金融消费者权益保护工作。国家金融监督管理总局制定金融消费者权益保护发展规划，建立健全金融消费者权益保护制度，研究金融消费者权益保护重大问题，开展金融消费者教育工作，构建金融消费者投诉处理机制和金融消费纠纷多元化解机制。

第四，国家金融监督管理总局依法对银行业机构、保险业机构、金融控股公司等实行准入管理，对其公司治理、风险管理、内部控制、资本充足状况、偿付能力、经营行为、信息披露等实施监管。

第五，国家金融监督管理总局依法对银行业机构、保险业机构、金融控股公司等实行现场检查与非现场监管，开展风险与合规评估，查处违法违规行为。

第六，国家金融监督管理总局统一编制银行业机构、保险业机构、金融控股公司等的监管数据报表，按照国家有关规定予以发布，履行金融业综合统计相关工作职责。

第七，国家金融监督管理总局负责银行业机构、保险业机构、金融控股公司等的科技监管，建立科技监管体系，制定科技监管政策，构建监管大数据平台，开展风险监测、分析、评价、预警，充分利用科技手段加强监管、防范风险。

第八，国家金融监督管理总局对银行业机构、保险业机构、金融控股公司等实行穿透式监管，制定股权监管制度，依法审查批准股东、实际控制人及股权变更，依法对股东、实际控制人以及一致行动人、最终受益人等开展调查，对违法违规行为采取相关措施或进行处罚。

第九，国家金融监督管理总局建立除货币、支付、征信、反洗钱、外汇和证券期货等领域之外的金融稽查体系，建立行政执法与刑事司法衔接机制，依法对违法违规金融活动相关主体进行调查、取证、处理，涉嫌犯罪的，移送司法机关。

第十，国家金融监督管理总局建立银行业机构、保险业机构、金融控股公司等的恢复和处置制度，会同相关部门研究提出有关金融机构恢复和处置意见建议并组织实施。

第十一，国家金融监督管理总局牵头打击非法金融活动，组织建立非法金融活动监测预警体系，组织协调、指导督促有关部门和地方政府依法开展非法金融活动防范和处置工作，对涉及跨部门跨地区和新业态新产品等非法金融活动，研究提出相关工作建议，按要求组织实施。

第十二，国家金融监督管理总局按照建立以中央金融管理部门地方派出机构为主的地方金融监管体制要求，指导和监督地方金融监管相关业务工作，指导协调地方政府履行相关金融风险处置属地责任。

第十三，国家金融监督管理总局负责对银行业机构、保险业机构、金融控股公司等与信息技术服务机构等中介机构的信息科技外包等合作行为进行监管，依法对违法违规行为开展调查，并对金融机构采取相关措施。

第十四，国家金融监督管理总局参加金融业相关国际组织与国际监管规则制定，开展对外交流与国际合作。

第十五，国家金融监督管理总局完成党中央、国务院交办的其他任务。

第三节　国际金融机构和多边金融机构

一、世界银行集团

1944 年 7 月布雷顿森林会议上通过的《国际复兴开发银行协定》中提到应该建立政府间的国际金融机构，世界银行集团就是根据此协议成立的。世界银行集团成立于 1945 年 12 月，目前是世界上最大的国际金融机构。

（一）世界银行的建立

世界银行又称国际复兴与开发银行，于 1945 年 12 月正式成立，1946 年 6 月开始营业，总部设在美国华盛顿，目前有成员国 189 个。世界银行和国际货币基金组织都属于联合国的专门机构，是密切联系和相互配合的国际性金融机构。联合国规定：凡是加入世界银行的国家，必须加入国际货币基金组织，但加入国际货币基金组织的不一定加入世界银行。

（二）世界银行的业务活动

世界银行集团包括世界银行、国际金融公司、国际开发协会、多边投资担保机构和国际投资争端解决中心五个机构，每一个机构的业务活动如表 3-2 所示。

表 3-2　世界银行五大机构业务活动

组织机构	业务
国际复兴开发银行	向中等收入国家政府和信誉良好的低收入国家政府提供贷款
国际金融公司	为企业和政府提供咨询服务，帮助发展中国家实现可持续增长
国际开发协会	向最贫困国家的政府提供无息贷款（也称信贷）和赠款
多边投资担保机构	促进发展中国家的外国直接投资，以支持经济增长、减少贫困和改善人民生活
国际投资争端解决中心	提供针对国际投资争端的调解和仲裁机制

（三）世界银行的宗旨

世界银行的服务宗旨是：

（1）通过对生产事业的投资，协助成员国经济的复兴与建设，鼓励不发达国家对资源的开发。

（2）通过担保或参加私人贷款及其他私人投资的方式，促进私人对外投资；当成员国不能在合理条件下获得私人资本时，可运用该行自有资本或筹集的资金来补充私人投资的不足。

（3）鼓励国际投资，协助成员国提高生产能力，促进成员国国际贸易的平衡发展和国际收支状况的改善。

（4）在提供贷款保证时，应与其他方面的国际贷款配合。

（5）向发展中国家提供中长期贷款与投资，促进发展中国家经济和社会发展。

（6）缩小发展中国家与发达国家的经济差距，支持发展中国家政府建造学校和医院、供水供电、防病治病和保护环境。

（四）世界银行的组织机构

世界银行的组织机构包括理事会和执行董事会。

1. 理事会

理事会是世界银行的最高权力机构。理事会的职责包含：

（1）接受成员国和中止成员国资格。

（2）增加或减少核定股本。

（3）决定世界银行净收入的分配。

（4）决定执行董事根据《协议条款》中的诠释提出的申诉。

（5）做出同其他国际组织合作的正式和全面安排。

（6）终止世界银行业务。

（7）增加当选执行董事人数。

（8）审批《协议条款》修正案。

2. 执行董事会

执行董事会是负责办理世界银行日常业务的机构，目前世界银行有 25 名常驻华盛顿的执行董事，6 名常任董事由美国、日本、中国、英国、法国委派。执行董事会选举一人为行长，行长没有投票权，只有在董事会表决中票数双方相等时，行长才投下决定性的一票。执行董事会的主要职责是：调整世界银行政策；决定行长提出的贷款建议；向理事会提出财务统计报告、行政预算、世界银行业务和政策年报；向理事会提交需要审议的其他事项等。

（五）世界银行的资金来源

世界银行的资金来源主要有：成员国缴纳的股金；发行债券和收取贷款利息，同时也包括经济发达的地区对世界银行的捐款。其中，国际开发协会每 3 年补充一次资金，有近 40 个国家捐款。捐款国不仅有发达国家，也有发展中国家，其中有些国家一度是国际开发协会的借款国。

1. 成员国缴纳的股金

世界银行的成员国都必须认缴一定数额的股金才能加入，每个国家缴纳的股金依据该国的经济、财政力量，权力的分配也按认股的多少来进行。其中基本投票权 250 票，每认缴股金 10 万美元加 1 票，如此加总计算。目前，美国持股最多，享有最大的表决权。

2. 发行债券和收取贷款利息

国际金融市场的借款是世界银行最主要的资金来源，主要是通过向成员国政府、机构或者中央银行发行中短期债券，债券的发行主要是通过投资银行、商业银行采取包销的模式。债券的发行期限为 2～25 年，发售对象为养老基金、保险机构、公司、其他银行及个人。利率随着金融市场行情的变化而变化，一般来讲，世界银行发行的债券利率比国家债券和公司债券低，主要原因是世界银行的信用等级高。

另外，世界银行还能将已有的资金贷给资金短缺的企业或者政府机构，对方支付一定的利息，贷款的还款期为15~20年，在开始偿还本金前有3~5年的宽限期。

二、国际货币基金组织

（一）国际货币基金组织概况

国际货币基金组织（International Monetary Fund，IMF）于1945年12月31日在华盛顿正式成立，1947年3月正式营业，同年11月15日成为联合国的一个专门机构。国际货币基金组织总部设在美国华盛顿。国际货币基金组织与世界银行并列为世界两大金融机构。

（二）服务宗旨

国际货币基金组织的服务宗旨是通过一个常设机构来促进国际货币合作，为国际货币问题的磋商和协作提供方法。

国际货币基金组织的服务内容：通过国际贸易的扩大和平衡发展，把促进和保持成员国的就业、提升其实际收入的高水平，作为经济政策的首要目标；稳定国际汇率，在成员国之间保持有秩序的汇价安排，避免竞争性的汇价贬值；协助成员国建立经常性交易的多边支付制度，消除妨碍世界贸易的外汇管制；向成员国临时提供普通资金，使其有信心利用此机会纠正国际收支的失调，而不采取危害本国或国际繁荣的措施；按照以上服务内容，能缩短成员国国际收支不平衡的时间，减轻不平衡的程度等。

（三）组织机构

国际货币基金组织的组织结构由理事会、执行董事会、总裁和临时委员会等组成。

1. 理事会

理事会是国际货币基金组织的最高权力机构，理事会成员主要由理事和副理事组成，理事通常由成员国的财政部部长或者中央银行行长担任，一般任期是5年，副理事主要由各国的外汇管理机构负责人担任。理事会每年9月举行一次会议，各理事会单独行使本国的投票权（各国投票权的大小由其所缴基金份额的多少决定），一般同世界银行理事会年会联合举行。理事会的主要职责有：批准接纳新的成员国；批准IMF的份额规模与特别提款权的分配；批准成员国货币平价的普遍调查；决定成员国退出IMF；讨论有关国际货币制度的重大问题。

2. 执行董事会

执行董事会是负责处理日常业务工作的常设机构，由24名执行董事组成，任期两年。其中，执行董事由持有基金份额最多的5个成员国（美国、英国、德国、法国、日本）各派一名，然后中国、俄罗斯与沙特阿拉伯再各派一名。选派董事由其他成员国按选区轮流选派。执行董事会推选总裁1人，作为国际货币基金组织的最高行政领导人，并兼任执行董事会主席。执行董事会的职责有：接受理事会委托处理政策和行政事务，向理事会提交年度报告，对成员国经济方面和有关国际金融方面的重大问题进行全面研究。执行董事会每星期至少召开三次正式会议，履行《国际货币基金协定》指定的和理事会赋予它的职权。

3. 总裁

国际货币基金组织的总裁是最高行政长官，总裁负责管理国际货币基金组织的日常事务，总裁由执行董事会推选，并兼任执行董事会主席，任期 5 年。理事会和执行董事会会议总裁可以出席，但平时没有投票权，只有在执行董事会表决双方票数相等时，才可以投决定性的一票。

4. 临时委员会

1974 年 10 月成立的临时委员会是国际货币基金组织的重要决策机构，由 22 名执行董事相对应的成员国选派理事或者同等级的人员组成。临时委员会的主要职能是针对一些全球经济重大问题向理事会做出报告或提议，处理对国际货币制度形成的威胁等。临时委员会每年举行两次会议，临时委员会做出的决定就等于理事会的决定。

（四）资金来源

1. 成员国缴纳的基金份额

成员国缴纳的基金份额是国际货币基金组织最主要的资金来源。基金份额是每一个成员国加入国际货币基金组织时认缴的款项。基金份额的规模主要根据成员国经济发展状况如国民收入、黄金、外汇储备来决定。缴纳基金份额的形式：25%是特别提款权或者可自由兑换的货币缴纳，剩下的 75%可以各成员国的本国货币缴纳，可以存放在成员国的中央银行，有需要时可以随时动用。成员国份额的多少是决定成员国投票权和借款权的主要因素，每一成员国有 250 张基本票。份额中每认缴 10 万特别提款权可增加 1 票，认缴的份额越多，投票的权力也就越大。

2. 借款

借款是国际货币基金组织向成员国借入的资金，借款必须在与成员国协议的前提下实现，既可以向成员国争取借款，也可以向私人机构借款。借款的主要形式如下：

（1）借款总安排。

（2）补充资金贷款借款安排。

（3）扩大资金贷款安排。

（4）新借款安排。

借款属于补充资金。

3. 信托基金

国际货币基金组织于 1976 年 1 月决定将其持有的黄金的 1/6（约合 2 500 万盎司）出售，并以所获得的溢价利润和成员国捐款组建信托基金，向低收入的成员国提供优惠贷款。

三、国际清算银行

第一次世界大战结束之后，为了处理德国的战争赔款以及国际债务的清算与清偿事项，在 1930 年 2 月，由英国、法国、德国、意大利、瑞士、比利时和日本等国的中央银行以及代表美国银行业利益的摩根银行、纽约花旗银行和芝加哥花旗银行共同成立了国际清算银行。国际清算银行开创资本为 5 亿金法郎，分为 20 万股，每股2 500 金法郎，总部在瑞士巴塞尔。第二次世界大战之后，国际清算银行开始在国际清算中充当受托人或代理人，为国际金融活动尤其是各国中央银行的合作提供便利。国际清算银行逐渐演变成中央银行的银行，不再是政府间的金融决策机构，也不是国际发展援助机构。国际清算银行的成员主要是各国的中央银行或者货币管理局。

（一）国际清算银行的业务

国际清算银行也可以称为中央银行的银行。国际清算银行主要的服务宗旨是促进各国中央银行国际清算合作，并向其提供更多的国际金融业务的便利，以促进国际金融稳定。国际清算银行在国际清算业务方面充当受托人或代理人。根据国际清算银行章程的规定，其有权进行下列业务活动：

1. 处理国际清算事务

第二次世界大战后，国际清算银行承担着大量的国际结算业务。尤其是各国中央银行之间的结算业务，为中央银行提供贷款或者接受他们的贷款，办理、收买、出售期票；接受各成员方中央银行往来资金和存款。

2. 办理或代理有关银行业务

国际清算银行为各国中央银行办理或代理有关银行业务，中央银行可以在国际清算银行存放黄金储备或货币存款，储备是免费的，还可以获得相应的利息，也可以用作抵押，从国际清算银行取得黄金价值85%的现汇贷款。同时，国际清算银行还代各国中央银行办理黄金购销业务，并负责保密。

第二次世界大战后，国际清算银行也成为国际组织的收付代理人，如欧洲经济合作组织、黄金总库等，充当国际机构的金融代理，如万国邮联、国际红十字会等。

3. 定期举办中央银行行长会议

国际清算银行每月举行一次中央银行行长会议，会议于每月的第一个周末在巴塞尔举行，商讨有关国际金融问题，协调有关国家的金融政策，促进和扩大各国中央银行的合作。国际清算银行积极参与国际金融市场活动，是国际黄金市场和欧洲货币市场的重要参与者。

（二）组织机构

国际清算银行是以股份公司的形式建立的，组织机构包括股东大会、董事会、办事机构。

1. 股东大会

股东大会是国际清算银行的最高权力机关。股东大会由各成员方的中央银行代表和与国际清算银行有业务关系的中央银行参加，但是只有成员方中央银行有表决权。会议每年6月份在巴塞尔召开一次，投票表决按照认购的股份比例分配。股东大会主要负责年度决算、资产负债表和损益计算书、利润分配办法和接纳新成员方等重大事项的决议。

2. 董事会

董事会是国际清算银行的实际权力机构，日常经营管理机构由13名董事组成。董事一般由比利时、德国、法国、英国、意大利和美国中央银行行长或者各自任命1名本国工商和金融界的代表担任董事。此外，董事会可以2/3的多数通过选举出其他董事。董事会设主席1名，副主席若干名，每月召开一次例会，审议银行日常业务工作。

（三）资金来源

国际清算银行的资金主要来源有成员方缴纳的股金、借款、吸收存款。国际清算银行法定股本为15亿金法郎，共分为面值相等的60万股，每股面值为2 500金法郎，其中14%由个人持股，但是个人持股者没有权利参加股东大会。自2001年起，国际清算银行已经回购了全部的私人股份。借款是向各成员方中央银行借款；吸收存款是接受各国中央银行的黄金存款和商业银行的存款。

四、亚洲基础设施投资银行

亚洲基础设施投资银行是由中国倡导成立的区域性金融机构，也是首个由中国倡导成立的区域性多边开发机构。该银行于2015年12月25日成立，2016年1月16日开业，总部设于北京。成立之初，有57个国家及地区成为正式的意向创始成员。2017年6月29日，穆迪投资者服务公司对亚洲基础设施投资银行进行评级，评级结果为AAA级，这是穆迪公司评级标准里的最高级别。截至2023年9月，亚洲基础设施投资银行成员数量增至109个，覆盖世界人口的81%和全球国内生产总值的65%。

（一）服务宗旨和职责

亚洲基础设施投资银行不仅是一个多边国际金融机构，还是中国“共同体外交”的新载体。亚洲基础设施投资银行成立的宗旨是促进亚洲区域建设互联互通化和经济一体化的进程。其主要职责是重点通过开发性金融工具来推进亚洲区域的基础设施建设及其互联互通建设，打破各经济体之间投资、贸易和人员往来的屏障，带动投资增长，促进贸易以至全球经济血脉更加畅通，为构建更加广泛、更高水平、更深层次的开放型区域经济和世界经济提供基础保障条件。

（二）组织结构

亚洲基础设施投资银行采取的是股份制银行的治理模式，业务定位为准商业性，组织框架由理事会、董事会和管理层组成。理事会是最高权力和决策机构，根据亚洲基础设施投资银行章程授权董事会和管理层权力，每年定期召开会议，就重大政策进行决策；董事会由理事会选举的总裁主持，负责对日常事务的管理决策；银行总部下设银行各主要职能部门。

亚洲基础设施投资银行的投票权分为两部分：一是亚洲区域内国家和地区所占有的75%，二是区域外非亚洲国家和地区占有的25%。亚洲区域内国家和地区的投票权将通过GDP、人口等一系列指标来确定。

（三）资金来源

根据2014年10月签署的《筹建亚投行备忘录》，亚洲基础设施投资银行的法定资本为1 000亿美元，总认缴的股本中，中国认缴数量占30.34%，中国的投票权占总投票权的26.06%，中国成为最大股东。亚洲基础设施投资银行资金的来源还有银行同业拆借和成员发行主权债券。

亚洲基础设施投资银行和已经发布的“一带一路”愿景与行动方案对中国乃至世界的政治经济发展具有重大意义。这两大举措把中国的对外开放格局已基本勾勒清楚，将是重塑世界经济格局的重要推动力量。亚洲基础设施投资银行和“一带一路”倡议的目标一致，互为支撑，相互呼应，实现两者的顺利对接是推进“一带一路”建设和亚洲基础设施投资银行发展的关键。亚洲基础设施投资银行和“一带一路”建设将改变国际经济秩序。“一带一路”建设主要在中国的周边国家、延伸大陆带及相关海域进行了布局，可以促进中国与周边国家的区域经济一体化发展，同时也是对国际合作及全球治理新模式的积极探索，将会对以发达国家为主导的传统国际经济秩序形成制衡，可能改变世界经济的现有格局。亚洲基础设施投资银行作为一个跨越亚洲、欧洲、拉丁美洲的国际性多边金融机构，无疑会对第二次世界大战后形成的以美元为主导的国际金融体系形成冲击，以中国为代表的发展中国家可能成为国际金融体系中的重要一极。“一带一路”倡议和亚洲基础设施投资银行的出现是与世界经济重心的转移相适应的。布雷顿森林体系解体以来，世界经济危机周期性发生，根源在于美元作为国际储备货币却不承担相应的稳定汇率的责任。2008 年，国际金融危机的影响仍未彻底消除，世界经济低速增长，欧洲深陷经济衰退之中，新兴国家经济发展步履蹒跚，世界强烈需要改革现有国际经济秩序。与此同时，世界经济重心已经转移到亚洲，但是亚洲的过剩储蓄却在现行国际金融体系的引导下源源不断流入美国，同时由于缺乏储蓄转换为投资的投融资机制，亚洲基础设施建设资金极度匮乏。中国发出的“一带一路”倡议和成立亚洲基础设施投资银行的设想，正是顺应了世界经济重心转移和发展的潮流，受到了广泛欢迎。基础设施建设是亚洲基础设施投资银行和“一带一路”建设最大的交汇点。“一带一路”合作伙伴所在区域是世界上最大的基础设施投资区域。目前，“一带一路”合作伙伴基础设施落后，急需投资建设涵盖铁路、公路、航空、水运等的立体式交通走廊，打通包括油气、水电、煤电、太阳能、风能等能源大动脉，构建涉及电信、宽带、互联网等的信息一体化网络。亚洲基础设施投资银行作为多边开放性金融机构，主要投向基础设施建设，因此“一带一路”合作伙伴必然成为其重点投资区域。亚洲基础设施投资银行资金和“一带一路”建设项目的对接主要包括以下三个方面：一是亚洲基础设施投资银行作为“一带一路”建设的投融资平台，可以解决亚洲区域的资源错配问题，实现其储蓄和投资的有效配置，并在全球进行融资和投资，支持亚洲和世界其他区域的基础设施发展。这也将改善“一带一路”合作伙伴的投资环境预期。二是“一带一路”合作伙伴的大量项目单靠自身是无法完成的，需要引进外部资金。亚洲基础设施投资银行的资金需要寻找项目，因此可以优先在“一带一路”合作伙伴的项目中按照市场需求筛选。亚洲基础设施投资银行围绕“一带一路”合作伙伴基础设施建设项目进行投资，建设一批产业园区，打造分工协作、共同受益的产业链和经济带。三是我国的对外直接投资过去以央企为主，但在“一带一路”建设中，民营企业将成为主力军。近年来，中国民营经济占国内生产总值的比重超过了 60%，其固定资产投资占全社会固定资产投资的比重也超过了 60%，其在对外投资中必将成为主要力量。

本章思考题

1. 简述一国金融机构体系的构成。
2. 中国金融监管机构有哪些？每一个监管机构的职责是什么？
3. 试述现阶段我国金融机构体系的构成特点。
4. 我国政策性金融机构有哪些？
5. 简述国际货币基金组织的宗旨。
6. 简述世界银行的业务内容。
7. 简述亚洲基础设施投资银行的设立宗旨与职责。

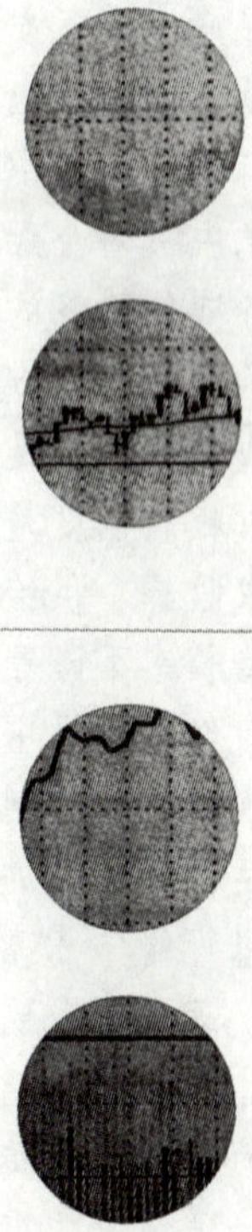

第四章　中央银行

[知识导读]

党的二十大报告指出："建设现代中央银行制度。"这为做好中央银行工作指明了方向。中央银行是金融体系的中枢，随着经济社会的发展，逐步演进为以国家或国家联盟为单位的现代中央银行。现代中央银行负责货币发行，调节货币供应和流通，维护币值稳定；调控金融活动，推进金融改革，加强资源跨时空有效配置，促进充分就业和经济增长；履行最后贷款人职能，实施宏观审慎管理，防范化解系统性金融风险，维护金融体系稳健运行。如果中央银行履职不到位，就可能出现货币超发，导致通货膨胀和资产泡沫，或者发生通货紧缩，甚至引发经济金融危机。

建设现代中央银行制度，是全面建设社会主义现代化国家的必然要求。建设现代中央银行制度是走中国特色金融发展之路的必然要求。中国特色金融发展之路的内涵是坚持党中央对金融工作的集中统一领导，坚持以人民为中心的金融价值取向，坚持金融服务实体经济的根本要求，坚持把防控风险作为金融工作的永恒主题，坚持市场化、法治化的改革方向。中央银行自身的现代化建设，既是中国特色金融发展之路的重要组成部分，也是推动整个金融系统走好中国特色金融发展之路的重要条件。建设现代中央银行制度是服务经济高质量发展的必然要求。我国经济迈向高质量发展阶段，面临需求收缩、供给冲击、预期转弱等短期压力以及人口老龄化、区域经济分化、潜在经济增长率下降等中长期挑战。中央银行要支持经济发展方式转变和经济结构优化，稳妥应对经济发展中的各种挑战，这也对中央银行自身的制度建设提出了更高要求。建设现代中央银行制度是统筹金融发展和安全的必然要求。在新的历史阶段，我国经济金融运行面临更加复杂严峻的环境，外部冲击风险明显增多，国内经济金融的一些风险隐患可能"水落石出"。中央银行要在政治上、业务上、作风上、廉政上达到更高标准，落实更严要求，有效应对各种风险和挑战。建设现代中央银行制度是推进国家治理体系和治理能力现代化的必然要求。金融制度是经济社会发展中重要的基础性制度，而中央银行发行的货币又是金融的根基和血脉，因此现代中央银行制度是现代化国家治理体系的重要组成部分，要按照推进国家治理体系和治理能力现代化的要求，进一步推进现代中央银行制度建设。

建设现代中央银行制度，围绕党的二十大确立的金融改革发展稳定任务，中国人民银行主要需要做好以下工作：第一，完善货币政策体系，维护币值稳定和经济增长。第二，深化金融体制改革，提升金融服务实体经济能力。第三，落实金融机构及股东的主体责任，提升金融机构的稳健性。第四，加强和完善现代金融监管，强化金融稳定保障体系，守住不发生系统性风险底线。为了理解中央银行在金融市场和整体经济中扮演的角色，我们需要深入了解中央银行的运作机制。

思考题：

1. 中央银行是如何产生的？与一般银行相比，中央银行的业务活动和职能有哪些特殊之处？

2. 中央银行是怎样通过其业务活动来调节和控制金融机构的？

中央银行是指在一国金融体系中处于中心地位、代表一国政府调控金融和经济发展的特殊金融组织。中央银行是商品经济、货币信用制度以及银行体系发展到一定阶段的产物。在现代经济社会中，各国的中央银行均担负着调控宏观经济、管理其他金融机构经营活动的多种职能，是社会信用制度的枢纽，而且随着中央银行制度的不断演变和中央银行职能的不断加强，中央银行的活动对一国经济运行的影响日趋加深。

中央银行的主要任务是稳定宏观金融，确保国家金融安全。实现金融稳定的主要途径是制定和实施货币政策。货币政策是运用各种政策工具调节和控制货币供给量，影响宏观经济的各种方针和措施的总称。制定正确的货币政策对经济的健康运行是至关重要的。过度扩张的货币政策会导致较高的通货膨胀，从而降低经济的运行效率，阻碍经济增长；过度紧缩的货币政策会引起通货紧缩，使产出萎缩，失业率上升，造成经济衰退，甚至导致金融动荡，触发经济危机。

为了理解中央银行在金融市场和整体经济中扮演的角色，我们需要了解中央银行的运作机制。中央银行为何会出现？是谁控制中央银行并且决定其行为？与一般银行相比，中央银行的业务活动有哪些特殊之处？中央银行是如何通过其业务活动来调节和控制金融机构的？中央银行又是如何通过使用工具达到其货币政策目标的？这些就是本章要讨论的主要内容。

第一节　中央银行的产生与发展

中央银行起源于 17 世纪中后期，至今已有 300 余年的历史了。目前，世界上绝大多数国家的金融体系中均设有中央银行，中央银行制度已经成为一国最基本的经济制度之一。研究中央银行需从探究中央银行的产生背景与发展过程开始。

一、中央银行产生的背景

16 世纪以后，伴随工业革命带来的新的生产方式，工商业得到空前发展，商业银行的发展也出现了一个高潮。银行数量的增加，虽然扩大了商品生产与流通，但由于缺少相应的制度规范，使得银行体系内部存在着许多问题。

分散发行的银行券造成了货币流通体系的混乱。首先，一些规模实力较小的银行自身知名度不高，其发行的银行券只能在狭小范围内流通，不符合社会化大生产的客观要求，给商品流通带来了很多困难；其次，随着市场竞争的加剧，一些银行因经营不善而倒闭破产，无法保证自己所发行银行券的兑现，造成了银行券和货币流通的混乱，极易引发信用危机。因此，为了更好地适应经济发展和商品流通，保证银行券币值稳定和流通顺畅，客观上要求在全国范围内由资金雄厚、享有较高信誉的大银行来集中发行银行券。

商业银行在其发展初期，银行间的业务往来和票据结算往往是由各家银行单独分散进行的，造成票据交换和清算的效率低下。随着经济发展与市场交易的逐步扩大，银行数量逐渐增多，银行业务也不断扩张。银行之间往来频繁，每天收受票据的数量增多，清算任务越来越重，由各个银行自行轧差进行当日结清已经很困难。各个银行之间复杂的债权债务关系也严重威胁到货币流通和商品周转。这就在客观上要求建立一个权威公正的机构为各家商业银行提供票据交换与清算服务。

银行倒闭破产使得信用体系和经济运行不够稳定。一方面，银行券的发行权利被大银行垄断后，商业银行的负债来源只有靠吸收存款；另一方面，随着资本主义工商业的发展和商品流通规模的扩大，企业对银行贷款的需求不仅有数量上的增长，还要求在期限上有所延长。这种情况使银行吸收的存款难以满足贷款发放的要求。为了获得更多利润，很多银行降低了自己的准备金。商业银行信用规模扩大的同时清偿能力反而下降了，一旦发生风险事项，很容易出现挤兑和破产。于是，客观上需要一家权威机构作为商业银行的最后贷款者，平时适当集中各家商业银行的一部分现金准备，在某一商业银行发生支付困难时给予一定的贷款支持，既能保证商业银行的债务清偿能力，又能减少流动性风险与清偿危机对银行信用体系的冲击。

监管缺失导致金融秩序混乱。银行业激烈的竞争迫使一些银行高息揽储、破坏货币发行纪律，造成银行流动性危机，进而倒闭破产。银行作为现代货币信用领域的重要部门，与各行各业有着密切的联系，如果商业银行在竞争中破产、倒闭，就会给经济带来极大的震动和破坏。为了减少金融运行的风险，客观上需要有一个代表政府意志的专门机构对金融业进行监管管理，从而保证银行和金融业的有序竞争和健康发展。

二、中央银行的历史演进

中央银行的产生和发展经过了一个漫长的过程，纵观世界各国中央银行的确立和完善，大致经历过三个阶段。

（一）初步形成阶段

世界上最早设立的中央银行是瑞典银行。它成立于 1656 年，本是由私人创办的商业银行，也是欧洲第一家发行银行券的银行。1668 年，政府出面将瑞典银行改组为国家银行，直接对国会负责。1897 年，瑞典政府通过法案，将货币发行权集中于瑞典银行，瑞典银行发行的货币成为全国唯一的合法通货，此时瑞典银行才成为真正的中央银行。1694 年，英格兰银行诞生，成立时它是按股份制方式组建的私人银行。1833 年，英国议会规定只有英格兰银行发行的银行券具有无限清偿的资格。虽然瑞典银行是中央银行的先驱，但英格兰银行比它更早地独占货币发行权，因此人们一般认为英格兰银行才是近代中央银行的鼻祖。英国作为早期的资本主义国家，其经济发展的领先地位和英格兰银行的成功运作成为众多国家学习和仿效的榜样。到 19 世纪后期，世界上约有 29 个国家先后成立自己的中央银行，如荷兰、比利时、奥地利、挪威、丹麦、西班牙、俄罗斯、德国、日本等。美国的中央银行 1914 年成立的联邦储备体系是世界各经济强国中最后建立的，发展到今天，已成为全球最具实力的经济组织之一。

（二）普遍推行阶段

第一次世界大战爆发后，许多国家的经济与金融领域发生了剧烈波动，主要资本主义国家先后放弃了金本位制。1920 年，在比利时首都布鲁塞尔召开的国际金融会议要求尚未建立中央银行的国家要尽快建立中央银行以共同维持国际货币体系和经济的稳定；已经建立中央银行的国家，要进一步强化中央银行的职责和地位，发挥中央银行的作用，以共同维持国际货币体系和经济的稳定。于是，世界上许多国家鉴于大趋势及国内经济发展的需要，纷纷新建或改组中央银行。

（三）功能强化阶段

从第二次世界大战结束至今是各国对中央银行进一步加强控制的时期。战后各个国家为了稳定货币金融秩序、恢复经济发展，纷纷加强了对经济的干预，也加强了对中央银行的控制。中央银行和国家职能进一步结合，成为国家调控和管理经济的重要组成部分。中央银行功能的强化主要表现在两方面：一方面是许多国家的中央银行开始了国有化进程；另一方面是亚洲、非洲等一些新独立的国家普遍设立了中央银行。

三、中国中央银行的产生与发展

中国中央银行制度的萌芽可以追溯到20世纪初。1905年，清政府设立的户部银行是最早出现的、具有部分中央银行职能的国家银行。1908年，户部银行更名为大清银行，1912年又改组成中国银行。国民政府时期的中央银行最早是由孙中山于1924年在广州设立的，1928年，国民政府又在南京成立中央银行，两者都没有真正行使中央银行职能。

新中国的中央银行是1948年12月1日在石家庄成立的中国人民银行。这时的中央银行既执行中央银行的职能，又办理商业银行的业务。1984年1月1日，中国工商银行正式成立，承办原来由中国人民银行办理的城市工商信贷和储蓄业务，中国人民银行专门行使中央银行的职能。中央银行职能专门化可以进一步稳定货币流通、搞活经济，加强对宏观经济的调节和控制，对健全和完善我国金融体系具有重要的意义。1995年3月18日，第八届全国人民代表大会第三次会议通过了《中华人民共和国中国人民银行法》，从法律的高度确立了中国人民银行的性质、地位、职能和组织机构，标志着中国中央银行制度进入了法制化、规范化的轨道。

第二节　中央银行的性质与职能

中央银行的性质和职能是由其在国民经济中的地位决定的。作为一国金融机构体系的核心部门，中央银行在属性和业务上都不同于其他银行。中央银行的性质决定职能，职能是其性质的体现。

一、中央银行的性质

（一）中央银行是特殊的金融机构

中央银行的业务类型与一般金融机构的业务类似，也包括吸收存款、发放贷款、办理汇兑结算等，但两者在业务对象、经营目的和业务权利等方面却有着很大的不同。中央银行的业务对象仅限于政府和金融机构，而不是一般的工商客户和居民个人；中央银行所从事的各项金融业务，是从国民经济发展的需要出发而开展的，不以获取利润为目的；中央银行享有政府赋予的一系列特有的业务权利，如发行货币、代理国库、保管存款准备金、制定金融政策等。

（二）中央银行是特殊的国家机关

中央银行通过国家特殊授权提供货币供给、调节信用活动，并对普通金融机构和金融市场实施监督管理。作为国家宏观经济调控和金融业管理的重要部门，中央银行负有重要的公共责任，自然具有一定的国家机关性质，但其与一般国家行政机关又有很大的不同。一般的国家机关主要依靠行政手段行使职能，而中央银行对金融和经济管理调控基本上是采取经济手段，通过特定的金融业务进行，如调整利率和准备金率、公开市场上买卖有价证券等，这些手段的运用更多地具有银行业务操作的特征；一般的国家机关的行政手段直接作用于微观主体，缺乏弹性，而中央银行是通过操作货币政策工具调节金融机构的行为和金融市场运作，再通过金融机构和金融市场影响到各经济部门，这种分层次调控宏观经济的方法作用较平缓，市场回旋空间较大。中央银行作为国家机关需要与政府保持协调，但在政策制定方面却具有一定的独立性，为了实现稳定的货币政策目标，中央银行可以独立地制定和执行货币政策。

二、中央银行的基本职能

随着中央银行制度的不断发展，中央银行的职能也在不断完善。中央银行是发行的银行、银行的银行和政府的银行，这是中央银行职能最典型的概括。

（一）发行的银行

中央银行是发行的银行，是指国家赋予中央银行集中与垄断货币发行的特权，是国家唯一的货币发行机构。中央银行独占货币发行权不仅克服了银行券分散发行的缺点，还使得中央银行在创造资金来源上具有任何机构都无法比拟的优势。一方面，中央银行按照发展的客观需要和货币流通及其管理的要求发行货币；另一方面，中央银行发行出来的银行券，一部分形成银行等金融机构的库存现金，其余大部分则形成流通中的现金。它们与存款机构在中央银行的准备金存款一起共同构成了基础货币，中央银行可以通过掌握货币的发行，直接影响整个社会的信贷规模和货币供给总量，进而影响经济，实现中央银行对国民经济的控制和调节。集中与垄断货币发行权是中央银行最基本、最重要的标志，也是中央银行发挥其全部职能的基础。只有当货币发行权集中到一家银行手中时，才标志中央银行制度的最终确立。

（二）银行的银行

中央银行是银行的银行，是指它不直接与工商企业和个人发生业务往来，只同商业银行及其他金融机构有业务关系。现在各国的银行法律一般都要求存款机构必须对其存款保留一定比率的准备金，即法定准备金。这些准备金（包括一部分超额准备金）除一小部分可以库存现金的形式持有外，大部分要交由中央银行保管。这样做的目的是：便于中央银行了解和掌握各存款机构的准备金状况，为货币政策的制定和实施提供参考依据；一定程度上保证了存款机构的清偿能力，如果某一金融机构面临资金困难，而别的金融机构又无力或不愿对其提供援助时，中央银行就可以利用收集到的准备金存款扮演最后贷款人的角色；中央银行可通过借记或贷记各存款机构开设的准备金账户来完成各存款机构之间的款项支付，组织全国的资金清算。

（三）政府的银行

中央银行是政府的银行，是指它作为国家宏观经济管理的一个部门，可以代表国家制定和实施金融政策，代为管理国家财政收支及为国家提供各种金融服务，如代理国家金库、代理政府债券、向政府提供信用、保管黄金和其他资产形式的国际储备、代表政府参加国际金融组织和各项国际金融活动等。此外，中央银行还负有监督管理宏观金融、向社会公众发布经济金融信息、为政府提供经济金融情报和决策建议等责任。

三、中央银行的综合职能

中央银行作为干预经济、管理金融的特殊的金融机构，随着金融市场和金融机构的变化，其职能也在不断补充和完善。中央银行的综合职能就是在其基本职能的基础上进一步发展和具体化，包括调控职能、服务职能和监管职能。

（一）调控职能

中央银行的调控职能是指其作为国家的最高金融管理机关，应运用自身特有的金融手段对全社会的货币流通和信用活动进行调节控制，进而干预和影响国民经济的整体运行，以实现预期的货币政策目标。

中央银行的金融调控职能是围绕货币供应量展开的。中央银行运用其垄断的货币发行权，通过改变基础货币的供应量来减少或增多货币供应量，从而使社会总供给与社会总需求在一定程度上基本均衡。适度的货币供应量有利于国民经济的健康发展。

（二）服务职能

中央银行的服务职能是指其以特殊银行的身份向政府、商业银行及非银行金融机构、社会公众提供各种金融服务。

中央银行为政府提供服务的主要内容包括代理国库，经办政府的财政预算收支划拨与清算业务；为政府代办国家债券的发行、销售及还本付息事宜；为政府提供融资，融资方式可以是无息或低息短期信贷或购买政府债券；代办有关金融业务，如买卖黄金、外汇等；代表政府从事国际金融活动；充当政府的金融顾问等。

中央银行为商业银行及非银行金融机构提供服务的主要内容包括保管各家金融机构所交存的存款准备金（包括法定准备金和超额准备金）；主持办理全国各商业银行和非银行金融机构的票据交换和资金清算业务；为各金融机构提供短期资金融通服务。

中央银行为社会公众提供服务的主要内容包括保持币值稳定，保障人们正常的生产生活秩序；对商业银行及非银行金融机构进行监管，维护客户合法财产的安全性；向社会提供全面及时的统计数据资料，帮助公众了解和掌握所需要的经济发展信息。

（三）监管职能

中央银行的监管职能是指中央银行作为一国的金融管理机关，为了维护金融体系的健全与稳定，防止金融市场混乱给社会经济发展带来的动荡，而对商业银行与非银行金融机构的金融活动和金融市场进行管理和控制。其主要内容包括制定相关金融政策、法令、条例及规章制度等，检查各金融机构的贯彻执行情况；对金融机构的设立、变更、终止、业务范围的审批等实施金融行政管理；监测管理金融业务和金融市场的运行情况，对其实施宏观调控，维护金融体系的稳定。

四、我国中央银行的性质与职能

（一）我国中央银行的性质

1995 年 3 月 18 日，中华人民共和国第八届全国人民代表大会第三次会议通过的《中华人民共和国中国人民银行法》确立了中国人民银行的地位，明确了其职责。1998 年，中国人民银行撤销省级分行，设立跨省区分行。2003 年，中国人民银行将对银行、金融资产管理公司、信托投资公司以及其他存款类金融机构的监管职能进行分离，并和中央金融工作委员会的相关职能进行整合，成立中国银行业监督管理委员会。为了更好地适应新的经济形势，2003 年 12 月 27 日，第十届全国人民代表大会常务委员会第六次会议对《中华人民共和国中国人民银行法》进行了部分修改。修正后的《中华人民共和国中国人民银行法》明确规定：中国人民银行是中华人民共和国的中央银行。中国人民银行在国务院领导下，制定和执行货币政策，防范和化解金融风险，维护金融稳定。

（二）我国中央银行的职能

（1）发布与履行其职责有关的命令和规章。

（2）依法制定和执行货币政策。

（3）发行人民币，管理人民币流通。

（4）监督管理银行间同业拆借市场和银行间债券市场。

（5）实施外汇管理，监督管理银行间外汇市场。

（6）监督管理黄金市场。

（7）持有、管理、经营国家外汇储备、黄金储备。

（8）经理国库。

（9）维护支付、清算系统的正常运行。

（10）指导、部署金融业反洗钱工作，负责反洗钱的资金监测。

（11）负责金融业的统计、调查、分析和预测。

（12）作为国家的中央银行，从事有关国际金融活动。

（13）国务院规定的其他职责。

中国人民银行强化了与制定和执行货币政策有关的职能，转换了其对金融业实施宏观调控和防范与化解系统性金融风险的方式，并增加了反洗钱和管理信贷征信业等职能。随着社会主义市场经济体制的不断完善，中国人民银行作为中央银行，在宏观调控体系中的作用将更加突出。

第三节　中央银行的主要业务

中央银行的各项职责主要是通过其进行的各种业务活动来实现的。中央银行作为经营货币金融事业的部门之一，其业务分类与普通商业银行一致，可以分为负债业务、资产业务和中间业务。但又由于中央银行的业务活动有其特定的目的、领域和对象，故它的业务活动原则与商业银行和其他金融机构不同，非营利性、流动性、主动性和公开性为中央银行业务活动的基本原则。

一、中央银行的负债业务

中央银行的负债业务是指政府和金融机构以及特定机构所特有的对中央银行的债权，即中央银行的资金来源。它主要由货币发行业务、存款业务及其他负债业务构成。

（一）货币发行业务

货币发行业务是指中央银行向流通领域投放货币的活动。货币发行是中央银行的基本职能之一，也是中央银行最重要的负债业务，形成了中央银行的主要资金来源。中央银行利用其垄断发行的特权发行货币，货币通过再贴现、再贷款、购买有价证券以及收购黄金、外汇等途径投入市场，进入流通环节。相应地，流通中的货币也会通过相反的渠道流回中央银行。在现代不兑现的信用货币制度下，中央银行发行的现金其实是一种价值符号，所以发行货币对中央银行来说是一种债务，对社会公众来说是一种债权。中央银行的货币发行业务既为商品流通和交换提供了流通手段和支付手段，也有助于自身筹集到可以长期占有的大量社会资金，用以履行其各项职能。各国为了保持本国货币流通的稳定性，防止中央银行滥用发行权，造成通货膨胀，纷纷采用了不同的方法对货币发行数量加以限制。

（二）存款业务

中央银行的存款业务完全不同于商业银行和其他金融机构的存款业务。中央银行的存款主要来自以下三个方面：

1. 准备金存款

商业银行和非银行金融机构为了保证客户提取存款和资金清算需要而准备的资金，按规定向中央银行缴纳的部分称为准备金存款。准备金中法律规定的部分必须存储于中央银行的叫法定准备金，超过法律规定的部分，即为商业银行的超额准备金。中央银行掌握了各商业银行的存款准备金，一方面，可以形成自己的资金来源，为其履行“最后贷款人”职责、办理商业银行之间的债务清算等提供了重要条件；另一方面，中央银行可以通过提高存款准备金率来减少商业银行的贷款和投资行为，而降低存款准备金率就可以刺激商业银行更多地发放贷款和进行投资，从而达到控制商业银行的信用活动规模的目的，进而调节货币供应量、实现货币政策的目标。

2. 政府存款

政府存款是中央银行在经理国库过程中形成的存款，一般包括两部分：一部分是由于中央银行经办政府的财政收支，执行国库的出纳职能，如接受国库的存款、兑付国库签发的支票、代理解缴税款、替政府发行债券、还本付息等，在业务处理的过程中形成的财政金库存款；另一部分来自那些依靠国家财政拨给行政经费的行政事业单位，其经费收支也由中央银行办理，其支出之前存在中央银行。

中央银行吸收政府存款一方面形成中央银行重要的资金来源，另一方面由中央银行代理国库业务，可以沟通财政与金融之间的联系。当政府资金短缺时，可借助中央银行融通短期资金，并为政府资金的融通提供一个有力的调节机制，从而使国家的财源与金融机构的资金来源相连接，充分发挥货币资金的作用。

3. 外国存款

一些外国政府或中央银行为了满足国家间贸易结算和往来支付的需要，将其资金存放在本国中央银行，这些存款构成了本国外汇的一部分。外国存款数量一般较小，其数量变化对本国外汇储备和基础货币的投放影响不大。

（三）其他负债业务

1. 发行中央银行债券

中央银行债券的发行对象通常是国内金融机构。当商业银行或非银行金融机构的超额储备量过多时，中央银行可以选择发行债券以减少部分超额储备，从而有效地控制货币供应量。发行的债券本身也可以作为公开市场业务操作的工具。

2. 对外负债

中央银行为了平衡国际收支、稳定本国汇率、应对货币危机和金融危机等，从外国银行、外国中央银行、国际金融机构借款，或在国外发行债券的行为属于对外负债。

3. 资本业务

中央银行的资本业务就是筹集、维持和补充自有资本的业务。中央银行的自有资本主要来源于三个途径：政府出资、地方政府或国有机构出资、私人银行和部门出资。中央银行为了保持正常的业务活动必须拥有一定数量的自有资本，但由于中央银行的特殊地位和法律特权，其资本金的作用较小，不能与一般金融机构相提并论。

二、中央银行的资产业务

中央银行的资产业务是指其运用货币资金的业务，即中央银行所持有的各种债权。资产业务是中央银行发挥自身职能的重要手段，主要由再贴现业务、再贷款业务、证券买卖业务和黄金外汇储备业务构成。

（一）再贴现业务

再贴现又称重贴现，是指当商业银行资金短缺时，将其所持有的由贴现取得的未到期的商业票据提交中央银行，中央银行以一定的贴现率对商业票据进行二次买进的经济行为。再贴现业务是中央银行弥补商业银行营运资金不足的重要手段，中央银行实际充当了“最后贷款人”的角色。除了向商业银行提供资金外，中央银行还可以根据需要调整再贴现率。降低再贴现率可以刺激商业银行的资金需求，增加货币供应量；反之，提高再贴现率可以抑制商业银行的资金需求，减少货币供应量。再贴现业务由此成为中央银行实施货币政策的重要工具之一，以达到控制、引导资金流向和规模的目的，最终实现对国民经济的宏观调控。

（二）再贷款业务

再贷款业务是指中央银行采用信用放款或者抵押放款的方式，对商业银行等金融机构、政府以及其他部门进行贷款。中央银行作为银行的银行，一方面要控制商业银行的信用活动，另一方面要在商业银行资金困难时为其提供贷款支持。除了再贴现业务，再贷款业务也是中央银行影响商业银行的资金借入成本，控制和调节货币供应量的重要手段。中央银行根据货币政策的需要决定对商业银行贷款的数额、期限、利率和方式，贷款期限不超过一年。为减少风险，防止失控，中央银行经常以抵押贷款形式向商业银行贷款。

在特殊情况下，中央银行也对财政进行贷款或透支以解决财政收支困难。不过，如果这种贷款数量过多、时间过长，易引起信用扩张、通货膨胀，因此在正常情况下，各国对此均加以限制。美国联邦储备银行对政府需要的专项贷款规定了最高限额，而且要以财政部的特别库券作为担保。英格兰银行除少量的政府隔日需要可以融通外，一般不对政府垫款，政府需要的资金通过发行国库券的方式解决。《中华人民共和国中国人民银行法》规定，中国人民银行不得对政府财政透支，不得直接认购、包销国债和其他政府债券，不得向地方政府、各级政府部门提供贷款。

（三）证券买卖业务

证券买卖业务是指中央银行在金融市场买卖各种有价证券，主要买卖的证券种类是国家债券，包括国库券和公债券，其中以国库券为主。中央银行买卖证券其目的不是出于投资获利，而是为了根据市场银根的松紧调节资金供应，管理宏观金融市场。中央银行在公开市场上买进证券会增加货币供应量，在公开市场上卖出证券会减少货币供应量。证券买卖业务是中央银行一项重要的货币政策工具，也是中央银行的一项经常性资产业务。

（四）黄金外汇储备业务

中央银行为保证国际收支平衡、汇率稳定及本国货币币值的稳定，要统一掌握和负责管理国家的黄金、外汇储备。当国际收支发生逆差时，中央银行可以动用黄金外汇储备补充所需外汇的不足，以保持国际收支的平衡。如果本国货币存在较大贬值的压力，为了维持汇率的稳定，中央银行将会被迫在外汇市场出售外汇储备资产、回笼基础货币；相反，如果本国货币存在升值的压力，为了维持本国汇率稳定，中央银行则会被迫在外汇市场购买外汇资产、增加基础货币的投放。中央银行买卖黄金与外汇储备对基础货币及银行体系准备金的影响与中央银行公开市场操作对基础货币及银行体系准备金的作用效果相同。因此，黄金、外汇储备是各国进行国际支付和稳定国内货币币值的重要保证。需要黄金、外汇者可向中央银行申请购买，中央银行则通过买卖黄金、外汇资产来集中储备，达到调节资金、保持币值、稳定金融市场的目的。

三、中央银行的中间业务

中央银行的中间业务是指由于各商业银行都有法定存款准备金存在中央银行，且在中央银行设有活期存款账户。这样，中央银行就可以通过其管理的存款账户完成全国范围内的资金划拨清算，了结银行之间的债权债务关系。在信用制度高度发达的今天，企业间因经济往来发生的债权债务关系一般由商业银行办理转账结算，这种企业间的债权债务关系就转变成银行间的债权债务关系。中央银行作为银行的银行，成为全国资金的清算中心。中央银行提供的清算服务实现了银行之间债权债务的非现金结算，便利了异地间的资金转移，主要包括同城票据交换和异地资金转移。

（一）集中票据交换

票据交换是在一个地区范围内（同城）将所有银行间的应收应付款项相互轧抵后，仅就其差额进行收付的清算方式。各国主要商业银行通常都有自己独立的清算系统，但对于跨系统业务的处理则需要交给中央银行在各大城市建立的清算中心完成。中央银行控制和管理着这些清算中心，并负责管理清算的内容和结果。各行应收应付款项相互轧抵后，即可通过其在中央银行开设的往来存款账户进行转账收付，不必收付现金。

（二）办理异地资金转移

各城市、各地区间的资金往来通过银行汇票传递、汇进汇出，最后形成异地间的资金划拨。这种异地间的资金划拨必须通过中央银行建立的全国的清算网络统一办理。

各国中央银行办理异地资金转移的办法有很大的不同，一般可分为两种类型：一是先由各金融机构内部自成联行系统清算，然后各金融机构的总行通过中央银行总行办理转账结算；二是将异地票据统一集中传送到中央银行总行办理轧差转账。

第四节　货币政策

货币政策在国民经济宏观调控中居于十分重要的地位，货币政策的变动将会引起总需求和总供给的变动，进而引起一般物价水平、经济增长速度、就业水平以及国际收支发生相应的变动。目前，货币政策已经成为市场经济国家调控国民经济运行的重要手段之一。制定和实施货币政策，对宏观经济进行间接调控，以保持经济的平稳运行，已成为中央银行最为重要的基本职能之一。

一、货币政策的含义

中央银行对经济的调节和对金融的宏观调控体现在制定与实施货币政策方面。货币政策的范围，有广义和狭义之分。

从广义上讲，货币政策包括政府、中央银行和其他有关部门所有关于货币方面的规定以及所采取的影响货币数量的一切措施政策，包括所有旨在影响金融系统体系的措施政策，甚至包括政府借款、国债管理、政府税收和开支等可能影响货币支出的行为。

从狭义上讲，货币政策是中央银行为实现预期的宏观经济目标，运用各种政策工具调节与控制货币供给量与利率水平，调节宏观经济运行的方针与措施的总称。中央银行制定与实施货币政策主要涉及货币政策目标的确定、货币政策工具的选择、货币政策的传导及货币政策效果等诸多内容。中央银行在制定与实施货币政策时，必须对上述内容进行全面、系统的统筹考虑，以确保货币政策预期目标的顺利实现。

二、货币政策的目标

中央银行货币政策的目标是指中央银行通过采取调节货币和信用的措施，在较长的一段时期内，经过一定的传导过程，最终将其影响导入一国经济的实际领域，达到既定的目标。按照中央银行对货币政策的影响力和影响速度，货币政策划分为两个不同的目标层次，即最终目标和中介目标，它们共同构成中央银行货币政策的目标体系。

（一）货币政策的最终目标

货币政策最终目标的确立需具有长期性、前瞻性以及与一国宏观经济目标保持一致的趋同性等特点。由于各国经济发展情况和中央银行制度的差异，各国中央银行所选择的货币政策目标也不尽相同。一般认为，货币政策的最终目标包括稳定物价、充分就业、经济增长和国际收支平衡四个方面。

1. 稳定物价

稳定物价是指设法使物价水平在短期内不发生显著的波动。这里的物价水平是指一般物价水平，而不是指某种商品的价格。一般物价水平以物价指数来表现，物价的变动以物价涨跌率来表示。在正常的经济发展过程中，物价受各种因素如工资、税收、利润、原材料价格等的影响，呈总体上升趋势。稳定物价并不是要求物价一成不变，所以物价上涨率不可能为零，但物价上涨率过高则意味着通货膨胀。因此，中央银行需要确定一个适度的物价上涨率，将一般物价水平的上涨幅度控制在一定的范围之内，以防止通货膨胀，这是稳定物价这项货币政策的目标定位。

可是，这种定位没有绝对的标准。不同的经济学家有不同的看法，不同的国家也有不同的标准。保守的经济学家认为物价水平最好不增不减，或者只能允许在±1%的幅度内上下波动；有的认为±3%是可取的；而较激进的经济学家因相信轻微的通货膨胀对经济的活跃有一定的刺激作用，有利于经济发展，主张一般物价水平可以较高幅度增加，如上涨幅度可允许在5%以内。有些国家，人们对通货膨胀的承受能力较强，认为物价上涨率为5%甚至更高也可以接受；而另一些国家中，人们则认为物价上涨率应控制在2%甚至1%以内才算物价稳定。因此，中央银行应因时、因地制宜，根据各国经济发展的实际情况和背景对该项目标加以定位，制定不同的标准。从各国实际情况来看，中央银行在制定货币政策时都显得十分保守，一般将年物价上涨率控制在2%~3%以内。

2. 充分就业

充分就业通常是指凡有能力并自愿参加工作者，都能在较合理的条件下找到适当的工作。高就业意味着资源的充分利用，意味着高产出和高投入，也意味着经济的良性循环和稳定增长，因此充分就业目标是一国中央银行货币政策的四大目标之一。

严格意义上的充分就业是针对所有能够被利用的资源的利用程度而言的，但是要测定各种经济资源的利用程度是非常困难的，因此一般以劳动力的就业程度为标准，即以失业率高低衡量劳动力的就业程度。失业率即全社会的失业人数与自愿就业的劳动力人数之比。按传统的西方经济理论，充分就业并不等于社会劳动力100%的就业。一般情况下，社会上存在三种失业：一是“摩擦失业”。这种失业是由于生产过程中生产的季节性变化、原材料短缺、机器故障等引起的局部的、暂时的劳动力供求失调。二是“自愿失业”。这种失业是劳动者自身不愿接受现有的工作条件而拒绝参加工作。三是“非自愿失业”。这种失业是劳动力愿意接受现有的工资、工作条件而仍找不到工作。传统的西方经济理论通常把前两种类排斥在外，即它们的存在与充分就业本身是不矛盾的，只有减少第三种失业，即“非自愿失业”，社会才能实现充分就业。因此，通常失业率中所指的失业人数是指“非自愿失业”的人数。所谓充分就业目标，就是要保持一个较高的、较稳定的社会就业水平。

那么，究竟失业率多少才可称为充分就业呢？目前尚无统一标准。有经济学家认为，只有失业率控制在3%以内才可被视为充分就业，但是大多数经济学家认为失业率在5%以内就可以被认为实现了充分就业。实践中，很多国家的中央银行把充分就业目标定位于失业率不超过4%。总之，各国应该根据各自不同的经济条件、发展状况来确定充分就业目标。

3. 经济增长

经济增长是指一国或一个地区内商品和劳务及生产能力保持合理的、较高的增长速度。目前，各国衡量经济增长的指标主要有国民生产总值增长率、国民收入增长率、人均国民生产总值和人均国民收入增长率等。前两个指标主要反映的是经济增长的总规模和经济实力的状况，后两个指标则反映的是经济增长带给一个国家或地区的富裕程度。

在一个国家的经济发展过程中，影响经济增长的因素很多，其中有促进经济增长的因素，如科学技术的进步、劳动生产率的提高、投资的增加、资源的利用等；还有若干阻碍经济增长的因素，如资源浪费、环境污染等。中央银行作为经济运行中的货币供给部门，能够影响资本的供给与配置。各国中央银行应努力通过货币政策的松紧去影响投资规模、调节经济、创造一个适宜于经济增长的货币金融环境，但经济增长是经济社会的一项综合发展目标，要求全社会共同努力去实现。中央银行的调控只能对资源的配置产生一些效果，对劳动以及土地的运用、对资源的浪费和环境污染等问题则缺乏直接影响力。因此，对这一目标的衡量不能使用量化的统一标准，只能根据本国的经济实际与本国以往某一时期经济增长的经验数据为依据，合理确定本国的经济增长幅度。

4. 国际收支平衡

国际收支平衡是指在一定的时期内（通常指一年内），一国对其他国家或地区的全部货币收入和货币支出持平或略有顺差或逆差。简单地讲，就是中央银行采取各种措施，纠正国际收支差额，使之趋于平衡。国际收支平衡有利于一个国家国民经济的发展，特别是对于开放经济部门占总体经济比重较大的国家更是如此。国际收支平衡依赖于实施良好的货币政策。因为良好的货币政策能使国家在对外经济贸易方面保持外汇储备的适当流动性，从而保证对外经济活动的正常进行。

然而，在现实操作中，平衡国际收支是一个不容易确定的目标。从全世界来看，一些国家有盈余就意味着其他国家有赤字，因此每个国家都要在国际收支平衡表上实现盈余是绝对不可能的。目前，经济学家普遍认为，国际收支平衡应当是一种动态的平衡，即在若干年的时间内（如在3~5年内），如果一个国家的国际收支平衡表中的主要目标变动接近于平衡，便可大致上认为达到了国际收平衡。其中，某一年的不平衡可以由其他的年份加以弥补。那么，应如何选择确定平衡国际收支的标准呢？因为各国的国际收支状况区别较大，处于经济起飞阶段的国家和经济成熟的国家，或者正处于经济调整阶段的国家，其国际收支状况各不相同，所以应根据国家所处的经济发展阶段来确定和选择平衡国际收支这项目标。

上述四项货币政策目标既是统一的，又是矛盾的。就其统一而论，四项目标都是社会发展的目标，是共同处于一个统一体之中的，是可以相互促进、相互作用的。但在现实经济当中，任何一个国家的中央银行都无法对上述四项目标同时兼顾。四项目标很难同时实现，是因为四项目标之间存在一定的矛盾。第一，表现为稳定物价与充分就业的矛盾，可能会出现失业率较高的物价稳定或通货膨胀率较高的充分就业；第二，表现为稳定物价与经济增长的矛盾，可能会出现经济增长缓慢的物价稳定或通货膨胀较严重的经济繁荣；第三，表现为稳定物价与平衡国际收支的矛盾，受国际上其他国家通货膨胀的影响，可能会出现本国通货膨胀（别国物价稳定）下的国际收支逆差或本国物价稳定（别国通货膨胀）下的国际收支顺差；第四，表现为经济增长与平衡国际收支的矛盾，可能会出现经济增长较快、进口大量增加而导致的国际收支逆差。此外，因经济增长所带来的技术进步及生产结构变化等也可能与充分就业产生矛盾。因此，在承认若干目标间互补性的同时，也不能忽略货币政策目标之间的冲突性的存在。在某一时刻，为实现某一货币政策目标所采用的货币政策措施很可能阻挠另一倾向政策目标的实现。针对上述矛盾，中央银行要在货币政策目标的制定及执行过程中结合实际加以分析，从中选择最为优化的目标组合，最大限度地实现货币政策的各项目标。

（二）货币政策的中介目标

货币政策的中介目标是指中央银行为实现货币政策的最终目标而设置的可供观察和调整的指标。通过对中介目标变动的分析，货币管理当局可以了解到国民经济运行的实际状况以及其偏离调控目标的方向和程度，从而为下一阶段的货币政策操作提供指导。货币政策的中介目标通常有利率和货币供应量。

1. 利率

以凯恩斯学派为主的经济学家主张以利率作为货币政策的中介目标。因为利率不仅能够反映社会的货币与信用的供给状态，还能够反映可贷资金的稀缺程度，即供求的相对状况。此外，短期利率（再贴现率和再贷款利率）也是中央银行可以控制的金融变量。中央银行可以通过货币政策工具的运用来操纵利率水平和利率结构的变动，由此来影响社会投资与消费，调控社会总需求，影响国民收入的变动，进而实现货币政策目标。利率作为连接商品市场与货币市场的纽带，既与货币政策的最终目标有密切关系，又是中央银行可以控制的金融变量，因此凯恩斯学派极力主张以利率这个金融变量作为货币政策的中介目标。

2. 货币供应量

货币学派的经济学家坚决反对以利率作为货币政策的中介目标，而主张以货币供给量作为货币政策的中介目标。首先，货币供给量变动并不直接影响利率，而是直接影响人们的名义收入和名义支出水平，进而影响投资、就业、产出及物价水平。其次，货币供给量能够正确反映货币政策的意向，即货币供给量的增加表明货币政策趋于扩张；反之，货币政策则趋于紧缩。最后，中央银行能够控制货币供给量。同时，货币学派经济学家的实证研究已经表明，虽然在短期内货币供给量与实际收入、物价水平之间的关系并不十分明确，但是从长期来看，货币供给量的变动总是引起名义收入和物价水平同方向的变动。因此，货币学派的经济学家主张以货币供给量作为货币政策的中介目标。

三、货币政策的工具

货币政策目标是通过货币政策工具的运用来实现的。货币政策工具是中央银行为实现货币政策目标而使用的各种措施的总称。根据货币政策工具的作用特点及其运用条件，货币政策工具可分为一般性货币政策工具、选择性货币政策工具和其他补充性货币政策工具三种类型。

（一）一般性货币政策工具

一般性货币政策工具是指中央银行用以调控货币供给总量、信用供给总量和一般利率水平的措施手段。因为经常使用，一般性货币政策工具又被称为常规性货币政策工具，主要包括法定存款准备金率、再贴现率及公开市场业务，它们被称为中央银行的“三大法宝”。

1. 法定存款准备金率

存款准备金是指银行以及某些金融机构为保证客户提取存款和资金清算而准备的货币资金，准备金占存款或负债总额的比例就是存款准备金率。存款准备金分为法定存款准备金和超额存款准备金两部分。法定存款准备金是指金融机构按中央银行规定的比例上缴的部分；超额存款准备金是指存款准备金总额减去法定存款准备金后剩余的部分。法定存款准备金政策是指中央银行在法律规定允许的范围内，通过规定或调整法定存款准备金率以改变商业银行等存款货币金融机构上缴的存款准备金数量，影响其信用创造能力，以达到收缩或扩张信用、实现货币政策目标的一种政策措施。

法定准备金率的变动同商业银行现有的超额准备金、市场倾向供应量的变动成反比，同货币市场利率、资本市场利率的变动成正比。因此，中央银行可以根据经济的繁荣与衰退、银根松紧的情况来调整法定存款准备金率，以达到调节金融市场、调节宏观经济的目的。

法定存款准备金政策作为一种强制性的货币政策工具，具有以下两种政策效果：

第一，具有强烈的“告示效应”。中央银行调整准备金比率是公开的、家喻户晓的行动，能立即影响各商业银行等存款货币机构所持有的准备金头寸，并必将对人们的心理预期产生巨大的影响，改变社会公众的支出意愿。因此，调整准备金比率实际上是中央银行的一种有效宣言，显示出强烈的“告示效应”。

第二，对货币供给量具有显著的影响。法定存款准备金比率的调整有法律的强制性，一经调整，任何存款性金融机构都必须执行。由于货币乘数的作用，准备金率微小的变动都会导致货币供给量的巨大变化。法定存款准备金政策影响力强、速度快、效果猛烈，带给金融机构乃至于社会经济的影响是剧烈的。因为法定存款准备金政策是这样一种弹性极低的货币政策工具，所以不能作为一项日常的调节工具供中央银行频繁地加以运用。

2. 再贴现率

再贴现政策是指中央银行通过制定和调整再贴现率以影响商业银行等存款货币机构获得的再贴现贷款和超额准备金的成本，以此控制商业银行等存款货币机构的货币供给能力，并干预和影响市场利率水平，从而达到调节市场货币供应量、实现货币政策目标的一种政策措施。

对中央银行来说，再贴现买进的是商业银行持有的票据，流出的是现实货币，扩大了货币供应量。对商业银行来说，再贴现是出让已贴现的票据，解决一时资金周转的困难。整个再贴现过程，其实质内容是商业银行和中央银行之间的票据买卖和资金让渡。一般而言，当中央银行实行紧缩性的货币政策，提高再贴现率时，商业银行向中央银行的融资成本上升，商业银行必然要相应提高对企业的贷款利率，从而带动整个市场利率上涨。这样，借款的人就会减少，从而降低商业银行向中央银行借款的积极性，起到紧缩信用、减少货币供应量的作用；相反，当中央银行实行扩张性的货币政策时，则再贴现率降低，刺激商业银行向中央银行借款的积极性，以达到扩张信用、增加货币供应量的目的。

但是，在实施再贴现政策的过程中，中央银行处于被动等待的地位。商业银行或其他金融机构是否愿意从中央银行申请再贴现或借款，完全由金融机构自己决定。因此，通过调节再贴现率影响市场货币供应量，对于中央银行来说是一项缺乏主动性、灵活性的政策。

3. 公开市场业务

公开市场业务是指中央银行在金融市场上公开买卖有价证券以改变商业银行等存款货币机构的准备金，从而达到调节基础货币和货币供应量、实现货币政策目标的一种政策措施。当金融市场上资金短缺时，中央银行可以通过公开市场操作买进有价证券，相当于中央银行向社会投入一笔基础货币，使得商业银行等货币存款机构的准备金增加，商业银行等存款货币机构的信用供给与投资将会随之增加，以实现信用的扩张和货币供应量的成倍增加；反之，当金融市场上资金过多、经济过热时，中央银行可以通过公开市场操作卖出其所持有的有价证券，从而回笼基础货币，减少商业银行等货币存款机构的准备金，缩减其信用供给与投资，进而达到减少货币供给量的目的。

与前两种货币政策工具相比，公开市场业务具有明显的优点。公开市场操作的主动权完全由中央银行把握，中央银行可以根据需要，随时、适量地买进或卖出有价证券，在时间、规模以及方向上均具有极强的主动权。中央银行还可以根据每日对金融市场的信息的分析，随时决定买卖证券的种类和规模，不断调整其业务，便于控制业务效果，减轻货币政策实施中给经济带来的波动。当中央银行出现操作或政策失误时，可以通过逆向的公开市场操作，及时、准确地修正其操作或决策的失误。正是由于公开市场业务具有如此的优势，公开市场操作已经成为世界上大多数国家中央银行经常使用的货币政策工具。

（二）选择性货币政策工具

三大货币政策工具主要是对信用总量的调节，以控制全社会的货币供应量为目的，属于一般性的总量调节。而选择性货币政策工具是指中央银行针对个别部门、企业、领域或特殊用途的信用而采用的可以影响银行体系资金运用方向及不同的信用方式与利率水平的货币政策工具。选择性货币政策工具主要包括优惠利率、消费者信用控制、证券市场信用控制和不动产信用控制等。

1. 优惠利率

优惠利率是中央银行对国家要重点发展的部门、行业及产品制定较低的贴现率或放款利率，以鼓励其发展，促进国民经济产业结构的调整与产品的升级换代，配合政府的国民经济产业政策。

2. 消费者信用控制

消费者信用控制是指中央银行对消费者不动产以外的各种耐用消费品的销售融资予以控制，目的在于影响消费者对耐用消费品有支付能力的需求。这种限制性措施的主要内容包括规定用消费信贷购买各种耐用消费品时首期付款额、分期付款的最长期限以及适合于消费信贷的耐用消费品的种类等。当中央银行提高首期付款额时，就等于降低了最大限度放款额，势必减少社会对此种商品的需求。而缩短偿还期就增大了每期支付额，也会减少对此类商品和贷款的需求。该类措施在消费膨胀时能够有效地控制消费信用的膨胀。若要提高消费者对耐用消费品的购买能力，刺激消费回升，则需反向操作。

3. 证券市场信用控制

证券市场信用控制是指中央银行对有价证券的交易，规定贷款额所占证券交易额的百分比率，目的在于影响用借款购买有价证券的比重，进而调节证券市场的活跃程度。它作为对证券市场的贷款量实施控制的一项特殊措施，既能使中央银行遏制过度的证券投机活动，又不贸然采取紧缩和放松货币供应量的政策，有助于避免金融市场的剧烈波动和促进信贷资金的合理运用。

4. 不动产信用控制

不动产信用控制是指中央银行为了限制房地产投资、抑制房地产泡沫，而对商业银行或其他金融机构发放不动产贷款的额度和分期付款的期限等规定的各种限制性措施。这种限制性措施的主要内容包括规定商业银行不动产贷款的最高限额、最长期限、第一次付款的最低金额、逐次分期还款的最低金额等。

（三）其他补充性货币政策工具

1. 直接信用控制

直接信用控制是指中央银行根据有关法令，以行政命令的方式直接对商业银行及其他金融机构的放款或接收存款的数量或利率水平施以各种干预。最常见的直接信用控制的措施有利率最高限额、信用配额、流动性比率和直接干预等。

（1）利率最高限额。中央银行规定商业银行和储蓄机构对其所吸收的存款或储蓄所能支付的最高利率，目的在于防止存款货币机构用抬高利率的办法吸收存款，进而影响其信用供给能力及货币供给量。利率管制可以防止金融机构之间为争夺资金来源而过度竞争，避免资金成本过高而使银行风险增加。许多国家中央银行将利率最高限额作为控制信用数量的重要手段之一。

（2）信用配额。信用配额是指中央银行根据金融市场的供求状况及客观经济发展的运行态势，权衡经济发展客观需要的轻重缓急，对银行体系的信用规模加以分配与控制，从而实现其对整个信用规模的控制。例如，制定一国的产业政策，规定优先提供资金的顺序；或者按资金需求的缓急，将有限的资金分配到最需要的部门；有的国家和地区还采取设立专项信贷基金的办法，保证某种建设项目的资金需要。

（3）流动性比率。流动性比率是中央银行为了防止银行体系出现流动性不足，除法律规定的法定存款准备金率之外，还对银行体系的流动性资产对存款或其全部资产的比率予以明确规定。流动性比率管理保障了商业银行的支付能力，在一定程度上降低了银行体系的经营风险。

（4）直接干预。直接干预是指中央银行直接对商业银行的信贷业务、放款范围等加以干预。如对业务经营不当的商业银行拒绝再贴现或实行高于一般利率的惩罚性利率，直接干涉商业银行对存款的吸收等。

2. 间接信用控制

间接信用控制是指中央银行采用非直接的控制方法对信用变动方向和重点实施间接指导，主要有道义劝告、窗口指导、金融检查等。

（1）道义劝告。道义劝告是指中央银行运用自己在金融体系中的特殊地位和威望，对商业银行及其他金融机构以公告、指示、会议或与金融机构负责人直接面谈等方式，以使商业银行及其他金融机构正确理解货币政策意图，主动、自觉地采取相应措施，配合货币政策的实施。

道义劝告的政策效果表现在可以避免强制性信用控制所带来的逆反心理，有利于加强中央银行与商业银行及各金融机构间的长期密切合作关系。

（2）窗口指导。窗口指导是指中央银行根据市场行情、物价变动趋势、金融市场动向、货币政策要求以及前一年度同期贷款的情况等，规定商业银行每季度贷款的增减额、信贷的重点投放方向及其规模等，以指导的方式要求其执行。窗口指导自身虽然不具有法律约束力，但是由于中央银行对不接受指导者可以采取相应的制裁措施，因而对于金融机构还是具有较大的约束力。

（3）金融检查。金融检查是指中央银行利用自己“银行的银行”的身份，不定期地对商业银行和其他金融机构的业务经营情况进行检查，看其是否符合法律规定，并将检查结果予以公开，以监督商业银行的金融活动。

从各国间接信用控制的实践来看，道义劝告、窗口指导和金融检查若要较好地发挥作用，必须要做到以下两点：第一，中央银行在一国金融体系中必须具有较高的权威性和地位以及有足够的信用控制的法律手段；第二，信贷机构必须对中央银行具有一定的依赖性，其临时性资金来源主要依赖于中央银行。

四、货币政策的传导机制

一定的货币政策工具引起社会经济生活的某些变化，并最终实现预期的货币政策目标，就是货币政策的传导机制。货币政策最终目标、中介目标、政策工具之间存在着相互依存的密切的相关关系：当中央银行确定了货币政策最终目标之后，必须根据最终目标的要求，制定出一些短期内可实现的又能影响货币政策最终目标的经济指标，即中介指标，并运用相应的货币政策工具来实现对这些中介目标的调节，从而实现货币政策的最终目标。中央银行运用货币政策工具影响中介目标，进而实现最终目标的过程和途径就是货币政策的传导过程。这一过程是一个复杂的系统工程，通常是由中央银行的货币政策开始，作用于商业银行及其他金融机构，再由商业银行和其他金融机构作用于企业、个人，企业、个人的行为再影响市场，即产出、就业和物价水平等。例如，当中央银行降低法定存款准备率时，商业银行和其他金融机构的储备就会增加，它们对企业或个人的贷款规模就会扩大，利率相对下降，而结果是企业产出增加，就业增加，物价水平也随之发生变化。可见，货币政策的运用及产生政策效应，需要经过几个环节的传导过程，才能最终达到其宏观调控的目的。

五、货币政策的有效性

货币政策有效性所研究的问题就是通过实施货币政策能否达到事先确定的货币政策最终目标。货币政策的有效性，既是指其增加就业、刺激经济增长或抑制通货膨胀的效应，又是指其抵御经济波动的能力。影响货币政策效果的因素主要包括货币政策时滞、微观主体的预期、货币流通速度和其他经济、政治因素的影响。

（一）货币政策时滞

货币政策时滞是指货币政策从研究、制定到实施后发挥实际效果全过程所经历的时间。货币政策时滞可分为内部时滞和外部时滞。

内部时滞是指从政策制定到货币管理当局采取行动这段时间，可分为认识时滞和决策时滞。认识时滞是指中央银行或其他政策制定当局通过分析物价、利率、投资等实际经济变量的变动，认识到是否应采取行动所花费的时间；决策时滞是指中央银行或其他政策制定当局从认清形势到政策实际实施所需的时间。认识时滞和决策时滞是决策机构花费的时间，因此称为内部时滞。内部时滞的长短取决于货币管理当局对经济形势发展的预见能力、制定对策的效率和行动的决心等方面。

外部时滞是指从货币管理当局采取行动开始直到对政策目标产生影响为止的这段时间，可分为操作时滞和市场时滞。操作时滞是指从动用货币政策工具到其对中介目标发生作用所耗费的时间；市场时滞是指从中介指标发生反应到最终目标变量发生反应所需要耗费的时间。不论是货币供应量还是利率，它们的变动都不会立即影响政策目标。例如，企业是要扩大还是要缩减投资，首先要决策，其次要制订计划，最后付诸实施。因此，外部时滞主要由客观的经济和金融条件决定。

时滞是客观存在的，时滞越长，货币政策的效果越难预料。假定政策的大部分效应需要较长的时间，在这段时间内，经济形势可能已经发生了很多变化，此时很难证明货币政策的预期效应是否已实现。时滞的存在可能使政策决策时的意图与实际效果脱节，从而不可避免地导致货币政策的局限性。

（二）微观主体的预期

理性预期学派认为，如果货币管理当局的政策被微观经济主体完全预期到，货币政策可能归于无效。只有在货币政策的取向和力度没有完全为公众知道的情况下，才能生效或达到预期效果。例如，政府拟采取长期的扩张政策，人们通过各种信息预期到社会总需求会增加，物价会上涨。在这种情况下，工人会通过工会与雇主谈判，要求提高工资；企业预期工资成本增加而不愿扩展经营，最后的结果是只有物价的上涨而没有产出的增长。由于货币管理当局不可能长期不让社会知道它将要采取的政策，一项货币政策的提出，往往会使各种微观经济主体根据预测货币政策的后果从而很快地做出对策，其中极少有时滞，所以理性预期会使货币政策失效。但实际的情况是，即使公众的预测是非常准确的，对策可以很快实施，其效应的发挥也要有个过程。也就是说，货币政策仍可奏效，但微观主体的预期会使其效应大打折扣。

（三）货币流通速度

货币流通速度是指货币总量与整个经济的名义总产出之间的联系。货币流通速度加快，流通中所需货币量就会减少；货币流通速度减慢，流通中所需货币量就会增加。而货币政策主要是通过增减货币供应量来实现其目标的，所以即使货币流通速度只发生了一次相当小的改变，如果货币管理当局没能预见到货币流通速度的这种变化或预计出现了小的偏差，其决策就有可能使货币政策效果受到严重影响，甚至有可能使本来正确的政策走向反面。然而，在实践中，对货币流通速度变动的估算很难做到不发生误差，因为影响它发生变动的因素太多了，这当然也就限制了货币政策的有效性。

（四）其他经济、政治因素的影响

除以上因素外，其他外来因素、体制因素、政治因素等也会对货币政策效果有一定的影响，中央银行在政策制定的操作过程中应予以统一考虑。例如，由于客观经济条件的变化，一项既定的货币政策出台后总要持续一段时间。在这段时间内，如果生产和流通领域出现始料不及的情况，而货币政策又难以做出相应的调整时，就可能出现货币政策效果下降甚至失效的情况。

政治因素对货币政策效果的影响也是巨大的。由于任何一项货币政策方案的贯彻都可能给不同阶层、集团、部门或地方的利益带来一定的影响，这些主体如果在自己利益受损时做出较强烈的反应，就会形成一定的政治压力。当这些压力足够有力时，就会迫使货币政策进行调整。

六、中国人民银行的货币政策体系

中国人民银行的货币政策体系是中国人民银行的货币政策目标和货币政策工具等构成的货币政策体制。中国人民银行的货币政策目标是保持货币币值稳定，并以此促进经济增长。中国人民银行就年度货币供应量、利率、汇率和其他重要事项作出决定，报国务院批准后执行。

根据法律的规定，中国人民银行的货币政策工具分为直接控制和间接控制两种。中国人民银行可以运用的货币政策工具如下：要求金融机构按照规定的比例交存存款准备金，确定基准利率，为在中国人民银行开立账户的金融机构办理再贴现，向商业银行提供贷款，在公开市场买卖国债、政府债券和外汇，国务院确定的其他货币政策工具。

本章思考题

1. 试述中央银行产生的经济背景。

2. 试述中央银行的演进过程。

3. 如何认识中央银行的性质？

4. 中央银行的基本职能有哪些？

5. 中央银行的业务有哪些？

6. 中央银行货币政策目标体系的构成是什么？

7. 试述货币政策最终目标和中介目标的内容。

8. 中央银行的一般性货币政策工具有哪几种？它们分别是如何发挥作用的？各自的优缺点分别是什么？

9. 选择性政策工具主要包括哪些内容？

10. 试述影响中央银行货币政策效果的主要因素。

第五章　非银行金融机构

[知识导读]

党的二十大报告指出："加强和完善现代金融监管，强化金融稳定保障体系，依法将各类金融活动全部纳入监管，守住不发生系统性风险底线。"金融是经济的命脉，是国家重要的核心竞争力，具有调节优化资源配置的强大功能。

金融的稳定性需要加强对金融机构的监管。在未来，中国人民银行金融监管的重点如下：一是强化审慎监管，加强对股东资质、股权关系的穿透核查和股东行为监管；二是强化监管执法和监管效能；三是依法规范和引导资本健康发展，稳妥推进并尽快完成平台企业金融业务整改；四是加强金融法治建设，抓紧推进金融稳定法出台，加快修订《中华人民共和国人民银行法》《中华人民共和国商业银行法》《中华人民共和国保险法》《中华人民共和国信托法》《中华人民共和国票据法》《中华人民共和国反洗钱法》等重要基础性法律；五是强化金融反腐和人才队伍建设。

监管体系的构建和法律的修订为金融市场的运行提供了一定的保证，尤其是在非银行金融机构发展迅猛的阶段。随着金融市场的快速发展，非银行金融机构在市场的规模和作用也越来越大。非银行金融机构与银行的区别在于信用业务形式不同，资金来源和投资方式不同。非银行金融机构主要包括保险公司、证券公司、信托投资公司、租赁公司、财务公司、邮政储蓄机构和城市农村信用合作社等。非银行金融机构的活动可以提高金融活动的参与度，越来越多的机构和个人可以通过非银行金融机构参与市场活动。不同的非银行金融机构提供了不同的金融产品，提供了多元化、专业化的金融服务，活跃了金融市场。

非银行金融机构的快速发展也带来了新的风险，为降低风险、维护金融市场的稳定，我国应持续加强法治建设。党的二十大报告指出："坚持依法治国和以德治国相结合，把社会主义核心价值观融入法治建设、融入社会发展、融入日常生活。"未来，我国应该加快修订《中华人民共和国保险法》《中华人民共和国信托法》《中华人民共和国票据法》《中华人民共和国反洗钱法》等重要的基础性法律，切实维护国家经济金融安全和社会稳定，建立维护金融稳定的长效机制。

思考题：

1. 不同的非银行金融机构提供的业务类型有什么区别？
2. 结合实际谈谈怎样对不同的非银行金融机构进行监管？

非银行金融机构是随着金融资产多元化、金融业务专业化而产生的。早期的非银行金融机构大多同商业银行有着密切的联系。1681 年，英国成立了世界上第一家保险公司。1818 年，美国产生了信托投资机构。1849 年，德国创办了世界上第一家农村信用社。第二次世界大战后，非银行金融机构逐步形成独立的体系。

金融机构体系构成中包括银行金融机构和非银行金融机构。非银行金融机构是金融市场重要的组成部分，非银行金融机构的发展也体现了一个国家金融市场的发达程度。非银行金融机构与银行的区别在于信用业务形式不同、资金来源和投资方式不同。

非银行金融机构在社会资金流动过程中所发挥的作用是从最终借款人那里买进初级证券，并为最终贷款人持有资产而发行间接债券。非银行金融机构的活动可以提高金融活动的参与度。越来越多的机构和个人可以通过非银行金融机构参与市场活动，降低投资的单位成本；可以通过多样化的投资，降低投资风险，调整期限结构，以最大限度地缩小流动性危机爆发的可能性。

非银行金融机构吸引了无数债权人和债务人从事大规模借贷活动。非银行金融机构可以通过优惠贷款条件吸引债务人，可以通过利息支付及其他利息形式吸引债权人，可以用优厚的红利等形式吸引股东，从而吸引更多的资本。

非银行金融机构主要包括保险公司、证券公司、信托投资公司、租赁公司、财务公司等。

第一节　非银行金融机构概述

一、非银行金融机构体系概述

非银行金融机构在整个金融中介体系中是非常重要的组成部分，是办理某类金融业务的金融机构，但名称中没有冠上“银行”两字。这类金融机构主要包括保险公司、证券公司、投资信托类金融机构、合作金融机构、金融租赁公司、财务公司等。

非银行金融机构与一般商业银行一样都是通过信用的方式进行融资性业务活动，主要目的是获得利润。其与商业银行之间的区别如下：第一，业务类型不同。商业银行的主要业务是吸收存款和发放贷款，非银行金融机构没有存贷业务，主要是从事某一项金融业务，如保险公司经营保险业务，证券公司主要从事证券承销、证券交易和证券服务的金融机构，金融公司是通过发行商业票据、股票和债券等来筹措资金。第二，商业银行是信用创造机构，非银行金融机构只是信用中介，不能创造信用，不具备信用创造的功能。

二、非银行金融机构的业务类型

（一）基金管理公司

基金管理公司是指依据有关法律法规设立的对基金的募集、基金份额的申购和赎回、基金财产的投资、收益分配等基金运作活动进行管理的公司。个人投资者资金量有限，无法在证券市场上直接参与证券买卖，且个人直接参与投资的风险和成本都很大，因此需要基金管理公司来代替个人投资者。基金管理公司由中国证券监督管理委员会监督管理。

1. 基金管理公司的设立条件

设立基金管理公司，应当具备的条件如下：

（1）有符合《中华人民共和国证券投资基金法》和《中华人民共和国公司法》规定的章程。

（2）注册资本不低于1亿元人民币，且必须为实缴货币资本。

（3）主要股东应当具有经营金融业务或者管理金融机构的良好业绩、良好的财务状况和社会信誉，资产规模达到国务院规定的标准，最近三年没有违法记录。

（4）取得基金从业资格的人员达到法定人数。

（5）董事、监事、高级管理人员具备相应的任职条件。

（6）有符合要求的营业场所、安全防范设施和基金管理业务有关的其他设施。

（7）有完善的内部稽核监控制度和风险控制制度。

（8）法律、行政法规规定的和经国务院批准的国务院证券监督管理机构规定的其他条件。

2. 基金管理公司的主要业务

基金是一种间接的证券投资方式。基金管理公司通过发行基金单位，集中投资者的资金，由基金托管人（具有资格的银行）托管，由基金管理人管理和运用资金，从事股票、债券等金融工具投资，然后共担投资风险、分享收益。

基金管理公司的主要职责有：发起、设立基金；对基金进行管理；按照基金契约规定对基金资金进行投资；对基金资金的投资状况进行及时公告；及时向基金持有人支付足额的基金收益等。

3. 投资基金的分类

第一，据组织形态的不同，投资基金可以分为公司型基金和契约型基金。

公司型基金是指投资者为了共同投资目标而组成的以获取利润为目的的股份制投资公司，并将形成的公司资产投资于有价证券的证券投资基金。公司型基金分为自营式公司型基金和他营式公司型基金，自营式公司型基金由基金公司本身对所募集的资本集合体进行经营管理；他营式公司型基金是指基金公司对募集的资本集合体本身并不运营，而是委托基金管理公司或投资顾问公司运营和管理的基金形式，是一种半组织化的资金集合体。

契约型基金是基金经理人与代表受益人权益的信托人之间通过信托契约的形式组织的资产管理方式。契约型基金由基金投资者、基金管理人、基金托管人之间所签署的基金合同而设立。契约型基金的优势是法律关系明确清晰，监督约束机制完善，设立上比公司型基金更为简单易行。

第二，根据基金单位是否可增加或赎回，投资基金可以分为开放式基金和封闭式基金。

开放式基金是指发行的基金份额是可赎回的，需根据市场供求情况发行新份额或被投资人赎回。开放式基金不上市，销售方式可以是基金公司直销，也可以由代理机构销售，发行规模固定不变，且投资者在基金的存续期间内可随意申购基金份额，资金总额每日不断地变化。开放式基金始终处于“开放”的状态。这是开放式基金与封闭式基金的根本差别。

封闭式基金的基金发行规模固定，并且在基金发行完成后和其存续期限内规模都固定不变。每个国家对基金的存续期限均有明确规定，我国封闭式基金的存续期限一般不少于5年，在存续期限内已发行的基金份额不能被赎回。

第三，根据投资风险与收益的不同，投资基金可以分为成长型基金、收入型基金和平衡型基金。

（1）成长型基金的投资目标是最大限度地实现增值，主要以长期增值的金融产品为投资目标，其投资对象主要是市场中有较大升值潜力的小公司股票和一些新兴行业的股票。成长型基金很少分红，将投资所得的股息、红利等进行再投资，实现资本的长期增值。

（2）收入型基金的投资目标是获取当期收益，其投资对象主要是那些绩优股、国债、可转让大额存单等收入比较稳定的有价证券，收入型基金一般成长性较弱，当下直接获利，收益率低，但是风险较低，收入型基金一般适合于保守型投资者。

（3）平衡型基金的投资目标是当期获利，同时未来增值，因此基金资金一般分散投资，既投入稳定性的金融产品，又投资于成长性的金融产品，其风险和收益状况介于成长型基金和收入型基金之间。

第四，根据投资对象的不同，投资基金可以分为股票基金、债券基金、货币市场基金。

（1）股票基金是指将基金资金投资于股票市场的基金，投资策略有价值型、成长型、平衡型。

（2）债券基金是指将基金资金投资于政府债券、企业债券、金融机构债券等，投资收益和风险类型属于收入型。

（3）货币市场基金是指投资一些期限较短的投资工具。

第五，按照基金的资金募集方式和资金来源的不同，投资基金可以分为公募基金和私募基金。

公募基金是以公开的形式发行证券来筹集资金，私募基金是以非公开的形式发行证券来募集资金。目前，我国大多数基金属于公募基金。

私募基金一般是封闭式基金，封闭期限一般为 5 年或者 10 年，组织机构属于合伙制，不设立董事会，由合伙人负责日常管理和投资决策，由于投资规模大，基金募集的对象一般都是一些大的投资机构或者一些富人。对冲基金、风险投资基金都属于私募基金。

第六，其他类型：对冲基金、风险投资基金、养老基金。

对冲基金属于私募基金，针对的投资对象都是为追求高投资高收益的投资者，主要是将基金资金投入期权、期货等衍生金融工具，在市场上做投机活动。一类是利用宏观经济的波动进行套利活动，另一类是利用证券的相对价格进行投资。对冲基金最大的特点是暗箱操作、高度杠杆操作。

风险投资基金也属于一种私募基金的形式，主要是将基金资金投入未上市但未来成长前景较好的公司，作为创业企业的发展基金，尤其对于科技型企业，可通过投入资本直接参与企业的创业历程，企业创业成功后获取高资本增值。

养老基金属于社会保障基金，主要用于养老金支付。养老基金通过发行基金股份或者收益凭证募集资金，将资金再投资于公司股票、债券等，以实现保值增值的目的。

（二）金融资产管理公司

金融资产管理公司是由国家出资组建的专门处理银行不良资产的非银行金融机构，具有特定的使命，一般业务宽泛。金融资产管理公司的主要业务如下：

（1）追偿债务。

（2）收购并经营银行和金融机构的不良资产（含商业化收购）。

（3）对所收购的不良资产进行租赁或者以其他形式转让、重组。

（4）债权转股权，并对企业阶段性持股。

（5）资产管理范围内公司的上市推荐及债券、股票承销。

（三）财务公司

财务公司是由企业集团组建的或者属于商业银行的附属机构，主要是为集团内部成员提供金融服务，一般存款额较低，存款期限也有一定的要求，资本额较少。财务公司主要的模式有美国模式和英国模式。美国模式主要为零售商提供融资服务；英国模式主要依附于商业银行，其组建的目的在于规避政府对商业银行的监管。

财务公司主要的业务如下：

（1）负债业务，吸收成员单位 3 个月以上定期存款，发行财务公司债券，同业拆借。

（2）资产业务，对成员单位办理贷款及融资租赁，办理集团成员单位产品的消费信贷、买方信贷及融资租赁，办理成员单位商业汇票的承兑及贴现。

（3）中间业务，对成员单位办理财务顾问、信用鉴证及其他咨询代理业务，承销成员单位的企业债券，对成员单位提供担保，办理成员单位的委托贷款及委托投资。

（4）外汇业务，境外外汇借款。

（5）其他业务，经监管机构批准的其他业务。

我国的财务公司都是由企业集团内部集资组建的，其宗旨和任务是为本企业集团内部各企业筹资和融通资金，促进其技术改造和技术进步。我国第一家企业集团财务公司于 1987 年 5 月成立，目前全国能源电力、航天航空、石油化工、钢铁冶金、机械制造等关系国计民生的基础产业和各个重要领域的大型企业集团几乎都拥有了自己的财务公司。

第二节　保险公司

保险公司是专门经营保险或再保险业务的专业性金融机构。《中华人民共和国保险法》（以下简称《保险法》）第二条明确了保险的定义：“（保险）是指投保人根据合同约定，向保险人支付保险费，保险人对于合同约定的可能发生的事故因其发生所造成的财产损失承担赔偿保险金责任，或者当被保险人死亡、伤残、疾病或者达到合同约定的年龄、期限等条件时承担给付保险金责任的商业保险行为。”其中的“保险人”就是保险公司。保险公司的基本功能是分担风险，发挥社会保障职能，因此具有其他金融机构不可替代的重要作用。

保险公司按照保险业务的不同，可以分为财产保险公司和人寿保险公司；按照业务承包方式的不同，可以分为原保险公司和再保险公司；按照经营目的不同，可以分为商业保险公司和社会保险公司。

保险作为社会保障体系的有效组成部分，在完善社会保障体系方面发挥着重要作用。一方面，保险通过为没有参与社会保险的人群提供保险保障，扩大社会保障的覆盖面；另一方面，保险通过灵活多样的产品，为社会提供多层次的保障服务。保险的保障作用在发生保险事故时对保险标的的损失进行赔偿，减少了当事人的损失，避免了双方当事人的事故纠纷，维护了良好的社会关系。保险经营过程中以最大诚信原则为经营的基本原则之一，而保险产品实质上是一种以信用为基础的承诺。对保险双方当事人而言，信用至关重要。保险合同履行的过程实际上就为社会信用体系的建立和管理提供了大量重要的信息来源，实现社会信息资源的共享。

一、财产保险

财产保险是对财产及其相关利益因为自然灾害或意外风险事故所造成的经济损失进行补偿的保险。财产保险的保险标的包括有形物质、无形的损害赔偿责任、信用保证责任。以有形物质为保险标的的称为财产损失保险，以损害赔偿责任为保险标的的称为责任保险，以信用保证责任为保险标的的称为信用（保证）保险。

（一）财产损失保险

财产损失保险是以物质财产为保险标的，对物质财产的损失进行补偿的保险业务，其种类很多，这里按照承保的对象进行分析。

（1）火灾保险是指以存放在固定场所并处于相对静止状态的财产及其有关利益为保险标的的保险，由保险人承担保险财产遭受保险事故损失的经济赔偿责任的一种财产保险。火灾保险是一种传统的保险业务。从保险业务来源角度看，火灾保险是适用范围最广泛的一种保险业务，各种企业、团体及机关单位均可以投保团体火灾保险；所有的城乡居民家庭和个人均可投保家庭财产保险。

（2）货物运输保险是以运输途中的货物作为保险标的，保险人对由自然灾害和意外事故造成的货物损失负赔偿责任的保险。主要的类型有海洋货物运输保险、陆上货物运输保险、航空货物运输保险。

（3）运输工具保险专门承保包括机动车辆、船舶、飞机等各种以机器为动力的运输工具的一种财产保险。运输工具保险的险种主要有机动车辆保险、船舶保险、飞机保险。其中，机动车辆保险按照保险责任的不同，可以分为车辆损失保险和第三者责任（强制）保险等。第三者责任（强制）保险属于法定责任保险范畴。

（4）工程保险是指以各种工程项目为主要承保对象的一种财产保险。20 世纪 80 年代初在世界银行贷款和“三资”建设项目中，工程保险作为工程建设项目管理的国际惯例之一被引入中国。一般而言，传统的工程保险仅指建筑工程保险和安装工程保险，但进入 20 世纪后，各种科技工程发展迅速，亦成为工程保险市场日益重要的业务来源。目前，工程保险的主要险种包括建筑工程保险、安装工程保险、科技工程保险。

（5）特殊风险保险是指为特殊行业设计的各种保险，保险标的的特征是高价值、高风险、高技术（其中高技术是指特殊风险保险承保、理赔的技术含量较高）。其主要的类型有航空保险、航天保险、核电站保险和海洋石油开发保险。

（6）农业保险是专为农业生产者在从事种植业、林业、畜牧业和渔业生产过程中，对遭受自然灾害、意外事故疫病、疾病等保险事故所造成的经济损失提供保障的一种保险。由于农业发展的特殊性，各国通常采用的农业保险模式如下：

①美国、加拿大模式——政府主导参与型；

②日本模式——政府支持下的社会互助；

③西欧模式——政府资助的商业保险；

④发展中国家模式——政府重点选择性扶植。

中国政策性农业保险的基本经营模式还是将业务委托给商业性保险公司来做，政府给予一定的补贴。

（二）责任保险

责任保险是以被保人依法应承担的民事损害赔偿责任或经过特殊约定的合同责任为保险标的的保险。责任保险的承保方式有两种：一是作为各种财产保险合同的组成部分或者附加险承保；二是单独承保，保险人单独签发保险合同。单独承保的责任保险的类型有公众责任保险、产品责任保险、雇主责任保险、职业责任保险。

（1）公众责任保险主要承保被保险人在公共场所进行生产、经营或其他活动时，因发生意外事故而造成的他人人身伤亡或财产损失，依法应由被保险人承担的经济赔偿责任。该险种适用的公众活动场所有工厂、办公楼、旅馆、住宅、商店、医院、学校、影剧院、展览馆等。

（2）产品责任险是指当被保险人因其产品存在缺陷致使第三人人身伤亡或财产损失依法应当承担损害赔偿责任时，由保险人承担赔偿责任的保险。该险种适应的被保险人有制造商、销售商、修理商和承运商。

（3）雇主责任保险是指以被保险人即雇主的雇员在受雇期间从事业务时，因遭受意外导致伤、残、死亡或患有与职业有关的职业性疾病而依法或根据雇佣合同，应由被保险人承担的经济赔偿责任为承保风险的一种责任保险。雇主责任保险主要承保被保险人（雇主）的过失行为所致的损害赔偿，或者将无过失风险一起纳入保险责任范围。

（4）职业责任保险是指各种专业技术人员在从事职业技术工作时，因疏忽或过失造成合同对方或他人的人身伤害或财产损失所导致的经济赔偿责任为承保风险的责任保险。该险种的承保方式是期内索赔式和期内发生式。

（三）信用（保证）保险

信用（保证）保险是由保险人作为保证人为被保证人向权利人提供担保的一类保险业务，被保证人在信用借贷或销售合同关系中因一方违约可能造成的经济损失而进行的保险。该险种承保的标的是信用风险。

信用（保证）保险的类型有保证保险和信用保险。保证保险是被保证人根据权利人的要求投保自己信用的一种保险。保证保险主要分为三类：合同保证保险、忠实保证保险、商业信用保证保险。信用保险是权利人要求保险人担保对方的信用状况。常见的有出口信用保险和投资保险等。

二、人身保险

人身保险是以人的生命和身体为保险标的的保险。人身保险的类型有人寿保险、健康保险和意外伤害保险。

（一）人寿保险

人寿保险是以被保险人的寿命为保险标的，且以被保险人的生存或死亡为给付条件的人身保险。与其他保险不同的是，人寿保险转嫁的是被保险人的生存或者死亡的风险。人身保险包括死亡保险、生存保险、两全保险。

（1）死亡保险。死亡保险是以被保险人在保险期内死亡或终身死亡为保险金给付条件的人寿保险，若被保险人在保险期间死亡，则不能主张收回保险金，也不能收回已交保险费。有期限的死亡保险为定期死亡保险，不限定期限的为终身死亡保险。

（2）生存保险。生存保险是以被保险人于保险期限满或者达到一定年龄时仍然生存为给付条件的一种人寿保险。生存保险主要是为老年人提供养老保障或者为子女提供教育金等。因此，生存保险以储蓄为主，也被称为储蓄保险。生存保险由于被保人一旦身故保费就不再退还，导致人们有投保顾虑，所以衍生出了很多险种，例如确定给付的生存保险等。

（3）两全保险。两全保险又称生死合险，是指被保险人在保险合同约定的保险期内死亡，或在保险期届满仍生存时，保险人按照保险合同约定均应承担给付保险金责任的人寿保险。两全保险的死亡保险金和生存保险金可以不同，当被保险人在保险期间内死亡时，保险人按合同约定将死亡保险金支付给受益人，保险合同终止；若被保险人生存至保险期间届满，保险人将生存保险金支付给被保险人。

（二）健康保险

健康保险是以人的身体作为保险标的，在被保险人因疾病或意外事故而产生医疗费用支出或收入损失时，保险人承担赔偿责任的一种人身保险。健康保险按照保险责任的不同，可以分为疾病保险、医疗保险、收入保障保险等。目前，市场的长期健康寿险主要以附加险形式出现，健康险本身不带有返还功能，但是在综合保障计划的产品组合中，由于主险仍带有分红性质或返还功能，实际上实现了返还效果。同时，作为附加险的健康险可借用主险（通常指寿险）的费用，降低费率。

（三）意外伤害保险

意外伤害保险是指意外伤害致身故或残疾从而给付保险金条件的人身保险。意外是指被保险人事先没有预见到伤害的发生，或者伤害的发生是被保险人事先能够预见到的，但由于被保险人的疏忽而没有预见到；伤害的发生违背被保险人的主观意愿。伤害亦称损伤，是指被保险人的身体受到侵害的客观事实。在自遭受意外伤害之日起的一定时期内造成死亡、残疾、支出医疗费或暂时丧失劳动能力，则保险人给付被保险人或其受益人一定量的保险金。

三、再保险

再保险也称分保，是保险人在原保险合同的基础上，通过签订分保合同，将其所承保的部分风险和责任向其他保险人进行保险的行为。对原保险的分保可以分散风险，避免风险过于集中。根据《中华人民共和国保险法》的规定，保险公司对每一危险单位，即对每一次保险事故可能造成的最大损失范围所承担的责任，不得超过其实有资本金加保费总和的10%，超过的部分依法应当办理再保险。我国已经形成了人寿、财产和再保险的保险机构体系。

四、存款保险

存款保险作为一种金融保障制度，是指由符合条件的各类存款性金融机构集中建立一个保险机构。当存款金融机构发生经营危机或面临破产倒闭时，存款保险机构向其提供财务救助或直接向存款人支付部分或全部存款，从而保护存款人利益，维护银行信用，稳定金融秩序。

存款保险制度始于20世纪30年代的美国，联邦存款保险公司（FDIC）作为一家为银行存款保险的政府机构于1934年成立并开始实行存款保险，保障银行体系的稳定。1934年1月1日，美国正式实施联邦存款保险制度。20世纪50年代，随着经济形势和金融制度、金融创新等的不断变化和发展，美国存款保险制度不断完善，尤其是在金融监管检查和金融风险控制和预警方面，存款保险制度成为美国金融体系及金融管理的重要组成部分。20世纪60年代中期，随着金融业日益自由化、国际化的发展，金融风险明显上升，绝大多数西方发达国家相继在本国金融体系中引入存款保险制度，印度、哥伦比亚等部分发展中国家也进行了这方面的有益尝试。2015年5月，我国存款保险制度正式实施。

五、社会保险

社会保险是社会保障体系的重要组成部分，其在整个社会保障体系中居于核心地位。社会保险是国家通过立法强制性实施的，主要对劳动者的年老、疾病、伤残、失业、生育等原因造成的损失进行补偿的一种社会和经济制度。我国社会保险的主要项目包括养老保险、医疗保险、失业保险、工伤保险、生育保险。

社会保险具有强制性，保险计划由政府制定，社会保险的基金来源是属于缴费性质的，来源主体有三方，用人单位和劳动者本人缴纳，政府财政给予补贴并承担最终的责任。被保险人履行了法定的交费义务并在符合法定条件的情况下，可以从保险中获得固定的收入或损失的补偿。社会保险是一种再分配制度，目标是保证劳动者的物质及劳动力的再生产和社会的稳定。

第三节　证券公司

证券公司是指依照公司法规定设立的并经国务院证券监督管理机构审查批准而成立的专门经营证券业务，有独立法人地位的金融机构。在美国，证券公司被称为投资银行。投资银行是在资本市场上为企业发行债券、股票，筹集长期资金提供中介服务的金融机构。

一、证券公司类型

证券公司按照业务经营的不同，可以分为经纪类证券公司和综合类证券公司。

（一）经纪类证券公司

经纪类证券公司是指从事证券经纪业务、证券投资咨询业务以及与证券交易、证券投资活动有关的财务顾问业务的证券公司。根据《中华人民共和国证券法》的规定，设立经纪类证券公司应具备的条件如下：

（1）有符合法律、行政法规规定的公司章程。

（2）主要股东及公司的实际控制人具有良好的财务状况和诚信记录，最近三年无重大违法违规记录。

（3）有符合《中华人民共和国证券法》规定的公司注册资本。

（4）董事、监事、高级管理人员、从业人员符合《中华人民共和国证券法》规定的条件。

（5）有完善的风险管理与内部控制制度。

（6）有合格的经营场所、业务设施和信息技术系统。

（7）法律、行政法规和经国务院批准的国务院证券监督管理机构规定的其他条件。

（二）综合类证券公司

综合类证券公司是可以经营证券经纪业务、证券自营业务、证券承销业务以及经国务院证券监督管理机构核定的其他证券业务的证券公司。其必须具备的条件有：注册资本不得低于5亿元人民币；主要管理人员和业务人员必须具有证券从业资格；有固定的经营场所和合格的交易设施；有健全的管理制度和规范的自营业务与经纪业务分业管理的体系。

二、证券公司业务

（一）证券承销业务

证券承销业务是投资银行和证券公司最基本的业务。证券承销是指在证券公司（或投资银行）接受发行人的委托在发行市场（一级市场）上代为销售证券，并以此获得承销手续费收入的一种业务。

根据证券经营机构在承销过程中承担的责任和风险的不同，承销又可以分为包销、投标承购、代销、赞助推销四种方式。

（1）包销是指由承销机构买下全部或销售剩余部分的证券，承担全部销售风险，适用于那些资金需求量大、社会知名度低而且缺乏证券发行经验的企业。

（2）投标承购是指承销机构通过参加投标承购证券，再将其销售给投资者，该种方式在债券（特别是国债发行）中较为常见。

（3）代销是指承销机构只接受发行者的委托，代理其销售证券，如在规定的期限内发行的证券没有全部销售出去，则要将剩余部分返回给证券发行者，发行风险由发行者自己承担。

（4）赞助推销是指当发行公司增资扩股时，主要针对的是现有股东，但是现有股东不一定都购买，为防止销售困难而造成的不能及时筹集资金，发行公司委托承销机构先对现有股东做工作，将风险转嫁给承销机构。

（二）证券经纪业务

证券经纪业务是指投资银行或证券公司在证券二级市场（交易市场）上作为经纪

商从事代理证券买卖业务，以获得佣金收入。在证券经纪业务中，包含的要素有委托人、证券经纪商、证券交易所和证券交易对象。

证券经纪商是指接受客户委托、代客买卖证券并以此收取佣金的中间人。证券经纪业务是证券公司的基础业务，由于证券交易的特殊性，证券交易所席位有限，因此广大的投资者不能直接进入证券交易所内进行买卖，必须委托证券经纪商代为进行交易，证券经纪商是证券市场的中坚力量。

在我国，代理证券买卖的程序是：开户→委托→委托买卖审查→申报与成交→清算与交割。

证券经纪商的作用如下：

（1）充当证券买卖的媒介。证券经纪商遵照客户发出的委托指令进行证券买卖，尽可能使委托指令得以执行，但整个买卖过程中，证券经纪商不承担任何价格风险，证券经纪商通过收取佣金赚取收益。

（2）提供咨询服务。证券经纪商由于长期从事证券经营业务，因此对证券市场信息掌握得比一般投资者更多，证券经纪商也设有专门的证券研究机构，以自身专门的优势为一般投资者提供咨询服务。

（三）证券自营业务

证券自营业务是指证券公司用自有资金以自己的名义买卖证券来获取利润的证券业务，能从事证券自营业务的只有综合类证券公司。证券自营业务按照交易场所的不同，可以分为场外自营买卖和场内自营买卖。场外自营买卖是指证券公司与客户直接洽谈成交的证券交易；场内自营买卖是证券公司在证券交易所内买卖证券。我国的证券自营业务一般是指场内自营买卖业务。在我国，证券自营业务专指证券公司为自己买卖证券产品的行为。买卖的证券产品包括在证券交易所挂牌交易的 A 股、基金、认股权证、国债、企业债券等。

证券公司是金融市场的重要组成部分，证券公司的经营活动将对市场交易产生巨大的影响。为了维护证券流通市场的交易秩序，监管机构必须对所有的市场参与者的交易行为进行管理，以防止出现垄断、欺诈、假冒、内外勾结等不法行为。

具体而言，监管机构对个体投资者的监管重点是控制内幕交易，通常采取内幕人员交易登记制度和市场准入制度；对机构投资者的监管主要是防止垄断行为，控制市场风险，创造公平、有序的投资环境。一是通过建立证券上市和信息披露制度，从证券的发行开始就把握投资价值，避免市场不完全造成的价格制度扭曲；二是采取各种措施禁止各种操纵证券交易价格的行为，尽可能地减少各种非市场因素所造成的证券交易价格的不必要波动；三是通过实施严格的强制性信息披露制度保证信息披露的数量、质量和连续性，禁止投资者利用虚假信息进行欺诈性交易；四是在证券交易市场出现大规模动荡时，尽可能地给投资者争取改变投资决策的时间，防止风险扩散。

对证券市场的内幕交易进行严惩，体现了社会主义核心价值观中的法治要求。法治是人类政治文明的重要成果，是现代社会的一个基本框架。大到国家的政体，小到个人的言行，都需要在法治的框架内运行。法治国家、法治政府、法治社会一体化建设，才是真正的法治。法治是治国理政的基本方式，依法治国是社会主义民主政治的基本要求。通过法治建设来维护和保障公民的根本利益，是实现自由、平等、公平、正义的制度保证。

实施依法治国基本方略、建设社会主义法治国家，既是经济发展、社会进步的客观要求，也是巩固党的执政地位、确保国家长治久安的根本保障。

三、证券交易所

证券交易所是为证券集中交易提供场所和设施、组织和监督证券交易、实行自律管理的法人。证券交易所是二级市场的主体，具有独立法人结构，但自己不参与证券买卖。

从世界各国的情况看，证券交易所的组织形式有公司制的营利性法人和会员制的非营利性法人。这两种证券交易所均可以是政府或公共团体出资经营，也可以是私人出资经营，或者政府与私人共同出资经营。

（1）公司制证券交易所是由银行、信托机构公司共同组建的，以获取利润为目的，提供交易场所和服务人员，以便利证券商的交易与交割的证券交易所。公司制证券交易所主要通过收取发行公司的上市费与证券成交的佣金来获取收入，交易所本身不能参与市场交易。

在公司制证券交易所中，总经理负责日常事务，向董事会负责。董事会进行决策。监事会负责审查年度决算报告及监察业务、检查一切账目等。

（2）会员制证券交易所是以会员协会形式成立的，旨在提供证券集中交易服务的非营利法人。国际上许多著名证券交易所，都曾采取会员制组织形式。我国的上海证券交易所和深圳证券交易所都实行的是会员制。这种组织方式的交易所交易成本低，有利于交易的活跃。但是，会员本身就是证券的交易者，因而在股票交易中难免出现交易的不公正性。

国内外证券交易所的介绍如下：

（1）纽约证券交易所简称纽约证交所，是世界上第二大证券交易所，是世界性的证券交易所，接受外国公司挂牌上市，但是外国公司上市条件比美国国内公司更严格。纽约证券交易所曾是世界上最大的证券交易所，直到 1996 年，它的交易量才被纳斯达克超过。

（2）纳斯达克证券市场（NASDAQ），由全美证券交易商协会（NASD）创立并负责管理。纳斯达克始建于 1971 年，是全球建立的第一个电子交易市场。目前，纳斯达克既是全美也是世界最大的股票电子交易市场。纳斯达克股票交易采取的是做市商制，投资者使用自有的资本买卖挂牌交易的股票，每一个做市商都会指定一个场内交易员，交易员负责在场内一只股票的所有交易。

（3）东京证券交易所创立于 1878 年 5 月，目前与大阪证券交易所、名古屋证券交易所并列为日本三大证券交易所，其市场规模位居世界前三，同时也是日本最重要的经济中枢。在东京证券交易所上市的海外企业相当少。

（4）伦敦证券交易所是欧洲最大的证券交易所，是全球四大证券交易所之一。作为世界上最顶尖的金融中心之一，伦敦证券交易所扮演着中心角色。伦敦证交所是世界上运作最佳的股票市场，其外国股票的交易超过其他任何证交所。

（5）上海证券交易所成立于1990年11月26日，同年12月19日正式营业，组织形式为会员制，是不以营利为目的的法人，归属中国证监会直接管理。其主要职能包括提供证券交易的场所和设施；制定证券交易所的业务规则；接受上市申请，安排证券上市；组织、监督证券交易；对会员、上市公司进行监管；管理和公布市场信息。

（6）深圳证券交易所成立于1990年12月1日，于1991年7月3日正式营业，组织形式为会员制，不以营利为目的，主要职责是组织和监督证券交易，由中国证监会直接监督管理。主要职能包括提供证券交易的场所和设施；制定本所业务规则；接受上市申请、安排证券上市；组织、监督证券交易；对会员和上市公司进行监管；管理和公布市场信息；中国证监会许可的其他职能。

（7）香港证券交易所。香港最早的证券交易可以追溯至1866年。香港第一家证券交易所——香港股票经纪协会于1891年成立，1914年易名为香港证券交易所。到20世纪60年代后期，香港原有的一家证券交易所已满足不了股票市场繁荣和发展的需要，1969年以后，相继成立了远东、金银、九龙三家证券交易所，香港证券市场进入四家交易所并存的“四会时代”。1986年3月27日，四家证券交易所正式合并组成香港联合交易所。2000年3月6日，香港交易及结算所有限公司成立，全资拥有香港联合交易所有限公司、香港期货交易所有限公司和香港中央结算有限公司三家附属公司。

第四节 信托公司

信托公司是以信任委托为基础，以货币资金和实物财产的经营管理为形式，根据客户的不同需求和约定，以代理客户管理、经营各种金融资产和财产的多边信用为主的非银行金融机构。信托公司一般代为管理和运用的信托财产期限长，因为只有长期进行管理和运用，才有必要采取信托的方式。信托财产一般进行长期投资。

一、信托的基本内容

信托是指委托人将其财产权委托给受托人，基于对受托人的信任，由受托人按委托人的意愿以自己的名义，为受益人的利益或者特定目的进行管理或者处分信托财产的行为。信托是一种特殊的财产管理制度和法律行为，同时又是一种金融制度。信托是一种理财方式，与银行、保险、证券一起构成了现代金融体系。

（一）信托的基本要素

1. 信托主体

信托业务是一种以信用为基础的法律行为，一般涉及三方面当事人，即投入信用的委托人、受信于人的受托人以及受益于人的受益人。

（1）委托人是信托关系的创设者，委托人提供信托财产，确定谁是受益人以及受益人享有的受益权。

（2）受托人一般就是信托投资公司，主要是接受委托人的委托，对委托人的信托财产进行管理和处分。受托人有依照信托文件的法律规定管理好信托财产的义务。

（3）受益人是在信托中享有信托受益权的人，可以是自然人、法人或依法成立的其他组织。公益信托的受益人则是社会公众。

2. 信托行为

信托行为是指以设立信托为目的而发生的一种法律行为，也就是在建立信托关系时使信托具有法律效力而履行的一种手续。

（1）信托约定是信托行为的依据。信托行为的发生必须由委托人和受托人进行约定。信托关系的成立必须有相关的信托关系文件做保证，必须有当事人的真实意愿表示，体现形式主要有三种：书面合同、个人遗嘱、法院的裁决书。

（2）信托目的是通过信托行为所要达到的目的。信托目的由委托人提出并在信托契约中写明，受托人必须按照委托人提出的信托目的去管理、运用、处分信托财产。

（3）信托的运作：委托人提出信托行为，要求受托人代为管理或处理其信托财产，并以自己的名义按委托人所提出的要求将信托财产利益转移给受益人，受益人享受信托财产利益。

（4）信托报酬是受托人承办信托业务所取得的报酬。它是按信托财产的信托收益的一定比率收取的，依据信托合同而定。

（5）信托结束是指信托行为的终止。信托行为的终止条件有：必须是信托文件约定的终止条件发生；信托的存续违反信托目的；信托目的已经实现或不能实现；信托当事人协商同意；信托被撤销和被解除。信托行为的结束不会因为委托人或者受托人的死亡、丧失民事行为能力，被依法解散、撤销或宣告破产而终止，也不会因受托人的辞任而终止。

3. 信托客体

信托客体主要是指信托财产。信托财产是委托人通过信托行为转给委托人，由委托人代为管理的财产。

（1）信托财产的范围。信托财产必须是可计算价值；可以转让；具有独立性，信托财产必须是委托人自有的、可转让的合法财产。限制流通的财产须依法经有关主管部门批准后，可作为信托财产。在建立信托关系时，必须将信托财产权转移。财产权是指以财产上的利益为标准的权利，可以用金钱来计算价值的财产权，如物权、债权、专利权、商标权、著作权等，都可以作为信托财产。

（2）信托财产的特殊性。受托人必须将信托财产与固有财产区别管理，分别记账，不得将其归入自己的固有财产。信托财产独立于受益人的自有财产，受益人虽然对信托财产享有受益权，但这只是一种利益请求权，在信托存续期内，受益人并不享有信托财产的所有权。

信托关系建立之后，委托人死亡或依法被解散，依法被撤销，或被宣告破产时，当委托人是唯一受益人时，信托终止，信托财产作为其遗产或清算财产；当委托人不是唯一受益人的信托存续，信托财产不作为其遗产或清算财产。

在信托期内，由于信托财产的管理运用，信托财产的形态可能发生变化，呈现多种形态，但它仍是信托财产，其性质不发生变化。

（二）信托的特点

1. 以信托财产为中心

信托关系的产生、建立都是以信托财产为基础的，没有信托财产，信托关系就丧失了存在的基础，在信托关系设立时，委托人必须将财产权转移给受托人。这是信托制度与其他财产制度的根本区别。

2. 信托财产核算的独立性

信托行为是信托公司为了受益人的利益而处理财产，受托人并不获取任何信托财产产生的收益，信托关系建立时将财产权已经全部转移，因此信托财产的核算必须和委托人、信托公司的自有财产进行独立核算。信托机构的收益来源是信托业务报酬。

3. 经营、服务方式的多样性

信托机构为财产所有者提供广泛有效的服务是信托的首要职能和唯一宗旨，信托机构把管理、运用、处分、经营财产的作用体现在业务中，信托机构从事多项业务，如委托、代理、租赁、咨询等。因此，信托公司与银行业、保险业、证券业既有联系又有区别。

二、信托公司的业务

信托公司是经营信托业务的金融机构。信托公司以信任委托为基础、以货币资金和实物财产的经营管理为形式，提供融资和融物相结合的多边信用业务。信托业务主要有五类。第一，信托业务类，包括信托存款、信托贷款、信托投资、财产信托等。第二，委托业务类，包括委托存款、委托贷款、委托投资。第三，代理业务类，包括代理发行债券和股票、代理收付款项、代理催收欠款、代理监督、信用签证、代理会计事务、代理保险、代保管、代理买卖有价证券。第四，租赁业务类，包括直接租赁、转租赁、代理租赁、回租租赁等。第五，咨询业务类，包括资信调查、商情调查、投资咨询、介绍客户、金融业务咨询等。

（一）信托存款与银行存款

信托存款是信托机构按照委托人的要求，为特定目的吸收进来代为管理的资金，是信托机构经营业务的重要资金来源。信托存款的类型有普通信托存款和特约信托存款，普通信托存款存款人不指定存款用途，而特约信托存款存款人指定投资或者贷款范围、对象、受益方法。信托存款与一般银行存款不同。

（1）存款主体不同。信托存款主体是财政部门、企业主管部门、劳动保险机构、科研单位及各种学会和基金会；企业、机关、团体和个人都可以办理一般存款，存款主体范围更广。

（2）资金来源不同。信托存款资金的来源既不是社会生产和流通资金中暂时闲置的部分，也不是国家预算内资金，而是存在于生产流通环节之外，可由其自主支配的一部分社会闲置或机动资金；一般存款资金来源则比它要宽泛得多，也没有范围的限制。

（3）经营机构业务范围不同。信托存款既可以在银行及其分支机构办理，也可以在金融信托投资机构办理；而一般存款只能在银行及其分支机构办理。

（4）存款期限不同。信托存款存期较长，不能随意提取本金，存款期限是定期的，都在1年以上；而一般存款的存款期限则灵活多样，不受限制。

（二）信托贷款与委托贷款

信托贷款是指受托人接受委托人的委托，将委托人存入的资金，按指定的对象、用途、期限、利率与金额等发放贷款，并负责到期收回贷款本息的一项金融业务。委托贷款是指信托机构按委托人的委托，按指定的对象、用途、期限、利率与金额等发放贷款，贷款资金来源是特约信托存款，信托机构只负责办理贷款的审查发放、监督使用、到期收回和计收利息等事项，不负盈亏责任，只按契约规定收取一定的手续费。信托贷款与委托贷款的不同点如下：

（1）资金性质不同。委托贷款只是在资金的运用上改变了形式，委托人和用款单位之间的借贷关系变为金融信托机构与受益人之间的信用关系，但这并未改变资金原来的性质；信托贷款是金融信托机构将吸收的信托存款和自有资金，自行选定项目和对象发放贷款，但必须保证受益人的利益，和一般的银行贷款类似，贷款的实质改变了原来资金的性质和用途。

（2）对信贷计划影响的程度不同。委托贷款是金融信托机构受委托人的委托，代为运用委托资金，贷款多为一次性的，信用规模扩张的程度也较小，没有创造信用货币的作用。信托贷款则为多次的贷放与收回，资金不断周转使用，对信用规模和信贷计划影响的程度较大。

（3）管理方法不同。由于委托贷款的信用扩张程度小，国家对委托贷款管理较松；信托贷款类似于银行贷款，所以管理比较严格。

（4）承担的风险不同。委托贷款业务主要依据委托单位所指定的资金用途、对象等发放贷款，金融信托机构主要责任是监督款项使用情况，负责贷款到期时催还；信托贷款的发放和收回均由金融信托机构自主办理，所以要由自己承担贷款的风险和经济损失。

（三）信托投资与委托投资

信托投资是金融信托投资机构用自有资金及吸收的信托资金，以投资者身份直接参与对企业的投资；委托投资是信托机构受委托人委托，以其交存的资金向指定的单位、项目进行投资，并负责监督资金的使用和利润的分配。

信托投资与的委托投资业务有两点不同：第一，资金来源不同。信托资金的资金来源于信托投资的自有资金和信托投资的资金，资金来源更加稳定，周期更长；委托投资的资金来源是委托人提供的资金，资金规模和周期都会受到一定的限制，因此投资的金融产品受限。第二，收益分配不同。信托投资中，信托投资公司直接参与投资企业经营成果的分配，并承担相应的风险；委托投资中，信托投资公司通过收取手续费的形式获取报酬，不直接参与投资企业的收益分配，对投资效益也不承担经济责任。

第五节　金融租赁公司

金融租赁公司是办理融资租赁业务的非银行金融机构。金融租赁是指由出租人根据承租人的请求，出租人根据合同约定购买承租人指定的固定资产，然后按照租赁合同的约定出租给承租人，承租人以支付租金为条件，出租人拥有该固定资产的所有权，承租人将拥有固定资产的使用权和收益权。

一、金融租赁的基本内容

金融租赁是现代租赁的一种基本形式。金融租赁的整个过程包括融物和融资的信用形式。金融租赁是指出租人以融通资金为直接目的，通过租赁技术设备，将属于资产所有权上的一切风险和报酬转移给承租人的一种租赁。对于固定资产的所有权，租赁结束时既可以转移也可以不转移。

（一）金融租赁的基本要素

金融租赁是集贸易、金融、租借为一体的一项综合性金融产品。出租人提供给承租人租赁服务不同于传统的租赁服务，其中包含金融服务，通过租赁的过程，对承租人提供了资金的融通，既是对金融的创新，也是对贸易的创新。融资租赁的基本要素可以简要概括为“两个合同、三方当事人、四个支柱”。

1. 两个合同

在金融租赁过程中，有两个合同：一个是租赁合同，另一个是租赁物件购货合同。租赁合同确定融资收益，合同的当事人是出租人和承租人；购货合同确定融资成本，合同当事人是出租人和供货商，两个合同牵制了三方当事人的权利和义务。金融租赁合同是不可随意撤销的合同。一般情况下，当事人无权取消合同。

2. 三方当事人

金融租赁过程包括三方当事人——出租人、承租人和供货商。出租人、承租人和供货商三方当事人的权利和义务是在两个合同中交叉体现的。在租赁合同中，出租人的权利是收取租金，承租人的义务是承担租赁物的瑕疵风险，同时承担对设备的质量、规格、数量及技术上的检定验收等，负责并分期支付租金和利息。在购买合同中，出租人的义务是支付租赁物的货款，承租人行使买方的租赁物件选择权，一般租赁物件的选择是按照承租人和出租人提前约定的选择。但是，每一个当事人的地位不是确定的，有时出租人扮演供货商的角色，有时承租人扮演供货商的角色，有时承租人同时扮演出租人的角色。

3. 四个支柱

金融租赁市场健康有序的发展需要法律法规、会计准则、税收优惠政策、监管制度四个支柱的支撑。没有法律保障，租赁业务难以正常开展；会计准则是确定租赁物租赁过程中租金的支付以及税收政策的执行；没有税收上的优惠，融资租赁成本高，没有吸引力；监管制度是保证融资租赁有序发展的基础。我国于 2014 年 3 月颁布了《金融租赁公司管理办法》，目前我国四大支柱的建设基本完成，租赁的政策环境也会随之得到改善，金融租赁市场将发展得更迅速，促进企业生产和金融市场的发展。

（二）金融租赁的特征

1. 金融租赁涉及三方当事人，需签订两个或两个以上的经济合同

金融租赁既涉及租赁关系又涉及租赁物的供应关系，因此涉及的合同有租赁合同和购货合同。特殊情况下，还需签订其他经济合同。涉及的当事人有承租人、出租人、供货商。

2. 承租人对租赁物和供货商具有选择的权利和责任

在传统的租赁过程中，出租人有什么货物出租什么货物，承租人没有选择的权利，金融租赁的设备和生产厂、供货商均由承租人选定，出租人只根据承租人的要求出资购买租赁物。

3. 租赁设备的所有权与使用权分离

在租赁合同期限内，出租人拥有租赁物的所有权，承租人在合同期内交付租金只能取得对租赁物的使用权。

4. 承租人要分期支付租金以偿付本息

金融租赁是融资和融物相结合的交易、是一种信用方式，承租人按照租赁合同约定分期支付租金，合同到期时支付利息。

5. 租赁期满

租赁到期时，传统租赁的租赁物一般归还给出租人，金融租赁合同期限到期，租赁物的处理方式可以是续租、留购、退租，选择的方式一般在租赁合同中注明。

二、金融租赁公司的业务类型

金融租赁公司是指以经营融资租赁业务为主的非银行金融机构。在我国，金融租赁公司是由中国银行保险监督管理委员会批准成立并进行监督的，未经批准的，任何单位和个人不得经营融资租赁业务或在其名称中使用“金融租赁”字样，法律法规另有规定的除外。西方国家的租赁公司主要有三种类型：金融机构型租赁公司、厂商机构型租赁公司、独立机构型租赁公司。其中，金融机构型租赁公司是指从事金融租赁业务的银行或者非银行金融机构。

（一）简单融资租赁

简单融资租赁是指出租人通过对租赁项目进行风险评估后，出租租赁物件给承租人使用，在租赁物件取得的过程中，出租人全额购买承租人选定的租赁物件，按照固定的利率和租期出租给承租人，承租人按期支付租金，并负责维修和保养租赁物件，期满结束后出租人以名义价格将租赁物件所有权卖给承租人。

在简单融资租赁过程中，出租人为承租人购买租赁设备全额支付资金，购买设备支付的资金要从承租人那里通过租金的方式全部收回。租金的具体支付类似于银行贷款的还款方式。出租人按照约定的租期固定收取租金，完全不考虑承租人的现金流是否能与此匹配，也不考虑产品生产发生的风险和变化。在整个承租过程中，承租人承担着融资、租赁投资的风险。租赁设备日常的维护与保养由承租人负责，当租赁期满时，出租人以名义价格或无偿地将租赁物件的所有权转移给承租人。

（二）融资转租赁

融资转租赁又称转融资租赁，是指以同一物件为标的物的多次融资租赁业务。转融资租赁涉及的当事人包括设备供应商、第一出租人、第二出租人、第一承租人、第二承租人等。整个租赁过程涉及的合同有购货合同、租赁合同、转让租赁合同，其中转让租赁合同是第一承租人和第二承租人签订的，第一租赁合同是下一租赁合同的出租人，称为转租人，转租人以收取租金差为目的，转租赁人可以不动用自己的资金而通过发挥类似融资租赁经纪人的作用而获利。

融资转租赁期限届满，租赁资产的所有权可以转移给承租人，承租人有权以低价购买租赁资产，原承租人可以通过多种方式处理该资产。融资转租赁的资产处理由新租约的特点决定，可做经营租赁处理、销售式融资租赁处理、直接融资租赁处理。若原租约属经营租赁性质，转租也只能是经营租赁。无论在哪种租赁方式下，原租赁下尚未摊销的租赁资产余额，一般应作为新租赁资产的成本处理。

（三）返还式租赁

返还式租赁又称售后租回融资租赁，是简单融资租赁的一个分支，强调了租赁融资功能，类似于“典当”业务。返还式租赁是承租人已经购买了租赁设备，然后将设备出售给出租人，承租人再通过租赁的形式将设备租回使用。它的特点是承租人与租赁物件供货人是一体的，承租人将设备出售给出租人之后，承租人对租赁设备不再享有所有权，所有权归出租人所有，承租人在租赁期间享有租赁物的使用权。承租企业通过回租可以满足其改善财务状况、盘活存量资产的需要，可以在不影响自己对财产继续使用的情况下，将物化资本转变为货币资本。企业在不影响生产的同时，扩大流动资金来源，属于一种金融活动。

（四）杠杆融资租赁

杠杆融资租赁是融资租赁的一种特殊方式，具有以小博大的特点，在国际贸易中使用较多，是一种利用财务杠杆原理组成的租赁形式。杠杆融资租赁中，至少有三方面的参与人：贷款人、出租人和承租人。在购进租赁设备时，出租人需将设备的所有权、租赁合同和收取租金的权利抵押给银行或财团，以此作为其取得贷款的担保，出租人自筹租赁设备购置成本的20%~40%的资金，其余60%~80%的资金由银行或财团等以贷款的方式提供，出租人拥有设备的法定所有权。租赁期间，每期租金由承租人提供给贷款人，按照约定比例扣除偿付贷款及利息的部分，其余部分交出租人处理。

杠杆融资租赁的主要优势有：第一，当租赁设备价格较高时，租赁公司没有能力独自购买，通过杠杆融资租赁可以扩大资金的来源，活跃租赁市场。在杠杆融资租赁中，出租人用很少的资金成本就可以完成租赁活动，降低了出租人的租赁成本。第二，在杠杆租赁中，贷款参与人对出租人无追索权，因此租赁物的购买信贷活动对出租人有利，按期支付租金对贷款人的资金安全也有保证。

（五）委托融资租赁

委托融资租赁有两种方式。

第一种方式是拥有资金或设备的人委托非银行金融机构从事融资租赁，涉及的当事人有委托人、受托人（出租人）、承租人。委托人是第一出租人，委托人委托受托人将自有的资金或者租赁标的物出租给承租人；受托人是第二出租人，受托人接受委托人的委托，根据委托人的书面委托，向委托人指定的承租人办理融资租赁业务。出租人接受委托人的资金或租赁标的物，在租赁期内租赁标的物的所有权归委托人，出租人只收取手续费，不承担风险。这种委托租赁的一大特点就是让没有租赁经营权的企业可以“借权”经营。

委托融资租赁的第二种方式又称委托购买融资租赁，是出租人委托承租人或第三人购买租赁物，出租人根据合同支付货款，然后出租人按照租赁合同将设备租赁给承租人。这种租赁方式的最大特点是购买的租赁物能够最大限度地满足承租人的需求，减少出租人购买设备的搜寻成本。

融资租赁业其他的租赁形式有销售式租赁、抽成融资租赁、税务租赁、风险融资租赁、捆绑式融资租赁、合成租赁等。随着金融市场的不断发展，税收政策的调整，高科技产品的不断涌现以及法律和信用环境的不断完善，金融租赁业将会蓬勃发展。

本章思考题

1. 简述银行金融机构与非银行类金融机构的区别。
2. 保险公司的种类以及业务类型有哪些？
3. 简述证券公司的主要业务。
4. 投资基金的种类有哪些？
5. 信托业务有哪几类？
6. 金融租赁公司的业务类型有哪些？

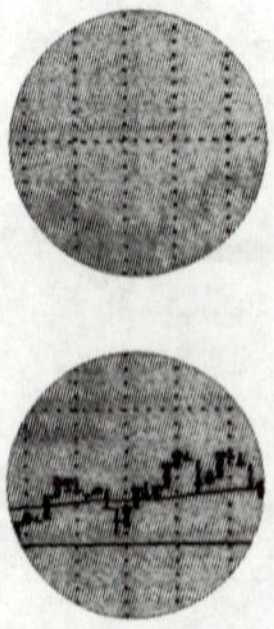

第六章 金融市场

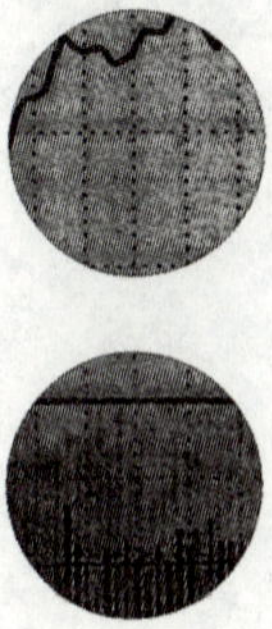

[知识导读]

党的二十大报告指出："国家安全是民族复兴的根基，社会稳定是国家强盛的前提。"国家安全以经济安全为基础。"金融活经济活，金融稳经济稳"，金融市场的安全和稳定直接影响到我国经济社会的整体发展。

为了进一步健全我国金融风险防控体系，织密织牢金融安全的"大网"，为防范化解重大金融风险提供坚实的制度保障，提升系统性金融风险防控能力，2022 年 4 月，中国人民银行发布《中华人民共和国金融稳定法（草案征求意见稿）》（以下简称《草案》），向社会公开征求意见。2022 年 10 月 13 日，中国人民银行条法司发表的题为《践行全面依法治国方略 加快金融法治体系建设》的文章提到，要从全局角度把握金融法律体系建设，严格依法行政，维护金融管理秩序。

党和国家高度重视金融法治建设。我国金融立法工作稳步推进，形成了以《中华人民共和国中国人民银行法》《中华人民共和国商业银行法》《中华人民共和国证券法》《中华人民共和国保险法》等金融基础法律为统领，以金融行政法规、部门规章和规范性文件为重要内容，以地方性法规为补充的多层次金融法律体系。但是，涉及金融稳定的法律制度缺乏整体设计和跨行业、跨部门的统筹安排，相关条款分散，规定过于原则化，一些重要问题还缺乏制度规范。我国有必要专门制定金融稳定法，建立金融风险防范、化解和处置的制度安排，从而与其他金融法律各有侧重、互为补充。

防范化解金融风险是金融工作的永恒主题。近年来，各部门、各地区协作联动，防范化解重大金融风险攻坚战取得重要阶段性成果，长期积累的风险点得到有效处置，金融风险整体收敛、总体可控，金融稳定基础更加牢靠，金融业总体平稳健康发展。制定金融稳定法，总结重大金融风险攻坚战中行之有效的经验做法，健全维护金融稳定的长效机制，有助于切实维护国家经济金融安全和社会稳定。《草案》共 6 章 49 条，主要规定涉及建立金融稳定工作机制、强化金融风险防范机制、完善金融风险化解机制、明确金融风险处置职责分工和后备资金来源、充实金融风险处置措施等方面的内容。

思考题：

1. 金融市场在社会主义市场体系中扮演着怎样的角色？
2. 目前我国金融领域监管格局和立法主要有哪些？

在现代经济体系中，有三类市场对经济运行起着主导作用，分别是要素市场、产品市场与金融市场。其中，要素市场是指配置土地、劳动与资本等生产要素的市场；产品市场是指商品和服务进行交易的市场；金融市场是指通过资金配置，引导资金由盈余部门流向短缺部门的市场。在市场经济体制下，一方面，资金盈余单位获得收入并分割为当期消费和投资；另一方面，经济体系中存在大量提供产品和劳务的实际生产者（主要是企业，也包括政府）。生产和再生产需要大量的资金支持。连通消费和生产、媒介资源跨期配置的正是金融市场和金融中介。在前几章中，我们已经认识了主要的金融中介。本章主要介绍金融市场。

随着中国改革开放的日益深入和社会主义市场经济体制的日益完善，金融市场逐渐成为整个经济体系的核心，金融市场的地位也越发重要。越来越多的人直接或间接地参与金融市场交易，金融产品的价格影响着人们的生活，这使得金融市场成为经济中最受关注的对象之一。

第一节　金融市场概述

一、金融市场的含义及特征

（一）金融市场的含义

金融市场通常是指以金融资产为交易对象而形成的供求关系及其机制的总和。金融资产是指一切代表未来收益或资产合法要求权的凭证，也叫作金融工具或证券。金融资产可以划分为两类：一类是债券性证券，代表其发行者在某一特定时期中要按约定条件支付一定的回报给持有人的承诺，如债券、存单等；另一类为权益性证券，要求发行者在支付债务性证券后按收益对权益性证券的持有者进行支付，其中最典型的是股票。

金融市场有狭义和广义之分。狭义的金融市场仅仅是指直接融资市场。直接融资是指资金需求者直接从资金盈余者那里获得货币资金，不需要中介，比如票据、股票、债券等发行和买卖的市场。广义的金融市场包括直接融资和间接融资市场。间接融资是指资金盈余者将资金交给中介机构，再由中介机构把资金提供给资金需求者。因此，广义的金融市场包括存款、贷款、信托、租赁、保险、票据抵押与贴现、股票债券买卖等全部金融活动。

金融市场包括三个层面的含义。第一，金融市场是进行金融资产交易的有形和无形的场所，有形市场如证券交易所，无形市场是通过电信及计算机网络等看不见的市场进行的金融商品交易与资金的调拨。金融市场通常是无形的。第二，金融市场反映了金融资产的供应者和需求者之间的供求关系，揭示了资金的集中—传递过程。第三，金融市场包含金融资产交易过程中所产生的各种运行机制，其中最主要的是价格（包括利率、汇率及各种证券的价格）机制。

（二）金融市场的特征

与普通商品市场相比，金融市场具有其自身的特征。

1. 交易对象具有特殊性

普通商品市场上的交易对象是具有各种使用价值的普通商品，而金融市场上的交易对象则是形形色色的金融资产。这些金融资产本质上都是一种特殊的商品——货币资金。金融市场上的交易活动本质上是以信用为基础的货币资金使用权和所有权的暂时分离或有条件让渡。因为货币资金在转化为资本时能够得到增值，所以可以将其进行借贷或有条件让渡。

2. 交易商品的使用价值具有同一性

普通商品市场上交易商品的使用价值是有千差万别的，而金融市场上交易对象的使用价值则往往是相同的，即给金融工具的发行者带来筹资的便利，给金融工具的投资者带来投资收益。

3. 交易价格具有一致性

普通商品市场上的商品价格是五花八门的，而金融市场内部同一市场的价格趋同。

4. 交易活动具有中介性

普通商品市场上的买卖双方往往直接见面，一般不需要借助中介机构，而金融市场的融资活动大多要通过金融中介来进行。

5. 交易双方地位具有可变性

普通商品市场上交易双方的地位具有相对的固定性，如个人或家庭，通常是只买不卖，商品生产经营者通常是以卖为主。金融市场上融资双方的地位是可变的，此时可能因资金不足而成为资金需求者，彼时又可能因为资金有余而成为资金供应者。交易双方的关系也不是单纯的买卖关系，而是一种借贷关系或委托代理关系。

二、金融市场的构成要素

金融市场的构成要素包括交易主体、交易对象、交易工具和交易价格。

（一）交易主体

金融市场的交易主体是指金融市场的参与者，可以分为资金的供应者、需求者、中介者和管理者。具体地讲，居民个人与家庭、工商企业、政府部门、各类金融机构和中央银行等都是金融市场的参与者。把握金融市场主体的特性，一方面必须考虑到各主体在金融市场的不同活动中所发挥的不同作用，另一方面还须考虑到各主体自身的特征。

1. 居民个人与家庭

居民个人与家庭主要是以非组织成员的身份参加金融市场活动的居民个人。个人在金融市场上，主要是资金供应者，目的多为调整货币收支结构或追求投资收益的最大化。他们以储蓄存款和购买证券的方式向金融市场输送资金，分散的个人资金汇成金融市场中的一股巨流。此外，个人和家庭也是资金的需求者，但一般数额比较小，因此他们主要是金融市场上资金的提供者。

2. 工商企业

工商企业是金融市场运行的基础，金融市场为企业单位提供了筹集和运用资金的场所，使其可以保持适度的资本量。具体来讲，一方面，企业为了募集短期资金用于日常的周转，或募集长期资金扩大再生产，它们成为金融市场中的资金需求者；另一方面，企业在生产经营过程中常常有大量暂时闲置的资金，这又使之成为金融市场上的资金供应者。此外，工商企业为了控制财务风险，也在金融市场上进行套期保值活动。尽管工商企业同时扮演着多种角色，但是从资金的宏观分布格局上看，它主要是筹资者。

3. 政府部门

作为金融市场上资金的需求者，政府部门需要通过发行国家债券来筹集资金，用于弥补财政预算赤字或扩大基础设施建设规模；作为金融市场上资金的供给者，它将国家财政筹集的大量资金和外汇储备汇集到金融市场上，成为金融机构的重要资金来源。另外，许多国家政府部门还积极介入国际金融市场的金融活动，成为国际金融市场的资金提供者或需求者。

4. 金融机构

金融机构是金融市场的主导力量。它既是资金的需求者，也是资金的供应者。作为资金的需求者，它通过吸收存款、再贴现、拆借等方法，将资金最大限度地集中到自己手里；作为资金的供应者，它通过发放贷款、拆借、贴现、抵押、买进债券等方式，向市场输出资金。金融机构还作为信用中介和期限中介向金融市场提供资金交易的工具，如支票、汇票、保单等；在提供金融工具的同时，金融机构也起到资金的汇集和分配的作用。此外，金融机构还充当资金交易的媒介，办理金融批发业务，如对信贷资金的批发，对股票、债券的承销等。金融机构可以分为存款性金融机构和非存款性金融机构两类。

（1）存款性金融机构主要包括商业银行、储蓄银行和信用合作社等。它们主要通过吸收各种存款来取得资金，并以贷款或有价证券投资的形式提供给资金的需求者，从中获得利差收益。

（2）非存款性金融机构主要有保险公司、养老基金、投资银行和投资基金等。非存款性金融机构的资金来源和存款性金融机构不一样，它们不是通过吸收公众存款而主要是通过发行证券或以契约的方式获得资金。

5. 中央银行

中央银行在金融市场上处于一种特殊的地位，它既是金融市场的行为主体，又是金融市场上的监管者。作为资金的需求者，中央银行主要吸纳商业银行的存款准备金，通过公开市场业务抛售证券、票据，回收金融市场上过多的资金；作为资金的供给者，中央银行以货币发行者的身份向社会发行货币，它向商业银行等金融机构通过再贴现、再贷款、购回证券与票据、收购黄金外汇的方式投放基础货币，从而开辟资金的最初源头，向金融市场提供流通工具和支付手段；作为金融市场的管理者，中央银行对金融机构和金融市场上的交易行为实施监督管理，制定相关法律法规，控制金融风险，维护国家金融市场的稳定。

除了上述交易主体外，参与金融市场的还有一些官方、半官方的和在各国各具特色的其他类型的金融机构，如开发银行、进出口银行及农业信贷机构、大企业所属的金融公司等。

（二）交易对象

金融市场的交易对象是货币资金。但是，在不同的场合，这种交易对象的表现是不同的。在信贷市场，货币资金作为交易对象是明显的，表现为借贷资金的交易和转让。在证券市场，直接交易的是股票或债券，交易对象似乎转换了。但从本质上讲，无论是哪一种交易方式——贷款也好，证券买卖也好，交易目的无非是获取自己所需的货币资金和借出自己所盈余的货币资金，其交易对象都是货币资金。金融市场上货币资金的交易仅仅表现为以信用为基础的资金的使用权和所有权的暂时分离或有条件让渡，这与商品市场上大多数所有权和使用权同时转移有区别。

（三）交易工具

金融市场上的交易工具是金融工具。货币资金的交易需要有一种凭证，以其为载体才能以书面形式发行和流通，推动资金安全运转。金融工具是在信用活动中产生的，是对交易的金额、期限、价格等条件加以说明，用以证明交易双方的权利、义务，并且具有法律约束力的书面文书。不同的金融工具具有不同的特点，能分别满足资金供需双方在数量、期限和条件等方面的不同需要，在不同的市场上为不同的交易者服务。金融工具主要包括票据（支票、汇票、本票）、可转让定期存单、债券、国库券、基金、证券及各种金融衍生工具等。它们在本质上是虚拟资本，但在现代社会中，拥有金融资产的多寡，就意味着一个人或一个单位拥有财富的多少。金融工具不仅标志着一定的收益权，而且在某种条件下，也意味着拥有一定的控制权。金融工具一般具有广泛的社会可接受性，随时可以流通转让。

（四）交易价格

在金融市场上，交易对象的价格就是货币资金的价格。在借贷市场上，借贷资金的价格就是借贷利率。而在证券市场上，资金的价格较隐蔽，直接表现出的是有价证券的价格，从这种价格反映出货币资金的价格。至于外汇市场，汇率反映了货币的价格。在黄金市场上，一般所表现的是黄金的货币价格。

在社会金融体系中，金融市场功能的实现必须以市场的公平竞争秩序为基础。如果操纵者利用市场供求关系与金融资产价格之间的关系，人为地对某种金融资产的供求关系施加影响，引诱他人参与买卖交易，人为地扭曲市场的正常价格，将会误导社会资金的流向，使金融资产的价值和价格严重背离。这种操纵交易价格的行为不仅与金融市场的设立初衷相违背，也破坏了市场的公平竞争秩序，严重违背了公开、公平、公正原则，甚者可能会引发经济危机，危害金融体系。正因为如此，无论是金融市场发达的国家还是新兴金融市场国家和地区，都把操纵交易价格行为作为打击和惩治的重点之一。

三、金融市场的分类

在金融市场的形成和发展过程中，金融市场根据资金融通与金融产品交易的需要，其内在结构也在持续地发生变化。按不同的标准可以将其划分为若干类市场。

（一）按标的物的不同，可以将金融市场分为货币市场、资本市场、外汇市场和黄金市场

货币市场是指以期限在一年及一年以下的金融资产为交易标的物的短期金融市场。该市场的主要功能是保持金融资产的流动性，以便随时地将金融资产转换成现实的货币。它一方面满足了借款者的短期资金需求，另一方面也为暂时闲置的资金找到了出路。

资本市场是指期限在一年以上的金融资产交易的市场。一般来说，资本市场包括银行中长期存贷款市场和有价证券市场两大部分。通常，我们将资本市场视同于证券市场，为资本的积累和分配提供了条件。

外汇市场是指以外国货币、外国有价证券、外国支付凭证等作为交易对象的市场，有狭义与广义之分。狭义的外汇市场指的是银行间的外汇交易，包括同一市场各银行间的交易、中央银行与外汇银行间以及各国中央银行之间的外汇交易活动，通常被称为外汇批发市场；广义的外汇市场是指由各国中央银行、外汇银行、外汇经纪人及客

户组成的外汇买卖、经营活动的总和，包括上述的批发市场以及银行同企业、个人间外汇买卖的零售市场。目前，随着外汇交易方式和领域的扩大，外汇交易已经成为保值、投机、投资的重要手段。

黄金市场是集中进行黄金买卖的交易中心或场所。黄金市场早在 19 世纪初就已形成，是最古老的金融市场。现在，世界上已有 40 多个黄金市场，其中伦敦、纽约、苏黎世、芝加哥和中国香港的黄金市场被称为五大国际黄金市场。因为黄金仍是国际储备工具之一，在国际结算中占据着重要的地位，所以黄金市场仍被视为金融市场的组成部分。但是，随着时代的发展，黄金非货币化的趋势将越来越明显。

（二）按金融资产发行和流通特征的不同，可以将金融市场分为初级市场、二级市场、第三市场和第四市场

资金需求者将金融资产首次出售给资金的供应者时所形成的交易市场称为初级市场、发行市场或者一级市场。证券发行后，各种证券在不同的投资者之间买卖、流通、转让所形成的市场即为二级市场，又称流通市场或次级市场。第三市场是指原来在交易所上市的证券移到场外进行交易所形成的市场。第三市场的交易相对于交易所的交易来说，具有限制更少、成本更低的优点。第四市场是投资者和证券的出卖者直接交易形成的市场，其形成的主要原因是机构投资者在证券交易中所占的比例越来越大，它们之间的买卖数额很大，因此希望避开经纪人直接交易，以降低交易成本。第三市场和第四市场实际上都是场外市场的一部分。

（三）按成交与定价方式的不同，可以将金融市场分为公开市场与议价市场

公开市场指的是金融资产的交易价格通过众多的买主和卖主公开竞价而形成的市场。金融资产在其偿付之前可以自由交易，并且只卖给出价最高的买者，一般在有组织的证券交易所进行。议价市场指的是金融资产的定价与成交是通过私下协商或面对面的讨价还价方式进行的。在发达的市场经济国家，绝大多数债券和中小企业的未上市股票都通过这种方式交易。

（四）按有无固定场所，可以将金融市场分为有形市场与无形市场

有形市场也被称为场内市场，是指有固定交易场所的市场，是有组织、有制度的市场，一般指的是证券交易所等固定的交易场地。无形市场也被称为场外市场，是指没有固定交易场所的市场，是在证券交易所外进行金融资产交易的总称。其交易大量是通过电传、电报、电话、网络等电信工具在各金融机构、证券商及投资者之间进行。它是一个无形的网络，金融资产及资金可以在其中迅速地转移。

（五）按地域的不同，可以将金融市场分为国内金融市场和国际金融市场

国内金融市场是指金融交易的作用范围仅限于一国之内的市场。它除了包括全国性的以本币计值的金融资产交易市场外，还包括一国范围内的地方性金融市场。国际金融市场则是跨越国界进行金融资产交易的市场，是进行金融资产国际交易的场所。

国内金融市场是国际金融市场形成的基础，国际金融市场是国内金融市场发展到一定阶段的产物。在金融市场发育的早期，对于大多数欠发达国家来说，其金融市场多表现为国内市场，其交易以本国货币为主，参与者以本国居民为主。随着国际交往的扩大，一些国家为了筹资和投资的需要，常常参与国外金融市场的交易。另外，一些国家的货币大量流向国外，在当地进行融资活动，形成了国外货币的金融市场，如

欧洲货币市场、亚洲美元市场等。国际金融市场是与实物资产的国际转移、资本的国际流动、金融业及现代电子信息技术的高度发展相辅相成的。

此外，金融市场还可以按中介机构特征的不同划分为直接金融市场和间接金融市场；按交割方式的不同划分为现货市场和期货市场；按市场微观结构的不同划分为经纪人市场、交易商市场和拍卖市场。

四、金融市场的功能

金融市场作为金融资产交易的场所，从整个经济运行的角度来看，具有以下经济功能。

（一）聚敛功能

金融市场的聚敛功能是指金融市场发挥着资金“蓄水池”的作用。因为在社会资金的供给者与需求者之间，在资金供求的时间、数量和供求方式之间，往往难以取得一致。通过金融市场的介入，直接融资和间接融资方式可以使社会资金流动成为可能。

对于资金需求者，可以通过发行多种多样的金融工具集中大量的资本，金融市场为这些金融工具提供了良好的流动性，以满足资金供求双方不同期限、收益和风险的要求。对于资金供给者，金融市场为其提供了适合的投资手段和有利的资金使用场所，从而引导众多分散的小额资金汇聚成为可以投入社会化再生产的大规模资金。法规齐全、功能完善的金融市场可以使资金的需求者更方便地获得资金，使资金的供应者获得满意的投融资渠道。借助于金融市场，可以达到资金从社会总储蓄向社会总投资转化的目的。

（二）配置功能

金融市场的配置功能表现在三个方面：一是资源的配置，二是财富的再分配，三是风险的再分配。

金融市场最基本的功能是引导货币资金从资金盈余者流向资金赤字者，通过资金的调剂，实现资源配置。资本总是在追逐利润，市场信息的变化和金融工具价格的涨跌，都给人以启示，会引导人们放弃一些金融资产而追求另外一些金融资产。通过资本的流动，那些拥有投资机会但缺乏资金的机构、个人可以获得其所需要的资金，而资金盈余者手中闲置的资金也可以发挥作用。金融是物资的先导，金融资产的流动带动了社会物资的流动和再分配，将社会资源由低效部门转移到高效部门，从而实现稀缺资源的合理配置和有效利用，生产要素重新优化组合，提高生产效率。

金融市场对资金的调剂还可以使财富重新分配。在经济金融化的时代下，金融资产成为社会财富的重要存在形式。金融工具的流动以及金融资产价格的波动，改变了社会财富的存量分布，相应地发生了价值和财富的再分配。比如，房子、汽车等耐用消费品的消费可能需要一个家庭数十年的积累才能实现，但通过金融市场提供的抵押贷款等工具，我们可以提前享受到这些商品。

金融市场同时也是风险再分配的场所。在现代经济生活中，风险无时不在、无处不有，而不同的主体对风险的厌恶程度是不同的。金融市场的参与者根据自身对风险的态度选择不同的金融工具。风险厌恶程度高的人可以利用各种金融工具出让收益，将风险分散、转嫁给风险厌恶程度低的人，从而实现风险的再分配。例如，市场上农产品的价格总是起伏不定，很可能会在收获时大幅下降，农民为了规避农产品价格变化带来的风险，可以选择套期保值的方法在金融市场上把风险转移出去。

（三）调节功能

金融市场的调节功能体现在它为政府的宏观经济政策提供了传导途径。政府实施货币政策和财政政策离不开金融市场，存款准备金、再贴现和公开市场操作等货币政策工具的实施都必须以金融市场的良好发育作为前提。以增减国债方式实施的财政政策，同样要通过金融市场来实现。

此外，金融市场的调节功能还体现在对金融市场参与者自我完善的促进方面。投资者为了自身的利益会谨慎地挑选金融工具，实际上是对投资对象的选择，这种选择的结果，必然发生优胜劣汰的效应，从而达到调节经济结构的目的。工商企业只有通过科学管理，保持良好的发展势头，才能继续生存并发展壮大，否则就难以在金融市场上继续筹集资金。这实际上也反映了金融市场对国民经济活动的自发调节。

（四）反映功能

金融市场因为具有反映功能，所以常常被称为国民经济的“晴雨表”。无论是微观经济的运行状况还是宏观经济的运行状况，金融市场都可以反映出来，它是国民经济的信号系统。交易所里上市证券价格的波动，反映出上市工商企业的经营管理情况及发展前景；货币供应量的变化反映出宏观经济运行的状况；国家的经济政策，尤其是货币政策的实施情况、银根的松紧、通货膨胀的程度以及货币供应量的变化，均会反映在金融市场之中。发达的电信系统能够广泛收集和传播信息，将国内金融市场同国际金融市场连为一体，使人们及时了解世界经济发展的动向。

第二节　货币市场

货币市场是指一年期以内的短期金融工具交易所形成的供求关系及其运行机制的总和。货币市场的活动主要是为了调剂暂时性的资金余缺，保持资金的流动性。其特点有：第一，融资期限短。最短的只有半天或一天，最长的也不超过 1 年，较为普遍的是 3~6 个月。第二，融资目的是解决短期资金周转的需要，一般用于满足流动资金的临时不足。第三，参与者主要是机构投资者。由于货币市场的融资期限短，交易额较大，一般个人投资者难以涉及。第四，金融工具具有较强的“准货币”性。正因为这些工具期限短，可随时变现，有较强的货币性，所以短期金融工具又有“准货币”之称。

货币市场的交易，一方面满足了资金需求者的短期资金需要，另一方面也为资金盈余者的暂时闲置资金提供了获取利润的机会。由于货币市场的交易期短而频繁，价格波动范围较小，金融工具的流动性高，变现容易实现，因此易被投融资者接受。短期金融工具将资金供应者和资金需求者联系起来的同时，还为中央银行实施货币政策提供了操作手段，货币市场因此成为中央银行进行公开操作、贯彻货币政策意图的主要场所。

货币市场就其结构而言，可以分为同业拆借市场、票据市场、大额可转让定期存单市场、回购市场、短期政府债券市场及货币市场共同基金市场等若干子市场。

一、同业拆借市场

同业拆借市场又称同业拆放市场，是指金融机构之间以货币借贷方式进行短期资金融通活动的市场。同业拆借的资金主要用于弥补短期资金的不足、票据清算的差额以及解决临时性的资金短缺需要。同业拆借市场的交易量大，能敏感地反映资金供求关系和货币政策意图，影响货币市场利率，因此是货币市场体系的重要组成部分。

同业拆借市场产生于存款准备金政策的实施，伴随中央银行业务和商业银行业务的发展而发展。金融机构在日常进行存贷款和票据清算业务活动中，总会出现有的银行存款准备金多余、有的银行存款准备金不足的情况。存款准备金多余的银行，为了支持对方业务的正常开展，并使自己多余的资金产生短期收益，一般愿意尽可能地对多余部分加以利用；而存款准备金不足的银行，由于必须按规定加以补足，需要进行短期资金融通。同业拆借市场可以使资金在各个金融机构之间调剂，应对一些临时性的资金短缺。这样，商业银行不必保持大量超额准备金就能满足意外的提款要求。

同业拆借市场的主要参与者首推商业银行。由于同业拆借市场期限较短，风险较小，许多银行都把短期闲置资金投放于该市场以及时调整资产负债结构，保持资产的流动性。特别是那些市场份额有限、承受经营风险能力脆弱的中小银行，更是把同业拆借市场作为短期资金运用的经常性的场所，力图通过该市场提高资产质量，降低经营风险，增加利息收入。因此，商业银行既是主要的资金供应者，又是主要的资金需求者。非银行金融机构也是同业拆借市场上的重要参与者。非银行金融机构如证券商、互助储蓄银行、储蓄贷款协会等大多以贷款人的身份出现在该市场上，但也有需要资金的时候，如证券商的短期拆入。市场参与者多样化的格局，使同业拆借市场的交易对象不仅限于商业银行的准备金，还包括商业银行相互间的存款以及证券交易商和政府拥有的活期存款。同业拆借市场的功能范围也随之有了进一步的扩大，拆借的目的除满足准备金要求外，还包括轧平票据交换的差额、解决临时性、季节性的资金要求等。

同业拆借市场的拆借期限通常以1~2天为限，短至隔夜，多则1~2周，一般不超过1个月，当然也有少数同业拆借交易的期限接近或达到一年的。同业拆借的拆款按日计息，拆息额占拆借本金的比例为拆息率。拆息率每天不同，甚至每时每刻都有变化，其高低灵敏地反映着货币市场资金的供求状况。由于同业拆借市场的利率基本上代表了资金的市场价格，因此其可以作为确定其他资金价格的基础参照利率。在国际货币市场上，银行间同业拆借利率是一种重要的金融市场基准利率，很大程度上决定着商业银行的存贷款利率。目前，比较典型的、有代表性的同业拆借利率有四种，即伦敦银行间同业拆借利率（LIBOR）、上海银行间同业拆借利率（SHIBOR）、新加坡银行间同业拆借利率（SIBOR）和香港银行间同业拆借利率（HIBOR）。

二、票据市场

（一）商业票据市场

商业票据是大公司为了筹措资金，以贴现方式出售给投资者的一种短期无担保承诺凭证。由于商业票据没有担保，仅以信用作为保证，因此能够发行商业票据的一般都是规模巨大、信誉卓著的大公司。

商业票据的发行视经济及市场状况的变化而变化。一般说来，高利率时期发行数量较少，资金来源稳定时期、市场利率较低时，发行数量较多。商业票据的期限较短，一般不超过 270 天。市场上未到期的商业票据平均期限在 30 天以内，大多数商业票据的期限在 20~40 天。由于商业票据的发行不需要提供其他保证，只靠发行人的信用，因此，商业票据能否进入金融市场，取决于发行人的资信度，商业票据市场就是信誉卓著的大公司所发行的商业票据交易的市场。

商业票据的销售既可以由发行者通过自己的销售力量直接出售，也可以通过商业票据交易商间接销售。采取何种方式主要取决于发行者使用这两种方式的成本高低。

商业票据在到期之前，持有者可以将其贴现转给商业银行，银行按贴现率扣除贴现天数的贴现利息后将票面余款付给持票人。贴现率是指商业银行办理贴现时预扣的利息与票面金额的比率。票据贴现天数是指办理票据贴现日起至票据到期日止的时间。票据价格是票据贴现时银行付给贴现人的实付贴现金额。其计算公式如下：

贴现利息=票面金额×贴现天数×（月贴现率÷30）

票据贴现价格=票面金额-贴现利息

尽管在投资者急需资金时，商业票据的持有者可以将票据卖出获得资金，但商业票据的二级市场并不活跃。这主要是因为商业票据的期限非常短，购买者一般都能持有到期。此外，商业票据是高度异质性的票据，不同经济单位发行的商业票据在期限、面额和利率等方面各有不同，其交易难以活跃。

（二）银行承兑汇票市场

在商品交易活动中，售货人为了向购货人索取货款而签发的汇票，经银行在票面上承诺到期付款的“承兑”字样并签章后，就成为银行承兑汇票。以银行承兑汇票作为交易对象的市场即为银行承兑汇票市场。由于银行承兑汇票由银行承担最后付款责任，信用风险相对较小，并且实际上是银行将其信用出借给企业，因此企业必须缴纳一定的手续费。

银行承兑汇票在到期前，持有者可以将其贴现转让给商业银行以提前取得票据所载款项。贴现的计算公式如下：

贴现利息=票据面额×贴现率×（贴现天数÷360）

实付贴现金额=票据面额-贴现利息

三、大额可转让定期存单市场

大额可转让定期存单市场是指进行大额可转让定期存单交易的市场。可转让大额定期存单是由商业银行发行的，可以在市场上转让的存款人在银行的债权证明。

从形式上看，银行发行的大额可转让定期存单也是一种存款凭证，与普通定期存款单似乎没有区别。但实际上大额可转让定期存单有着不同于普通定期存款单的特点：

（一）不记名

普通定期存款单都是记名的，而大额可转让定期存单不记名。

（二）可转让

普通定期存款单一般都要求持有人到期提取存款本息，不能转让；而大额可转让定期存单的持有者如果需要现款，即可将其在市场上自由转让出售。

（三）金额固定，面值较大

普通定期存款单的最低存款数额一般不受限制，并且金额可大可小，有零有整；但大额可转让定期存单一般都有较高的金额起点，并且都是固定的整数。如美国的大额可转让定期存单最低面额为 10 万美元，50 万美元面额的最为常见，二级市场上的交易单位为 100 万美元。

（四）期限短

普通定期存款单的期限可长可短；而大额可转让定期存单的期限通常不少于 2 周，大多为 3~6 个月，一般不超过 1 年。

大额可转让定期存单集中了活期存款和定期存款的优点。对于存单的购买者，由于存单可以随时在市场上变现出售，客户实际上以短期存款取得了按长期存款利率计算的利息收入。对于存单的发行银行来说，存单到期之前不会发生提前提取款项的问题。发行大额可转让定期存单不仅增加了商业银行的资金来源，也提高了商业银行的竞争力和存款的稳定程度。

四、回购市场

回购市场是指通过回购协议进行短期资金融通交易的市场。所谓回购协议，指的是在出售证券的同时，和证券的购买商签订协议，约定在一定期限后按原定价格或约定价格购回所卖证券，从而获取即时可用资金的一种交易行为。

当回购协议签订后，资金获得者同意向资金供应者出售政府债券和政府代理机构债券以及其他债券以换取即时可用的资金。回购协议期满时，再用即时可用资金做相反的交易。从表面上看，资金需求者通过出售债券获得了资金，而实际上，资金需求者是从短期金融市场上借入一笔资金。对于资金借出者来说，他获得了一笔短期内有权支配的债券，但这笔债券到时候要按约定的数量如数交回。因此，出售债券的人实际上是借入资金的人，购入债券的人实际上是借出资金的人。出售一方允许在约定的日期，以原来买卖的价格再加若干利息购回该证券。这时，不论该证券的价格是升还是降，均要按约定价格购回。因此，从本质上说，回购协议是一种以证券为抵押品的抵押贷款。证券的卖方也是资金的借入方，卖方的操作我们称为正回购；证券的买方同时也是资金的供给者，买方的操作我们称为逆回购。回购协议与逆回购协议实际上是一个问题的两个方面。

在回购交易中，回购协议的期限比较灵活，从一日至数月不等。如果贷款或证券购回的时间为一天，则称为隔夜回购；如果贷款或证券购回的时间长于一天，则称为期限回购。金融机构之间的短期资金融通，一般可以通过同业拆借的形式解决，但有一些资金盈余部门不是金融机构，而是非金融行业、政府机构和证券公司等，它们可以采用回购协议的办法避免对放款的管制。

五、短期政府债券市场

短期政府债券是政府部门以债务人身份承担到期偿付本息责任的期限在一年以内的债务凭证。从广义上看，政府债券不仅包括国家财政部门所发行的债券，还包括了地方政府及政府代理机构所发行的证券。狭义的短期政府债券则仅指国库券。国库券是国家财政当局为弥补国库收支不平衡而发行的期限不超过一年的短期政府债券，通常包括 3 个月、6 个月和 12 个月三个品种。一般来说，短期政府债券市场主要指的是国库券市场。

短期政府债券一般都是采用贴现方式发行，即发行价格低于国库券面值，票面不记明利率，国库券到期时按面值偿还，投资者的收益是证券的购买价与证券面额之间的差额。政府发行短期债券的目的通常有两个：一是满足政府部门短期资金周转的需要，二是为中央银行的公开市场业务提供可操作的工具。国库券市场也成了中央银行进行公开市场业务操作以调节货币信用的重要场所。

短期政府债券的转让可以通过贴现或买卖的方式进行。国库券的债务人是国家，其还款保证是国家财政收入，因此是金融市场上风险最小、流动性最好的信用工具。在国外，国库券市场非常活跃，国库券能在二级市场顺利地转让流通，迅速变为现金。

国库券市场与货币市场的其他子市场相比，具有以下特点：

（1）违约风险小。国库券有国家信用做担保，它被认为几乎是没有违约风险的，通常被誉为“金边债券”。

（2）流动性强。由于国库券的期限短、风险低，故其流动性很强。这一特征使得国库券能在交易成本较低及价格风险较低的情况下迅速变现。

（3）面额小。相对于其他货币市场的信用工具来说，国库券的面额较小。目前，美国的国库券面额一般为 1 万美元，远远低于其他货币市场工具的面额（大多为 10 万美元）。对许多小投资者来说，国库券通常是他们能直接从货币市场购买的唯一有价证券。

（4）收入免税。免税主要是指免除地方所得税。地方税率越高，国库券的吸引力就越大。

六、货币市场共同基金市场

共同基金是将众多的小额投资者的资金集合起来，由专门的经理人进行市场运作，赚取收益后按一定的期限及持有的份额进行分配的一种金融组织形式。而主要在货币市场上进行运作的共同基金，则被称为货币市场共同基金。

货币市场共同基金的投资对象主要有国库券、政府公债、银行承兑票据、银行定期存款单、商业票据等流动性强的短期证券。这种投资偏好决定了货币市场共同基金属于高收益、低风险类基金，同时还具有极强的流动性和灵活性。货币市场共同基金自 1972 年在美国产生以来，一直受到广大投资者的青睐。

相较于成熟的金融市场，我国货币市场共同基金起步较晚，但发展迅速。2003 年 9 月，监管层面开始推动和规范货币基金的发展。2005—2010 年，由于股市下跌，市场风险偏好降低，大量资金流入货币基金，仅 2008 年，货币基金规模增速就高达 250%。后期由于股市回暖和银行理财产品竞争，货币基金规模有所收缩。2011 年，监管层面放开货币基金投资协议存款的比例限制，货币基金规模再次迎来大幅增长。2013 年至今，随着利率市场化改革深入推进和以余额宝为代表的互联网金融快速发展，货币基金规模呈爆发式增长态势。当前，我国互联网货币基金发展迅速，并根据市场需求不断创新，在满足投资者现金理财核心需求的基础上，还深入居民日常生活，满足购物、转账、缴费等消费需求。互联网货币基金已成为移动互联时代重要、便捷的现金管理工具，进一步推动了我国货币基金的发展壮大。

第三节　资本市场

资本市场是指以融资期限在一年以上的金融工具为媒介进行资金交易活动的中长期金融市场。其基本功能是实现并优化投资与消费的跨时期选择。按市场工具来划分，资本市场通常由股票市场、债券市场和投资基金市场构成，它们的交易及运行机制各不相同。

一、股票市场

（一）股票的概念和特征

股票是股份公司发行的所有权凭证，是股份公司为筹集资金而发行给各个股东作为持股凭证并借以取得股息和红利的一种有价证券。股票的特征包括以下四个方面：

1. 无期性

股票没有还本期限。投资者认购了股票后，就不能要求退股，只能到二级市场卖给第三者。因此，股票是一种稳定的筹资形式，只要公司存在，股票就会永久存续下去，公司不承担任何股本的责任。股东转卖股票的行为，只意味着公司股东的改变，并不减少公司资本。如果公司破产，清理股份不能视为股票到期，股东得到的清偿也不一定等于其初始投入的资本。

2. 流动性

股票的流动性是指股票可以在不同投资者之间自由买卖和转让。这一特征弥补了其没有还本期限的不足。通过股票的流通和股价的变动，我们可以看出人们对于相关行业和上市公司的发展前景及盈利潜力的判断。

3. 风险性

股票同商品一样，有自己的市场行情和市场价格。股票价格要受到诸如公司经营状况、供求关系、银行利率、大众心理等多种因素的影响，其波动有很大的不确定性。因此，股票持有者总是要承担一定的风险。价格波动的不确定性越大，投资风险也越大。

4. 收益性

与股票风险性相伴随的是股票的收益性。股票的投资收益来源于两个方面：一是股东从公司领取的股息或红利，股息或红利的大小主要取决于公司的盈利水平和公司的盈利分配政策；二是股票投资者通过低价买入和高价卖出股票，从股票价格波动中获得的价差收入。

（二）股票发行市场

股票发行市场又称初级市场、一级市场，是指股份公司直接或通过中介机构向投资者出售新发行的股票。发行市场是股票从无到有的创造过程，也是股份公司借以筹集资金的过程。

1. 股票发行方式

（1）按发行对象的不同，可以将股票发行方式分为公募发行和私募发行。

公募是指事先没有特定的发行对象，发行人面向市场上广大投资者公开推销股票的方式。采用这种方式，可以扩大股票的发行量和股东的范围，股权分散能在一定程度上防止少数人囤积股票操纵股价，为以后筹集更多的资金打下基础。公募的股票可在二级市场上流通，有利于提高发行者的社会性、知名度和股票的流动性。公募股票的发行者必须向证券管理机关办理注册手续，必须在招股说明书中如实公布有关情况，以供投资者做出正确决策。

私募是指发行人只向少数特定的投资者发行股票。其对象主要有个人投资者和机构投资者两类，个人投资者如本公司的职工或使用发行公司产品的用户，机构投资者如大的金融机构或与发行者有密切业务往来的公司等。私募往往有确定的投资者，发行失败的可能性不大，同时不必向证券管理机关办理注册手续。但私募发行的股票难以转让。

（2）按有无发行中介，可以将股票发行方式分为直接发行和间接发行。

直接发行又称直接招股，是指股份公司自己承担股票发行的一切事务和发行风险，直接向认购者推销出售股票的方式。这种方式只适用于有既定发行对象或发行风险少、手续简单的股票。在一般情况下，不公开发行的股票或因公开发行有困难（如信誉低所致的市场竞争力差、承担不了大额的发行费用等）的股票；或是实力雄厚，有把握实现巨额私募以节省发行费用的大股份公司股票，才采用直接发行的方式。

间接发行又称间接招股，是指发行者委托证券发行中介机构出售股票的方式。这些中介机构作为股票的推销者，办理一切发行事务，承担一定的发行风险并从中提取相应的收益。一般情况下，间接发行是基本的、常见的方式，特别是公募发行大多采用间接发行。

2. 股票发行价格

股票发行价格是指股份有限公司将股票公开发售给特定投资者或非特定投资者所采用的价格。股票发行价格有三种确定方式。一是平价发行，又称等额发行或面额发行，是指发行人以票面金额作为发行价格。由于股票上市后的交易价格通常要高于面额，平价发行能使投资者得到交易价格高于发行价格所产生的额外收益，因此绝大多数投资者都乐于认购。二是溢价发行，即发行人按高于面额的价格发行股票。溢价发行可使公司用较少的股份筹集到较多的资金，筹资成本较低。三是折价发行，指以低于面额的价格出售新股，即按面额打一定折扣后发行股票。《中华人民共和国公司法》明确规定：股票发行价格可以按票面金额，也可以超过票面金额，但不得低于票面金额。

股票发行定价是一级市场的关键环节。如果定价过高，会使股票的发行数量减少，进而使发行公司不能筹到所需资金，股票承销商也会遭受损失；如果定价过低，则股票承销商的工作轻松，但发行公司却会蒙受损失。对再发行的股票，价格过低还会使老股东受损。

（三）股票流通市场

股票流通市场又称次级市场、二级市场，是指投资者之间将已经发行的股票按时价进行转让、买卖和流通的市场。这一市场为股票创造流动性，从而实现控制权的优化配置。

1. 股票流通市场的划分

（1）场内市场。场内市场专指证券交易所市场。交易所市场作为集中买卖上市股票的场所，具有固定的交易场所和固定的交易时间，是二级市场的主体。交易所内流通的是符合有关法律规定的上市股票。交易参与者必须是交易所的会员——既可以是经纪人，也可以是证券商。但股票的买卖双方不能进入交易所，只能委托证券商或经纪人代为买卖、成交、结算和交割。

（2）场外市场。场外交易是相对于证券交易所交易而言的，凡是在证券交易所之外的股票交易活动都可称为场外交易。场外市场与交易所市场共同构成了一个完整的证券流通市场体系，可以分为店头市场、第三市场和第四市场。

店头市场又称柜台市场，是指在证券交易所以外的各种证券公司柜台上进行证券买卖的市场。这是场外交易最主要的和最典型的形式。该市场是一个分散于各地的、无固定交易场所的抽象市场。店头市场一般是由自营商投入资金买入证券后随时随地将自己的存货卖给客户，他们会挂出各种证券的买入和卖出两种价格赚取买卖差价。

第三市场是指原来在证券交易所上市的股票移到场外进行交易而形成的市场。第三市场与一般含义的柜台交易的区别在于，第三市场交易的是既在证券交易所上市又在场外市场交易的股票。买卖大宗证券的机构投资者和个人投资者通过场外交易上市股票以降低交易费用。

第四市场是指大机构或大的个人投资者绕开证券经纪人和自营商，彼此之间利用计算机网络直接进行大宗证券交易的市场。这种交易可以最大限度地降低交易费用，它的发展对证券交易所和场外市场形成了巨大的压力，从而促使市场降低佣金，改进服务。

总之，场外市场具有三个特点：一是交易品种多，不仅交易已上市的股票，也交易未上市的股票；二是相对的市场，不挂牌，买卖价格是证券商之间通过直接协商决定的；三是抽象的市场，它的证券交易不是在固定的场所和固定的时间内进行的。

2. 股票交易方式

（1）现货交易。现货交易是指股票买卖成交以后，马上办理交割清算手续，当场钱货两清，或在极短的期限内交割的交易方式。

（2）期货交易。期货交易则是交易双方在股票成交后按合同中规定的价格、数量，过若干时期再进行交割清算的交易方式。

（3）期权交易。期权交易又称选择权交易，是指投资者在给付一定的期权费后，取得一种可在规定期限内按约定价格买进或卖出一定数量的金融资产或商品的权利，买卖这一权利的交易即为期权交易。

（4）信用交易。信用交易又称垫头交易，是指交易人凭自己的信誉，通过缴纳一定数额的保证金进行股票买卖的交易方式。

3. 股票交易价格及影响因素

股票交易价格是股票的持有者和购买者在股票交易市场中买卖股票时形成的股票成交价格。确定股票交易价格的目的是完成股票交易过程，实现股票所有权的转移。股票交易价格的影响因素很多，主要有以下几点：

（1）上市公司的基本面。上市公司的基本面包括公司的盈利状况、财务状况、股息政策、经营管理能力以及在行业中的竞争地位等。

（2）市盈率。市盈率等于股价与每股税后利润的比值。通常情况下，市盈率越高，股价上涨空间越小；市盈率越低，股价上涨空间越大。

（3）人为控制。在股票市场上，一些资金实力很强的投机者往往可以凭借自己的资金实力，操纵股票的波动。

（4）宏观经济因素。宏观经济因素包括经济周期、国家的货币政策、财政政策、收入分配政策、证券市场的监管政策以及国际经济形势等，任何一项因素改变都会对股票价格产生一定的影响。

（5）行业因素。产业的发展状况和趋势、国家的产业政策和相关产业的发展等都会对该产业上市公司的股票价格产生影响。

（6）市场因素。证券市场上投资者的心理也会对股票价格产生影响，特别是中小投资者，其对信息的掌握不够全面，因而缺乏预期判断能力，心理波动很大，甚至某些传闻或谣言也会使投资者盲目购进或抛售股票，引起股票的暴涨暴跌。

二、债券市场

（一）债券的概念和特征

债券是投资者向政府、公司或金融机构提供资金的债权债务合同，该合同载明发行者在指定日期支付利息并在到期日偿还本金的承诺。债券的特征包括以下四个方面：

1. 期限性

债券是有期限的，到期日必须偿还本金，且需按约定的时间支付利息，因而对于公司来说若发行过多的债券就可能资不抵债而破产，而公司发行越多的股票，其破产的可能性就越小。

2. 流通性

债券的流通性受债券发行人的资信度、债券的期限、利息支付方式以及市场的发达程度等因素的影响。

3. 风险性

债券要按照约定的利率还本付息，所以投资债券的风险主要是信用风险、市场利率波动风险和通货膨胀的风险，其中最直接的风险就是信用风险。

4. 收益性

债券的收益由两部分构成：一是按照票面利率获得的利息收入，二是债券买卖的差价收入。由于债券的利息收入是持有者从公司税前利润中得到的固定数额，债券面值本身增值或贬值的可能性也不大，所以债券的收益一般比股票低。

（二）债券发行市场

债券发行市场是指将新发行的债券从发行人手中转移到初始投资者手中的市场。债券的发行主体包括中央政府、地方政府、金融机构、企业等。除国债外，其他债券发行时往往要进行信用评级。

债券的信用评级是指按一定的指标体系对准备发行债券的还本付息的可靠程度做出客观公正的评定。债券违约风险的大小与投资者的利益密切相关，也直接影响着发行者的筹资能力和成本。为了较客观地估计不同债券的违约风险，通常需要由中介机构进行评级。但评级是否具有权威性则取决于评级机构。目前，最著名的两大评估机构是标准普尔公司和穆迪投资者服务公司。

（三）债券流通市场

债券流通市场与股票类似，债券既可以在证券交易所交易，也可以在店头市场、第三市场和第四市场等场外市场交易。如果在证券交易所交易，可以采用现货交易、期货交易、期权交易和信用交易四种方式。

在证券交易所申请上市的债券主要是企业债券，但国债一般不用申请即可上市流通，享有上市豁免权。由于大多数债券的交易是在场外市场进行的，场外交易市场才是债券流通市场的主要形态。债券流通市场的交易机制与股票并无差别，只是由于债券的风险小于股票，其交易价格的波动幅度也较小。债券的转让价格受诸多因素的影响。

（1）市场供求关系。一般而言，当债券供过于求时，债券价格下降；反之，债券价格上升。

（2）市场利率。一般来说，债券的价格与市场利率呈负相关关系，市场利率上升，债券价格下跌；反之，债券价格上涨。

（3）社会经济发展状况。经济高涨时期，企业需要大量资金进行生产。发行新债券作为其融资渠道之一，供给会增加，而需求相对减少，因此债券价格下跌；反之，在经济衰退、萧条阶段，企业会用过剩资金购买债券，从而债券需求增加，供给相对减少，因此债券价格上升。

（4）宏观经济形式。一国实行紧缩的经济政策时，会导致资金偏紧，市场利率会上升，导致债券价格下跌；反之，导致债券价格上升。此外，国际利差和汇率发生改变也会影响投资者对本币债券的需求，进而引起债券价格变化。

（四）债券的偿还

债券的偿还一般分为定期偿还和任意偿还两种方式。

定期偿还是在经过一定时间（称为宽限期）后，每过半年或一年偿还一定金额的本金，到期时还清余额的偿还方式。这种方式一般适用于发行数量巨大、偿还期限长的债券。为增加债券信用和吸引力，有的公司建立偿还基金用于债券的定期偿还。

任意偿还是债券发行一段时间（称为保护期）后，发行人可以任意偿还债券的一部分或全部的偿还方式。

三、投资基金市场

（一）投资基金的概念和特征

投资基金是通过发行基金券（基金股份或收益凭证），将投资者分散的资金集中起来，由专业管理人员分散投资于股票、债券或其他金融资产，并将投资收益分配给基金持有者的一种投资制度。投资基金在不同的国家和地区有不同的称谓，美国称之为共同基金或互助基金，也称投资公司；英国称之为单位信托基金；日本、韩国和我国台湾地区称之为证券投资信托基金。虽然其称谓有所不同，但无本质区别，它们都是股票、债券及其他证券投资的机构化和集中化。投资基金的特点可以归纳为如下几个方面：

1. 规模经营——低成本

投资基金将小额资金汇集起来，其经营具有规模优势，可以降低交易成本，对于筹资方来说，也可有效降低其发行费用。

2. 分散投资——低风险

投资基金可以将资金分散投资到多种证券或资产上，通过有效组合最大限度地降低非系统风险。因此，不同种类的投资基金就是根据各自的投资对象和目标确定和构建的不同“证券组合”，基金的投资就是投资组合的实现。

3. 专家管理——更多的投资机会

投资基金由具有专业化知识的人员进行管理，特别是有精通投资业务的投资银行的参与，从而能够更好地利用各种金融工具，抓住各个市场的投资机会，创造更好的收益。

4. 服务专业化——方便

投资基金发行、收益分配、交易、赎回环节都有专门的机构负责，特别是可以将收益自动转化为再投资，使整个投资过程轻松、简便。

（二）投资基金的设立

设立基金首先需要发起人，发起人既可以是一个机构，也可以由多个机构共同组成。《证券投资基金管理暂行办法》规定，基金发起人必须具备以下条件：主要发起人是按照国家有关规定设立的证券公司、信托投资公司及基金管理公司；基金发起人必须拥有雄厚的资本实力，每个发起人的实收资本不少于 3 亿元；基金的主要发起人有 3 年以上从事证券投资的经验及连续盈利的记录；基金发起人有健全的组织机构和管理制度，财务状况良好，经营行为规范等。在很多情况下，基金是由基金管理公司或下设基金管理部的投资银行作为发起人，在基金设立后往往成为基金的管理人，如果发起人不能直接管理该基金，则需要专门设立基金管理公司或聘请专业的基金经理公司作为基金管理人。几乎所有的大型投资银行都设有基金部或基金管理分公司，它们经常以经理公司的身份出现在基金市场上。

设立基金的另一重要当事人是保管人，即基金保管公司，一般由投资银行、商业银行或保险公司等金融机构充当，担任保管公司也是投资银行基金管理的重要业务之一。

基金的设立申请一旦获主管机关批准，发起人即可发表基金招募说明书，着手发行基金股份或受益凭证，该股票或凭证由基金管理公司和基金保管公司共同签署并经签证后发行，发行方式可以分公募和私募两种，类似于股票的发行。

（三）投资基金的运作

按照国际惯例，基金在发行结束一段时间内，通常为 3~4 个月，就应安排基金证券的交易事宜。对于封闭型基金股份或受益凭证，其交易与股票债券类似，可以通过自营商或经纪人在基金二级市场上随行就市，自由转让；对于开放型基金，其交易表现为投资者向基金管理公司认购股票或受益凭证，或基金管理公司赎回股票或受益凭证，赎回或认购价格一般按当日每股股票或每份受益凭证基金的净资产价值来计算。大部分基金是每天报价一次，计价方式主要采用“未知价”方式，即基金管理公司在当天收市后才计价，以充分反映基金净资产和股份或受益凭证总数的变化。

四、中国的资本市场

1990 年 12 月 19 日，上海证券交易所在黄浦江畔敲响开市锣声，中国资本市场启航。30 多年来，伴随改革开放的深入推进，中国的资本市场从无到有、从小到大，取得了阶段性的成就。中国的资本市场从一个只有 8 只股票的“迷你”市场，一跃成为全球第二大市场。得益于中国经济的持续增长，中国资本市场高速发展，上市公司与资本市场相伴成长、互相成就，实现了数量与质量的双飞跃，上市公司在中国经济体系中“基本盘”“顶梁柱”的地位日益得到巩固。此外，中国投资者队伍在约 30 年的时间里也不断壮大，截至 2024 年 6 月，我国股市投资者有 2.2 亿人，基金投资者超过 7 亿人。

中国的资本市场发展至今，呈现出多层次的特点。为满足不同的投资者与融资者对资本市场金融服务的不同的需求，中国组建了多层次的资本市场体系。资本市场体系由场内市场的主板（含中小板）、创业板（“二板”）、科创板、北新板（精选层）和场外市场的全国中小企业股份转让系统（“新三板”）、区域性股权交易市场、证券公司主导的柜台市场共同组成。

回顾过去，中国资本市场建立 30 多年来已经取得阶段性成就。但值得注意的是，美国的资本市场对实体经济的支持力度仍优于中国的资本市场。例如，中国经济规模是美国经济规模的 2/3，中国的上市公司数量超过美国的上市公司数量，但中国的股票市场规模只有美国的股票市场规模的 1/5，中国债券市场规模只有美国债券市场规模的 1/3。展望未来，“十四五”时期推动高质量发展对资本市场提出了新的更高要求。党的十九届五中全会通过的《中共中央关于制定国民经济和社会发展第十四个五年规划和二〇三五年远景目标的建议》，明确提出“全面实行股票发行注册制，建立常态化退市机制，提高直接融资比重”。这是对资本市场重点任务的直接要求。2023 年 2 月，中国证监会发布并实施全面实行股票发行注册制相关制度规则，交易所同步发布实施配套制度规则。2023 年 4 月 10 日，沪深交易所首批主板注册制企业上市。至此，中国股市正式迈入“全面注册制”时代。在新发展格局中，中国的资本市场面临宝贵的发展机遇，也必将发挥更为重要的作用。

第四节 衍生金融市场

衍生金融市场是以衍生金融工具为交易对象的市场。衍生金融工具主要包括远期、期货、期权、互换四种基本类型。

一、衍生金融工具的发展历程

1865 年，芝加哥谷物交易所推出了一种被称为期货合约的标准化协议，取代 1851 年以来沿用的远期合同，成为人类历史上最早开发出来的衍生金融品。但衍生金融品真正成为各国金融市场上重要的金融工具，被人们熟悉和使用，是从 20 世纪 70 年代开始的。

1971 年布雷顿森林体系崩溃，西方各国开始实行浮动汇率制，国际金融市场上的汇率波动既频繁又剧烈，外汇风险日益增加。1973 年开始的石油危机，又使西方国家的通货膨胀率居高不下。很多国家为了对付通货膨胀运用了利率工具，导致金融市场的利率大幅波动。由此，规避通货膨胀风险、利率风险和汇率风险成为金融交易的一项迫切需求。衍生金融工具恰好能有效地转移投资者某些不愿承担的风险给愿意承担者。近 70 年来，国际金融市场最显著、最重要的特征之一就是衍生品的迅速发展。伴随各国政府逐渐放松金融管制、金融业日益加剧的竞争环境、通信和信息处理技术的巨大进步、衍生工具估价模型和技术的进展等客观状况，多方面的因素共同促使衍生金融工具迅速繁衍发展。

二、衍生金融工具的特点

（一）联动性

衍生金融工具是与金融相关的派生物，通常是从原生资产派生出来的。衍生金融工具的价值与基础产品或基础变量紧密联系、规则变动。

（二）跨期性

衍生金融工具是交易双方通过对利率、汇率、股价等因素变动趋势的预测，约定在未来某一时间按照一定的条件进行交易或选择是否交易的合约。无论是哪一种衍生金融工具，都是合约成交后在未来进行结算的。

（三）杠杆性

衍生金融工具交易一般只需要支付少量保证金或权利金就可以签订全额合约，不需实际上的本金转移，合约的了结一般也采用现金差价结算的方式进行，以小搏大的效果十分显著。这种利用保证金交易的杠杆效应在一定程度上决定了衍生金融工具的高投机性和高风险性。

（四）高风险性

衍生金融工具的交易后果取决于交易者对基础工具未来价格的预测和判断的准确程度。其杠杆效应使交易者在收益可能成倍放大的同时，所承担的风险与损失也会成倍放大，基础工具价格的轻微变动也许就会带来交易者的大盈大亏。而基础工具价格的本身是变幻莫测的，这决定了衍生金融工具交易盈亏的不稳定性。此外，衍生金融工具也要面临信用风险、市场风险、流动性风险、结算风险、操作风险、法律风险等。

三、衍生金融工具的分类

（一）金融远期

金融远期是最基础的一种衍生金融工具，是指买卖双方在未来某一预定日期以预定价格购买或出售一定数量的金融资产的合约。预定日期称为到期日，预定价格称为远期价格，一定数量的金融资产称为原生资产或标的物资产。远期合约在签署之前，买卖双方会就将来交换的资产种类、数量、价格和交割结算的日期等内容进行谈判，合约条款因合约双方的需要不同而不同，一般通过场外市场达成。

（二）金融期货

期货合约是标准化了的远期合约，是在交易所达成的标准化的、受法律约束并规定在将来某一特定时间和地点交易一定数量和质量的某种资产的合约。其最大的特点就是每张合约所包含的内容，如标的资产的种类、数量、交货时间和地点等都是既定的，唯一的变量是价格。

根据标的资产的不同，我们可以把期货分成商品期货和金融期货。商品期货是以实物商品为标的资产的期货合约，如交易大豆、玉米等的期货就属于商品期货。金融期货是以各种金融商品为交易对象的期货合约，如货币期货、利率期货、股票价格指数期货等。

货币期货是金融期货中最早产生的品种，指以汇率为标的物的期货合约。通过货币期货，交易者可以实现确定外汇汇率，以避免由汇率波动而带来的损失，各国从事对外贸易和金融业务的投资者可以利用货币期货合约管理外汇风险。1972 年，美国芝加哥商业交易所的国际货币市场推出第一张货币期货合约并获得成功后，英国、澳大利亚等国相继建立货币期货的交易市场，货币期货交易成为一种世界性的交易品种。

利率期货是继外汇期货之后产生的又一个金融期货类别，指以一定数量的某种与利率相关的商品作为标的物的期货合约。标的物主要是各种期限的固定利率有价证券。当利率发生变化时，固定利率有价证券的价格就会随之发生变化，给证券持有者带来风险。利率期货能够帮助持有者规避固定利率有价证券的利率风险。

股票价格指数期货是金融期货中最晚产生的一个品种，指以股票价格指数为标的物的期货合约。股票市场上的股票价格处于不断波动之中，股票价格指数是反映整个股票市场上各种股票的市场价格总体水平及其变动情况的一种指标。股票价格指数期货是为适应人们管理股市风险，尤其是系统性风险的需要而产生的。股票价格指数期货不涉及股票本身的交割，其价格根据股票指数计算，合约到期后，合约持有人只需交付或收取到期日股票价格指数与合约成交指数差额所对应的现金，即可了结交易。第一份股票价格指数期货是芝加哥商品交易所于 1982 年 4 月设计的标准普尔 500 种股票指数期货合约，目前股票价格指数期货已经成为金融期货市场上最热门和发展最快的交易品种。

（三）金融期权

金融期权也称金融选择权，是以期权为基础的金融衍生产品，指期权的买方有权在确定的时间或约定的时期内，按照约定的价格买进或卖出一定数量的某种金融资产，也可以根据需要放弃行使这一权利。期权交易实际上是一种权利的单方面有偿让渡。金融期权的购买者为了取得这样一种权利，必须要向出售者支付一定数额的费用，这笔费用就是期权费。

金融期权市场种类繁多，按权利性质的不同，可以分为看涨期权和看跌期权。看涨期权又称买入期权，是指赋予期权的买方在约定的时间以约定的价格从期权卖方手中买入一定数量的金融工具权利的合约。投资者之所以会买入看涨期权，是因为他预期标的资产的价格将会上涨。看跌期权又称卖出期权，是指期权的买方具有在约定的时间按约定的价格向期权卖方卖出一定数量的金融工具权利的合约。投资者之所以会买入看跌期权，是因为他预期标的资产的价格将会下跌。

金融期权按权利执行时间的不同，可以分为美式期权和欧式期权；按交易对象的不同，可以分为外汇期权、利率期权、股票期权、股票指数期权等。

（四）金融互换

金融互换是指两个或两个以上的经济主体之间达成协议，按照事先约定的方式在将来交换现金流。这是一种按需定制的交易方式，典型的金融互换交易合约通常包括以下几个方面的内容：交易双方、合约名义金额、互换的货币、互换的利率、合约到期日、互换价格、权利义务、价差、中介费用等。

金融互换的主要种类有利率互换和货币互换。利率互换是指合同双方同意在未来的某一特定日期以未偿还贷款本金为基础，相互交换利息支付合同。货币互换是指以一种货币表示的一定数量的资金以及在此基础上产生的利息支付义务，与另一种货币表示的相应的资本额以及在此基础上产生的利息支付义务进行相互交换。利率互换和货币互换可以使交易双方减少融资成本，解决各自资产负债管理需求与资本市场需求之间的矛盾。

本章思考题

1. 什么是金融市场？其含义包括几个层次？
2. 金融市场的特征有哪些？
3. 金融市场的交易主体有哪些？
4. 金融市场有哪些分类？
5. 金融市场的功能是什么？
6. 什么是货币市场？货币市场有什么特点？它包括哪些子市场？
7. 什么是资本市场？资本市场的基本功能是什么？它包括哪些子市场？
8. 什么是衍生金融市场？它包括哪些子市场？衍生金融工具有什么特点？

第七章　国际金融

[知识导读]

党的二十大报告指出："中国坚持对外开放的基本国策，坚定奉行互利共赢的开放战略，不断以中国新发展为世界提供新机遇，推动建设开放型世界经济，更好惠及各国人民。"在世界舞台上，我国积极践行大国责任，对外进行形式多样的援助。除资本援助外，援助还有另外两种更常见的形式，那就是无息贷款和优惠贷款。也就是说，本金是要还的，但利息给予优惠或减免。我国的对外援助有20%左右属于无偿援助，剩余的都是以无息贷款和优惠贷款的形式进行的。

我国对外援助从1972年开始，无偿援助加纳，助其走出绝境。从1972年开始，一直到1994年结束，20多年的时间里，我国帮助加纳完成基础设施建设，从供电设施、道路桥梁、医院、学校到农业电气化发展等，累计援助高达670亿元。

对非洲的其他国家，我国也提供了力所能及的帮助。此外，我国的对外援助还包括南美洲、亚洲的第三世界国家。在这个过程中，我国收获了国际友谊，同时也打开了各国的市场。我国对外援助跟西方发达国家的对外援助不同，他们的援助附加了许多政治条件，而我国的援助更多的是一种经济上的合作和互惠。

思考题：

我国对外资本援助的对象主要包括哪些国家，这为我国经济发展提供了什么便利？

伴随世界经济的快速发展，全球经济逐渐迈向更深层次的一体化和金融自由化，国际资金与各类型金融资产交易规模与日俱增。在国际经济交往中，货币之间的兑换与交割结算是重要环节。国际贸易中使用的货币币值变动，将会影响贸易双方的实际利益，贸易中货币的升值或贬值将会影响进出口总额，进而影响整个经济体的平衡。研究国际金融的现象与发展规律，对防范金融风险、保障国际金融安全、促进经济良性发展具有重要意义。

第一节　国际收支

一、国际收支的概念

国际收支是一个国家对外经济政治、文化教育等交往活动引起的，随着各国国际交往内容的扩大，国际收支的含义也在不断丰富和发展。

狭义的国际收支是指一个国家一定时期对外的贸易收支。广义的国际收支是指一个国家一定时期内进行的全部国际经济交易的总和，不仅包括对外货币收支的国际经济关系，还包括国家之间的无偿援助、易货贸易等。国际收支这一概念最早出现于17世纪初期，在第一次世界大战之前的重商主义思想的影响下，国际收支的定义是以国与国贸易为主的。第一次世界大战后，国际信用、国际资本流动的加速使国际债权债务的清偿成为国际收支的主要内容；第二次世界大战后，由于国际经济的内容和方式发生了变化，各国国际收支的概念采用广义定义。

二、国际收支均衡

（一）国际收支平衡表

国际货币基金组织对国际收支平衡表的定义是：国际收支平衡表是一种系统记载特定时期（通常是一年），一国（或地区）与世界其他经济体之间各项经济交易的统计报表，是将一国一定时期对外全部经济交易，根据交易内容与范围按照经济分析的需要，分类设置账户编写出来的统计报表，反映了一国（或地区）的国际收支状况。

国际收支平衡表是指按照一定编制原则和格式，对一个国家一定时期内的国际经济交易进行分类、汇总，以反映和说明该国国际收支状况的统计报表。各国编制国际收支平衡表的目的是，了解本国的涉外经济关系，并以此进行经济分析，制定合理的对外经济政策。

国际收支平衡表按照复式记账原理编制，每一笔经济交易同时以相同金额分记借贷两方，即有借必有贷，借贷必相等。因为，每笔交易都有两个方面，出售商品，卖方会取得相应的货款；购买商品，买方会支付相应的货款。此原则在金融资产交易和国际清偿方面也同样适用。国际收支平衡表记录的是一国在一定时期内对外交易的发生额，而不是某个时点的交易余额，按照权责发生制编制，即采用与所有权变更相一致的原则来确定交易被记载的时间。

单方面转移由于没有对等交易，则使用某个特定的对应项目，如从国外取得单方面收入时，先贷记无偿转移的收入，再借记相对应的项目；相反，向国外提供单方面支出时，先借记无偿转移的支出，再贷记相对应的项目。从原理上说，国际收支平衡表中，借方总额和贷方总额是相等的，净差额为零。

国际收支平衡表通常分为三个子项目：经常项目、资本与金融项目、净误差与遗漏，具体详见表7-1。

经常项目包括货物和服务、收入和经常转移。

（1）货物和服务。货物包括一般商品、用于加工的货物、货物修理、非货币黄金四个子项目；服务又称劳务贸易或无形贸易，主要包括运输、旅游、其他各类服务。

（2）收入又称收益，反映生产要素流动引起的生产要素报酬的收支，包括“职工报酬”和“投资收入”两项内容。职工报酬是指以现金或实物形式支付给非居民工人的工资；投资收入是指居民因拥有了国外金融资产而得到的收入，包括直接投资收入、间接投资收入和其他投资收入三个部分。

（3）经常转移又称无偿转移或单方面转移，主要包括所有非资本的转移项目，例如，政府转移、私人转移。

资本与金融项目包括资本项目、金融项目。资本项目反映了资产在居民与非居民之间的转移。金融项目反映的是居民与非居民之间投资和借贷的增减变化，包括直接投资、证券投资、其他投资以及外汇储备。

国际收支平衡表由于编制原则采用复式记账法，其借方总额与贷方总额相抵之后的总净值应该为零。但由于统计资料的误差、走私、资本外逃等原因，借贷双方不可避免地出现借贷不平衡现象，因此设置净误差与遗漏项目来体现借贷必相等原则。

表 7-1　国际收支平衡表基本结构

项目	项目
一、经常项目	二、资本和金融项目
（一）货物与服务	（一）资本项目
1. 货物	（二）金融项目
2. 服务	1. 直接投资
运输	我国在外直接投资
旅游	外国在本国直接投资
通信服务	2. 证券投资
建筑服务	股本证券
保险服务	债务证券
金融服务	（中）长期债券
计算机和信息服务	货币市场工具
专有权使用费和特许费	3. 其他投资
咨询	贸易信贷
广告、宣传	贷款
电影、音响	货币和存款
其他商业服务	其他资产（负债）
别处未提及的政府服务	4. 储备资产
（二）收入	三、净误差与遗漏
1. 职工报酬	
2. 投资收益	
（三）经常转移	
1. 各级政府	
2. 其他部门	

（二）国际收支平衡表的编制原理

国际收支平衡表按照复式簿记原理记账，一切收入项目或对外负债的增加都记在贷方，以正号表示，表示流入；一切支出项目或对外负债减少、资产持有额增加都计入借方，以负号表示，表示流出。在国际收支平衡表中，商品、劳务的出口、资本流入及来自外国的单面转移，都记入贷方；商品、劳务的进口，资本流出及对外国的单方面转让，都记入借方。其中，资本流入是本国对外的金融资产减少，或本国对外的负债增加；资本流出是指本国对外的金融资产增加，或本国对外的负债减少。

我们通过举例来说明国际收支平衡表的记账方法。假设其一小国 W 国某年度发生了如下几笔经济业务（如表 7-2 所示）：

（1）W 国商人向英国某公司出口了 100 万美元的电子元件，获得该笔货款汇入国内账户。W 国出口商品，获得外汇收入。

借：收入　　　　　　　　　　　　　　　　　　　　$1 000 000

　贷：商品出口　　　　　　　　　　　　　　　　　　$1 000 000

（2）W 国居民到外国去旅游，在国内购汇 10 万美元，该笔款项结余 1.2 万美元，直接存在海外银行账户中。

借：服务——旅游服务　　　　　　　　　　　　　　$88 000

　　海外银行存款　　　　　　　　　　　　　　　　$12 000

　贷：外汇储备　　　　　　　　　　　　　　　　　　$100 000

（3）外商以市场价值 2 000 万美元的技术直接投资于 W 国，设立合资企业。

借：专有权使用费　　　　　　　　　　　　　　　$20 000 000

　贷：外商直接投资　　　　　　　　　　　　　　　$20 000 000

（4）W 国动用外汇储备 10 万元对 Y 国进行人道主义无偿捐赠，另外还提供相当于 10 万美元的药品进行援助。

借：经常转移　　　　　　　　　　　　　　　　　$200 000

　贷：官方储备　　　　　　　　　　　　　　　　　　$100 000

　　　商品出口　　　　　　　　　　　　　　　　　　$100 000

（5）W 国的某企业海外投资产生利润 100 万美元，其中 10 万美元用于当地再投资，50 万美元用于购买当地货物运回国内，40 万美元汇入国内，并结算成 W 国货币。

借：对外长期投资　　　　　　　　　　　　　　　$100 000

　　商品进口　　　　　　　　　　　　　　　　　$500 000

　　官方储备　　　　　　　　　　　　　　　　　$400 000

　贷：海外投资利润收入　　　　　　　　　　　　　$1 000 000

表 7-2　W 国某年度国际收支平衡表　　　　单位：万美元

项目		借方	贷方
经常项目	货物	50	100
			10
	服务	8.8	
	专有权使用费	2 000	
	收入	100	100
	经常转移	20	
资本和金融项目	直接投资	10	2 000
	其他投资	1.2	
	官方储备	40	10
			10
总计		2 230	2 230

（三）国际收支的平衡与失衡

国际收支平衡表由于采用借贷记账法，借贷双方在净误差与遗漏账户的设置下，借贷双方必然相等。因此，国际收支平衡表的平衡，并不代表着国际收支的平衡。事实上，一国国际收支完全平衡几乎是不可能的。要说明国际收支均衡与失衡就必须理解自主性交易与补偿性交易。

自主性交易（autonomous transaction），是指经济主体或居民个人出于某种自主性目的如追求利润、减少风险、资产保值、逃税避税、逃避管制或投机等进行的交易活动。比如，居民个人进行的商品和劳务交易，金融机构进行的对外直接投资、证券投资活动等。自主性交易体现的是经济主体或居民个人意志，不代表哪一个国家或政府的意志，因而具有事前性、自发性和分散性的特点。

补偿性交易（compensatory transaction），又称调节性交易，是指中央银行或货币管理当局出于调节国际收支差额、维护国际收支平衡、维持货币汇率稳定的目的而进行的各种交易，包括国际资金融通、资本吸收引进、国际储备变动等。补偿性交易是在自主性交易出现差额时，为了弥补或调解这种差额，由政府出面进行的交易活动，体现了一国政府的意志，具有事后性、集中性和被动性的特点。

一国的国际收支是否平衡，关键是看自主性交易所产生的借贷金额是否相等。在国际收支平衡表下，观察自主性交易项下的借贷双方，不难发现不是借方大于贷方就是贷方大于借方，两者相等的情况很少见。

（四）国际收支失衡的原因及其影响

1. 国际收支失衡的原因

国际收支失衡的原因可能也有很多，但概括起来主要有周期性失衡、货币性失衡、结构性失衡、收入性失衡以及临时性失衡。

周期性失衡（cyclical disequilibrium）是指由于一国经济周期性波动引起该国国民收入、价格水平、生产和就业发生变化而导致的国际收支失衡。一国经济会呈现衰退、萧条、复苏和繁荣的周期性变化。不同周期会影响国民收入水平，进而影响国民需求的变化。例如，当经济处于衰退和萧条时期，社会总需求下降，进口需求也相应下降，国际收支可能会产生顺差；反之，经济复苏和繁荣阶段，社会总需求上升，进口需求也相应上升，国际收支很可能会产生逆差。

货币性失衡（monetary disequilibrium）是指在一定汇率下国内货币成本与一般物价变化而引起进出口货物价格变化，从而导致的国际收支失衡。例如，如果一国国内发生通货膨胀，抬高商品价格，那么出口商品价格提升势必削弱本国商品在国际市场上的竞争能力，起到抑制出口的作用。与此同时，国内货物成本上升导致进口商品相对便宜，于是进口需求上升，可能导致贸易收支逆差。

结构性失衡（structural disequilibrium）是指国内经济、产业结构不能适应世界市场的变化而发生的国际收支失衡。当一国所生产的产品在国际市场表现得缺乏创新性，并被他国先进产品不断取代，那么就会导致一国商品的出口困难。这种失衡在发展中国家较为常见。

收入性失衡（income disequilibrium）是指由于各种经济条件的变化引起国民收入

的较大变动导致的国际收支不平衡。例如，当一国国民收入大幅度增加时，社会总需求扩大，在开放型经济下，不一定会带来国内物价的上涨，也可能是进口增加；反之，当一国国民收入因为一些原因减少时，国民对进口产品的需求下降，就会缓解国际收支逆差。

临时性失衡（accidental disequilibrium）是指短期的、由非确定或偶然因素引起的国际收支失衡现象。例如，当一国遭遇他国经济制裁导致出口不畅，就会在短期内带来国际收支的逆差等。

2. 国际收支的调节

（1）自动调节机制。对一个国家而言，无论是经济持续顺差还是持续逆差，都会对国内经济产生不良影响。在一定条件下，国际收支失衡引起国内经济变动对国际收支产生反作用，从而使国际收支达到平衡，这就是收支失衡的自动调节机制。

最具代表性的是18世纪中叶，英国哲学家、经济学家大卫·休谟提出的著名的“价格-现金流动机制”，它所描述的是金本位环境下，一个国家的收支可以通过物价的涨落和黄金的输出与输入自动恢复平衡。

在纸币流通条件下，国际收支的自动调节机制依然存在，是通过价格、汇率、利率、收入等经济变量发挥作用。

当一国的国际收支出现顺差时，国际货币市场货币供给增多，引起国内信用膨胀，利率下降，投资与消费相应上升，国内需求量增加，对货币形成一种膨胀式压力，使本国物价与出口商品价格随之上升，从而减弱了本国出口商品的国际竞争力，出口减少，进口增加，国际收支顺差逐步减少直至平衡。这就是价格机制自动调节收支不平衡的原理。

当一国国际收支发生逆差时，该国货币市场货币存量减少，银根趋紧，利率上升。利率的上升表明本国金融资产收益率的上升，从而对本国金融资产的需求相对上升，对国外金融资产的需求随之下降。这样一来，经常账户的逆差会通过金融资本账户的顺差来平衡。这是利率机制自动调节收支不平衡的原理。

当一国国际收支出现顺差时，本国货币市场上的外汇供给大于外汇需求，供求关系的改变导致本币的升值，本国出口商品以外币表示的国际市场价格上涨，进口商品价格下降，于是出口减少，进口增加，贸易顺差状况得以改善；反之，当逆差出现，本国货币贬值，出口商品的价格竞争力提升，出口增加，进口减少，贸易逆差得到改善，国际收支状况趋向平衡。这是汇率机制自动调节收支不平衡的原理。

当一国国际收支出现逆差时，国民收入水平会下降，而收入的下降势必带来国民总需求的下降，进口需求下降，贸易收支得到改善。国民收入的下降不仅能改善贸易收支，还会使对外劳务和金融资产的需求得到不同程度的下降，改善经常项目收入和资本与金融账户收支情况，改善逆差。这是收入机制调节收支不平衡的原理。

（2）政策调节机制。政策调节机制不同于经济变量对国际收支失衡的自动平抑，当收支失衡影响一国经济健康稳定发展时，一国政府及货币管理当局必然会采取一定的措施加以调节。在早期重商主义思想的影响下，一国更多地会采取政策干预逆差的蔓延和发展，但随着经济意识的发展政府也注重对国际收支顺差的调节。

一国对国际收支失衡的经济政策调节主要分为财政政策调节、货币政策调节、信用政策调节、外贸政策调节等方面。

财政政策调节主要通过改变政府收支来实施，通过改变社会总需求或经济支出的总水平，进而改变对外国商品、劳务和金融资产的需求，以此来调节国际收支失衡的一种政策。

货币政策调节是指一国货币管理当局通过改变货币供给量从而调整市场利率水平，着重在于改善国际收支资本账户变动。当货币供应量上升，市场基准利率下降，致使游资的撤离，抑制资本账户顺差；当货币供应量下降，市场基准利率上升，吸引追逐利差的资金流入，抑制资本账户逆差，进而达到影响国际收支状况变动的政策效应。

信用政策调节是指利用国际信贷方式调节收支失衡。例如，当发生逆差时，一国政府可以向国际金融市场借款，虽然利率较高，但由于这种方式限制较少，使用方便，目前是国际社会常用的一种平抑逆差的方式；反之，当发生顺差现象时，可以通过向国际金融市场贷方资金实现货币资源的输出。信用调节主要用于解决临时性的国际收支失衡。

外贸政策调节是指为了改善国际收支，许多国家采用一些保护性外贸政策干预进口，或限制出口来实现国际收支失衡的调节。但是，这种直接政策管制有悖于正常的市场机制，容易受到国际社会的指责，还会使被庇护者有依赖性，阻碍经济的正常发展。

第二节　外汇与汇率

一、外汇的基本概念

在开放经济中，各个国家都不同程度地需要同其他国家进行货币经济往来。商品的贸易、资金的汇兑、资本的国际转移以及国与国之间债权债务的清算与支付，最终都要通过货币。外汇是指以外国货币表示的并可用于国际结算的信用票据、支付凭证、有价证券以及外币现钞。外汇作为一种对外支付手段，是一种具有融通性质的债权，也是对外国商品和服务的要求权。

外汇具有动态和静态的含义。动态含义的外汇是一种国际汇兑的过程和行为。静态含义的外汇是一种以外币表示的用于国际结算的支付手段。国际货币基金组织对外汇的定义是：外汇是货币行政当局以银行存款、国库券、长短期政府债券等形式所保有的在国际收支逆差时可以使用的债券。按照我国 1981 年的《外汇管理暂行条例》规定：外汇包括外国货币、外国有价证券、外币支付凭证、境外人寿保险金等其他外汇资产。

二、汇率的相关知识

（一）汇率的标价方法

外汇的价格不同于其他商品的价格，商品的价格只能用货币表示或标价，而不能反过来。外汇买卖的对象双方都是货币，都是表示商品价格或双方货币价格的符号。究竟是用本国货币表示外国货币的价格，还是用外国货币表示本国货币的价格，这就出现了两种汇率标价法。

直接标价法（direct quotation）是以一定的本国货币表示外国货币的价格，即“1 外币=N 本币”。也就是说，为了购买一定单位的外国货币，需要支付多少本国货币，因此这种标价法又称应付标价法。

间接标价法（indirect quotation）是以一定的外国货币表示本国货币的价格，即“1 本币=N 外币”。也就是说，卖掉一定单位的本国货币，可以收到多少外国货币，因此这种标价法又称应收标价法。

直接标价法和间接标价法的本质并没有什么不同，仅仅是站在不同国家的角度而已，只是在日常的升贬值描述中，要注意是哪种货币升值、哪种货币贬值。例如，在直接标价法下，如果外汇升值，N 的数字会上升，反之 N 的数字会下降；在间接标价法下，如果外币升值，那么 N 的数字会下降，反之 N 的数字会上升。包括我国在内的世界上大部分国家采用直接标价法，只有曾在国际政治舞台上占有统治地位的货币才惯用间接标价法。如今使用间接标价法的有美国、英国、澳大利亚等少数国家。

（二）汇率的种类

汇率（foreign exchange rate）是一种货币表示另一种货币的价格，或者说是两种货币进行汇兑时的比价。汇率的种类多种多样，从不同的角度划分可以有不同的类别：

1. 按照确定汇率的方法划分——基本汇率和套算汇率

基本汇率是一国货币对关键货币的汇率。套算汇率是根据基本汇率和国际外汇市场行市套算出来的一国货币对其他货币的汇率。例如，某日我国人民币对美元基本汇率确定为 1 美元=6.553 5 元人民币，同时伦敦外汇市场 1 英镑=1.501 0 美元，则人民币对英镑的汇率可以根据基本汇率和外汇行市套算为 1 英镑 = 6.553 5×1.501 0 = 9.836 8元人民币，该汇率即为套算汇率。

2. 按照外汇定价的主体划分——官方汇率和市场汇率

官方汇率是指由一个国家的货币管理当局所规定并且进行维持的汇率，如中央银行或外汇管理当局所公布的汇率。官方汇率是外汇管制较严格的国家授权其外汇管理当局制定并公布的本国货币与其他各种货币之间的外汇牌价。市场汇率是指在自由市场上买卖外汇，币值取决于供求关系的实际汇率。

3. 按照外汇资金的用途划分——贸易汇率和金融汇率

贸易汇率亦称商业汇率，是用于进出口贸易货款及其从属费用外汇结算的汇率。由于贸易外汇的收支是决定一国国际收支状况好坏的最重要因素，所以有些国家在采用官方汇率与金融汇率（亦称非贸易汇率）同时并存的双重汇率制下，对一切贸易外汇的收支均按贸易汇率办理结算，以达到奖励出口、限制进口、改善国际收支状况的目的。金融汇率是指适用于资金移动、旅游事业等非贸易收支的汇率。

4. 按照政府允许使用汇率的种类划分——单一汇率和复汇率

单一汇率是指在实行外汇管制的国家，对同一种外汇仅规定一种官方汇率，各种外汇交易均按同一汇率结算。不同于单一汇率，复汇率亦称多种汇率，是指一国对本国货币与外国货币的兑换规定有两种以上同时并存的官方汇率，每种汇率只适用于某种交易或某种商品。1929—1933 年资本主义世界经济危机以后，德国和一些拉丁美洲的国家，首先采用复汇率制度。

5. 按外汇交易的交割期限划分——即期汇率和远期汇率

即期汇率也称现汇率，是指某货币目前在现货市场上进行交易的价格，即交易双方达成外汇买卖协议后，在两个工作日以内办理交割的汇率。这一汇率一般就是现时外汇市场的汇率水平。远期汇率通常是指在远期外汇买卖合约中规定的远期合约到期时，无论即期汇率变化如何，买卖双方都要按合约规定执行交割的汇率。

三、汇率的决定

（一）金本位制度下汇率的决定基础

金本位货币制度下，决定汇率的基础是铸币平价。在金本位下，各国都会规定每一单位金币所含有的黄金重量和成色，也就是说每国都会为其铸币规定一个含金量，即金平价（gold parity）。当然，铸币平价决定的汇率只是基础汇率，实际汇率的高低还要受市场供求关系的影响，但实际汇率一般不会偏离铸币平价太远，或者说这种汇率是比较稳定的。

（二）纸币制度下汇率的决定基础

纸币制度下决定汇率的基础是纸币实际代表或其具有的价值量。最初的纸币只是金属货币的代表，代表金属货币执行流通手段的职能。但随着布雷顿森林体系的瓦解，纸币与贵金属黄金脱钩。纸币流通制度下，纸币发挥的主要作用是交易媒介功能，实现自己的购买力时，它的货币作用才能得以充分体现。也就是说在纸币流通条件下，汇率实质上是两国货币以各自代表的价值量为基础而形成的交换比例，即纸币的购买力决定基础汇率。

（三）影响汇率波动的主要因素

既然汇率是货币价格的一种形式，那么汇率波动就是很自然的事情。在自由兑换条件下，某种商品供过于求，则其价格就会下跌；某种商品供不应求，则其价格就会上升；货币亦然。

总体来讲，影响汇率变动的因素可以分为三个大类：经济因素、政策因素、其他因素。

1. 影响汇率的经济因素

（1）国际收支。国际收支对一国汇率的变动能产生直接的影响。一个国家的货币收入总额与付给其他国家的货币支出总额的对比，如果货币收入总额大于支出总额，便会出现国际收支顺差。发生国际收支顺差，会使该国货币对外汇率上升；反之，会使该国货币外汇汇率下跌。这是影响汇率的最直接的一个因素。一般来说，长期的巨额国际收支逆差，肯定会导致本国货币汇率下降，但是暂时的小额的国际收支差额不易发生汇率变动。这是因为金融资本账户的个别资本流动，可一定程度上平抑经常账户上的波动。

（2）通货膨胀。通货膨胀影响本币的价值和购买力，会导致出口商品竞争力减弱、进口商品需求增加，还会引发对外汇市场产生心理影响，削弱本币在国际市场上的信用地位。按照购买力平价说，货币购买力的比价即货币汇率。如果一国的物价水平高，通货膨胀率高，说明本币的购买力下降，会促使本币贬值。

（3）资本流动。资本在不同国家间大量流动会使汇率发生重大变动。一国资本的大量流入，就会增加对流入货币的需求，使流入国的外汇供应增加，外汇供应的相对充足和对流入国本币需求的增长，使本币币值上升、外币汇率下降；相反，一国资本的大量流出，就会使流出国出现外汇短缺、对本币需求下降的情况，使本币币值下降、外币汇率上升。

2. 影响汇率的政策因素

（1）利率政策。利率对汇率波动起决定性作用。利率水平直接对国际的资本流动产生影响，高利率国家发生资本流入，低利率国家则发生资本外流，资本流动会造成外汇市场供求关系的变化，从而对外汇汇率的波动产生影响。利率平价说从中短期解释了汇率波动的原因，认为利率对汇率的影响主要是通过对套利资本流动的影响来实现的。温和的通货膨胀下，较高利率会吸引外国资金的流入，同时抑制国内需求，进口减少，使得本币升高。但在严重通货膨胀下，利率就与汇率呈负相关关系。

（2）汇率政策。汇率政策是一国政府通过公开宣布本国货币贬值或升值的办法使汇率发生变动，又称法定汇率变动。本币法定升值是一国调整对外国货币的兑换比率以使货币对外价值提高，本币法定贬值是使一国货币对外价值降低，这种汇率干预政策会导致复汇率的出现，对市场实际汇率变动的影响能力有限。

（3）外汇干预政策。外汇干预政策是一国政府或货币管理当局通过运用外汇平准基金介入市场，采用市场的手段干预本国货币的汇率变化。例如，持有外汇平准基金大肆购买本国货币，会带来本国货币的升值；反之，抛售本国货币买入外汇，会导致本国货币贬值。这种手段不同于行政手段，而是介入市场，因此外汇干预政策手段主要是对市场规则的遵守使市场实际汇率变化。

3. 影响汇率的其他因素

影响汇率变动的其他因素有政治因素、心理因素、投机因素和偶然因素等。政治因素是政治、军事等突发事件，对汇率变动有着不可忽视的影响。心理因素是人们对外汇市场信息的获取及心理预期对交易行为的影响带来的汇率短期波动。具体来说，当人们普遍对某货币的前景看好，这种货币就会被大量买进，从而升值；反之，这种货币就会贬值。投机因素主要是指国际流动的“热钱”对一国经济的冲击，短期内的本币外币兑换带来的汇率波动。偶然因素，主要是指天灾、谣传等对汇率的影响。

总之，上述因素对汇率的影响是错综复杂的，有时多种因素同时起作用，有时一种因素的作用会被另一种因素带来的影响抵消。总之，分析实际汇率走势时，要站在一个宏观的角度，多层次、多方面地进行考量。

第三节　国际储备

一、国际储备的性质

国际储备是一国综合实力尤其是金融实力的重要表现之一，直接影响着一国经济发展的总体水平，对一个国家的国际收支情况、汇率稳定以及国际贸易的顺利进行都有着深刻的影响力。

国际储备（international reserve）又称国际储备资产，是指一国官方所持可用于国际支付，并能维持本国货币汇价的货币资产，主要由下列几部分组成：官方持有的黄金储备、官方持有的自由兑换外国货币、在国际货币基金组织的储备头寸和特别提款权。

一国的国际储备资产最主要的功能就是平衡国际收支以及维持汇率稳定，因此国际储备一般具有这样的三大属性，即普遍可接受性、币值相对稳定性、可随时获得性。普遍可接受性是指一国的国际储备用于对外支付时，应当能够被绝大多数国家接受；币值相对稳定是他国愿意持有该国货币的重要因素；可随时获得就意味着一国的储备资产需要被动用时，可以被一国政府随时提用或兑换成所需要的资产，也就是说储备资产有自由兑换性和流动性。

二、国际储备的管理

（一）国际储备管理的原则

对于国际储备的管理，各国的国情有灵活多样的原则和方法，但基本原则主要有以下三个：

1. 储备资产的安全性

国际储备不同于企业资产，作为价值贮藏手段，最先被考虑的是存放的安全。选择外汇储备的币种、存放的信用工具等，都要考虑到通货膨胀、汇率变动以及各货币发行国的政策因素，尽量避免储备货币的贬值。

2. 储备资产的流动性

国际储备的重要作用就是弥补收支逆差，满足政府对外紧急支付的需要。因此，不同期限的储备资产要合理搭配，储备资产的币种选择必须是随时可以兑现的。

3. 储备资产的盈利性

在安全性和流动性皆被满足的情况下，储备资产的保值与增值是货币管理当局的工作重点。一方面，要减少储备资产的机会成本，保持其适度的总规模；另一方面，要利用储备资产获取收益，选择适当的金融工具进行投资，使暂时闲置的储备资产达到增值的目的。

（二）国际储备资产的适度规模

为了降低国际储备的机会成本，就要保证储备资产大的适度规模。所谓适度规模是指一国的国际储备资产总量上应控制在一个较为合理的水平。一般来说，国际储备总量有四个量化级别：

1. 最低储备

最低储备是一国国际储备的下限，指一国政府仅采用调节政策和国际融资政策来平衡国际收支时所需要的储备量，从理论上讲可以为零储备。

2. 保险储备

保险储备是一国国际储备的上限，是满足一国对外清偿力的国际储备最大需求量。

3. 经济储备

在经济储备体系下，国际储备可以满足正常进口量所需要的对外支付，并能保证经济的平稳运行，一般根据经验数据获得具体储备量。

4. 最佳储备

在最佳储备指标体系下，国际储备既能满足一国平衡国际收支的需要，又不会造成资源的闲置，最大限度地降低了储备成本。这是各国政府追求的一个理想指标，这一指标受到一国宏观经济规模、年进出口规模、对外开放程度、汇率政策和金融市场完善程度等多方面影响。找到最佳储备规模，要考量的要素众多，并且需要参照经验数据，这对任何一个政府而言，都绝非易事。

第四节　国际货币体系

一、国际货币体系的演进

国际货币体系是各国政府为适应国际贸易与国际结算的需要，对货币的兑换、国际收支的调节等所做的安排或确定的原则以及为此而建立的组织形式等的总称。国际货币体系的主要内容如下：

（1）各国货币比价的确定，包括汇率确定的原则、波动的界限、调整的幅度等。

（2）各国货币的兑换性与对国际收支所采取的措施，如本国货币能否对外兑换以及是否限制对外支付等。

（3）国际储备资产的确定以及储备资产的供应方式。

（4）国际收支的调节方法，包括逆差国和顺差国承担的责任。

（5）国际金融事务的协调、磋商和有关的管理工作。

国际货币体系的形成方式基本上有两种：一种是通过管理和习惯演变而形成的，这是一个长期而缓慢的过程；另一种是通过国际性会议建立的。纵观人类所经历过的国际货币体系，一般来说可以分为三个阶段。

（一）国际金本位制

国际金本位制度是以黄金作为国际储备货币或国际本位货币的国际货币制度，是世界上首次出现的国际货币体系。金本位制度大约形成于 1880 年年末，到 1914 年第一次世界大战爆发时结束。在金本位制度下，黄金具有货币的全部职能，即价值尺度、流通手段、贮藏手段、支付手段和世界货币。英国作为世界上最早发达的资本主义国家，是当时最大的工业强国，也是国际资本供给的最主要来源国。英国于 1821 年前后采用了金本位制度。19 世纪 70 年代，欧洲和美洲的一些主要国家先后在国内实行了金本位制，国际金本位制度才大致形成了。

（二）布雷顿森林体系

布雷顿森林体系是指二战后以美元为中心的国际货币体系。布雷顿森林体系是以美元和黄金为基础的金汇兑本位制，其实质是建立一种以美元为中心的国际货币体系，基本内容包括美元与黄金挂钩、国际货币基金组织成员方的货币与美元保持固定汇率（实行固定汇率制度）。布雷顿森林货币体系的运转与美元的信誉和地位密切相关。

布雷顿森林体系的主要内容包括以下几点：

第一，美元与黄金挂钩。各国确认 1944 年 1 月美国规定的 35 美元一盎司的黄金官价，每一美元的含金量为 0. 888 671 克黄金。各国政府或中央银行可按官价，用美元向美国兑换黄金。为使黄金官价不受自由市场金价冲击，各国政府需协同美国政府在国际金融市场上维持这一黄金官价。

第二，其他国家货币与美元挂钩，其他国家政府规定各自货币的含金量，通过含金量的比例确定同美元的汇率。

第三，实行可调整的固定汇率。《国际货币基金协定》规定，各国货币对美元的汇率，只能在法定汇率上下各 1%的幅度内波动。若市场汇率超过法定汇率 1%的波动幅度，各国政府有义务在外汇市场上进行干预，以维持汇率的稳定。若成员方法定汇率的变动超过 10%，就必须得到国际货币基金组织的批准。1971 年 12 月，这种即期汇率变动的幅度扩大为上下 2. 25%的范围，决定“平价”的标准由黄金改为特别提款权。布雷顿森林体系的这种汇率制度被称为“可调整的钉住汇率制度”。

第四，规定各国货币兑换性与国际支付结算原则，即成员方未经国际货币基金组织同意，不得对国际收支经常项目的支付或清算加以限制。

第五，确定国际储备资产。《国际货币基金协定》中关于货币平价的规定，使美元处于等同黄金的地位，成为各国外汇储备中最主要的国际储备货币。

第六，国际收支的调节。国际货币基金组织成员方份额的 25%以黄金或可兑换成黄金的货币缴纳，其余则以本国货币缴纳。成员方发生国际收支逆差时，可用本国货币向基金组织按规定程序购买（借贷）一定数额的外汇，并在规定时间内以购回本国货币的方式偿还借款。成员方所认缴的份额越大，得到的贷款也越多。贷款只限于成员方用于弥补国际收支赤字，即用于经常项目的支付。

（三）牙买加货币体系

国际货币基金组织（IMF）理事会的国际货币制度临时委员会于 1976 年在牙买加首都金斯敦举行会议，讨论布雷顿森林体系瓦解后的国际货币体系相关事宜，之后签订达成了“牙买加协议”；同年 4 月，国际货币基金组织理事会通过了《IMF 协定第二修正案》，从而形成了新的国际货币体系——牙买加体系。牙买加体系的主要特点包括以下几个方面：

（1）黄金非货币化。黄金与货币彻底脱钩，取消国家之间必须用黄金清偿债权债务的义务，降低黄金的货币作用，使黄金在国际储备中的地位下降，促成多元化国际储备体系的建立。

（2）多样化的汇率制度安排。国际经济合作的基本目标是维持经济稳定而不是汇率稳定。牙买加体系允许汇率制度安排多样化，并试图在世界范围内逐步用更具弹性的浮动汇率制度取代固定汇率制度。IMF 把多样化的汇率制度安排分为以下三种：

①硬钉住汇率，如货币局制度、货币联盟制等；

②软钉住汇率，包括传统的固定钉住制、爬行钉住制、带内浮动制和爬行带内浮动制；

③浮动汇率，包括完全浮动汇率制以及各种实施不同程度管制的浮动汇率制。

（3）以美元为主导的多元化国际储备体系。牙买加体系中，可供一国选择的国际储备不只是美元，还有黄金储备、欧元、日元和英镑等国际性货币、国际货币基金组织（IMF）的储备头寸、特别提款权（SDRs）。尽管如此，美元仍是各国外汇储备的主要组成部分。由此可见，原有货币体系的根本矛盾仍然没有得到根本解决。

（4）国际收支调节机制多样化。IMF 允许国际收支不平衡国家可以通过汇率机制、利率机制、资金融通机制等多种国际收支调节手段对国际收支不平衡进行相机抉择。

二、区域性货币制度

区域性货币制度指在一定区域国家经济联盟和货币联盟的基础上，由某个区域内的有关国家协商形成一个货币区，由联合组建的一家中央银行来发行和管理区域内的统一货币的制度。目前，区域性货币制度主要有欧洲货币联盟制度（欧元）、西非货币联盟制度（西非法郎）、中非货币联盟制度（中非法郎）、东加勒比货币联盟制度（东加勒比元）、太平洋货币联盟制度（太平洋结算法郎）等。

区域性货币制度的建立是以货币一体化理论为依据的。区域是有特定含义的最适度货币区。这个区域是由一些彼此间商品、劳动力、资本等生产要素可以自由流动、经济发展水平和通货膨胀比较接近、经济政策比较协调的国家（地区）组成的一个独立货币区，在货币区内通过协调的货币、财政和汇率政策来达到充分就业、物价稳定和国际收支平衡。

（一）欧洲货币联盟制度

欧元是最适度货币区理论的伟大实践。由于欧洲的国家小而多，它们的发展水平接近，有相同的历史文化背景。欧洲货币制度的建立和欧元的正式启动，标志着现代货币制度又有新的内容并进入了一个新的发展阶段。

（二）西非货币联盟制度

西非货币联盟制度，最初建立于 1962 年 5 月 12 日，当时由非洲西部的塞内加尔、尼日尔、贝宁、科特迪瓦、布基纳法索、马里、毛里塔尼亚 7 个成员方组成。1963 年 11 月，多哥加入了该联盟。西非货币联盟成员方原系法国的领地或殖民地，是法郎区的一部分，这些国家在独立前后的一段时期，使用的货币为法属非洲法郎。1962 年 11 月 1 日，西非货币联盟成立了西非国家中央银行作为成员方共同的中央银行，总行设在塞内加尔首都达喀尔，在各成员方设有代理机构，总行负责制定货币政策，管理外汇储备，发行共同的货币——非洲金融共同体法郎（简称“西非法郎”），供各成员方使用。

（三）中非货币联盟制度

中非货币联盟制度由喀麦隆、乍得、刚果、加蓬、赤道几内亚、中非共和国 6 个成员方组成，这些成员方原来也是法国殖民地，是法郎区的一部分，与西非货币联盟成员方一样，独立前后使用的货币也是法属非洲法郎。1973 年 4 月 1 日，中非货币联盟成立了共同的中央银行，称为中非国家银行，总行设在喀麦隆首都雅温得，发行共同的货币——中非金融合作法郎（简称“中非法郎”）。西非和中非两个货币联盟虽然各自发行不同名称的货币，但都采取钉住法国法郎的货币发行机制，两种货币是等值的。

（四）东加勒比货币联盟制度

东加勒比货币联盟制度也属于区域性货币联盟制度，该货币区由安提瓜和巴布达、多米尼克、格林纳达、蒙特塞拉特、圣卢西亚、圣文森特等国组成。1965 年，东加勒比货币区各国成立了共同的货币管理局，废止了原来的货币——英属西印度元，该货币管理局统一发行区内各国共同使用的货币——东加勒比元，但不负责对各国银行的监督，不规定上缴存款准备金，也不承担最后贷款人的义务。东加勒比元实行与英镑挂钩的联系汇率。1976 年 7 月 7 日，东加勒比元与英镑脱钩，改为钉住美元。1983 年 10 月 1 日，东加勒比货币区成立了东加勒比中央银行，取代了原来的货币管理局。

（五）太平洋货币联盟制度

太平洋货币联盟是由法国所属的三个太平洋辖区——瓦利斯和富图纳群岛、法属波利尼西亚、新喀里多尼亚组成的一个区域货币组织，这三个地区加在一起的人口还不到百万。其使用的太平洋法郎的汇率最初与法国法郎挂钩，后来改为与欧元挂钩，采用固定汇率。

三、人民币汇率制度的历史演进和现状

（一）我国外汇管理制度的演变和改革

在改革开放以前，我国一直实行高度集中的外汇管理制度，对外汇集中管理、统一经营。改革开放后，外汇管理体制进行了一系列重大改革，为实现人民币完全可自由兑换夯实基础；在改革开放以后，我国外汇管理发展经历了两个阶段：

1. 改革开放后的初期阶段（1981—1993 年）

第一阶段是人民币内部结算价与官方汇率并存时期（1981—1984 年）。改革开放以前，人民币汇率长期低于出口创汇成本，但高于国内外消费物价之比。为了扩大出口，人民币需要贬值。不过，人民币贬值对非贸易外汇收入不利。从兼顾贸易和非贸易两方面的需要出发，自 1981 年 1 月 1 日起，我国在官方汇率之外实行贸易内部结算汇率。它以全国出口平均换汇成本加一定幅度的利润计算出来，明显低于官方汇率。

第二阶段是取消内部结算汇率，进入官方汇率与外汇调剂市场汇率并存时期（1985—1993 年）。双重汇率体制明显调动了出口企业的积极性，国家外汇储备也有所增加。但是，这种安排存在明显的问题。第一，从对外关系来看，IMF 将双重汇率看作政府对出口的补贴，发达国家威胁要对我国出口商品征收补贴税；第二，从国内角度来看，双重汇率造成外汇管理工作中的混乱，而且它在外贸部门仍然吃“大锅饭”的情况下不能有效抑制进口。因此，我国从 1985 年 1 月 1 日起取消了内部结算价，人民币又恢复到单一汇价。

为了配合外贸改革和推行承包制，我国逐步取消财政补贴，从 1988 年起增加外汇留成比例，普遍设立外汇调剂中心，放开调剂市场汇率，形成官方汇率和调剂市场汇率并存的局面。

2. 改革开放后的中期阶段（1994 年至今）

（1）汇率并轨与有管理的浮动汇率制阶段。1994 年，国家外汇体制改革的总体目标是：改革外汇管理体制，建立以市场供求为基础的、单一的、有管理的浮动汇率制度和统一规范的外汇市场，逐步使人民币成为可兑换的货币。具体措施包括三点：第一，实行以市场供求为基础的、单一的、有管理的浮动汇率制。1994 年 1 月 1 日，实行人民币官方汇率与外汇调剂价并轨。第二，实行银行结售汇制，取消外汇留成和上

缴。第三，建立全国统一的、规范的银行间外汇交易市场，央行通过参与该市场交易管理人民币汇率，人民币对外公布的汇率即为该市场所形成的汇率。1996 年 12 月，我国实现人民币经常项目可兑换，从而实现了人民币自由兑换的重要一步。1994 年以后，我国实行以市场供求为基础的管理浮动汇率制度，但人民币对美元的名义汇率除了在 1994 年 1 月至 1995 年 8 月小幅度升值外，始终保持相对稳定状态。亚洲金融危机以后，由于人民币与美元脱钩可能导致人民币升值，不利于出口增长，中国政府进一步收窄了人民币汇率的浮动区间。1999 年，IMF 对中国汇率制度的划分也从“管理浮动”转为“钉住单一货币的固定钉住制”。

（2）我国对完善人民币汇率形成机制进行改革阶段。自 2005 年起，人民币汇率不再钉住单一美元，而是选择若干种主要货币组成一篮子货币，同时参考一篮子货币计算人民币多边汇率指数的变化。实行以市场供求为基础、参考一篮子货币进行调节、有管理的浮动汇率制度。人民币汇率形成机制改革以来，以市场供求为基础，人民币总体小幅升值。

2005 年 7 月 21 日人民币汇率形成机制改革后，中国人民银行每个工作日闭市后公布当日银行间外汇市场美元等交易货币对人民币汇率的收盘价，作为下一个工作日该货币对人民币交易的中间价。自 2006 年 1 月 4 日起，中国人民银行授权中国外汇交易中心于每个工作日上午 9 时 15 分，对外公布当日人民币对美元、欧元、日元和港币汇率的中间价，作为当日银行间即期外汇市场以及银行柜台交易汇率的中间价。即“以市场供求为基础、参考一篮子货币进行调节、有管理的浮动汇率制度”建成。

（二）我国汇率制度现状

目前，我国汇率制度的特点有以下几个：

第一，汇率决定以市场供求为基础。根据新的人民币汇率制度确定的汇率与当前的进出口贸易、通货膨胀水平、国内货币政策、资本的输出输入等经济状况密切相连，经济的变化情况会通过外汇供求的变化作用到外汇汇率上。

第二，有管理的汇率制度。政府必须用宏观调控措施来对市场的缺陷加以弥补，主要体现在几个方面：国家通过对外汇市场进行监管、人民币汇率实施宏观调控、中国人民银行进行必要的市场干预。

第三，浮动的汇率。浮动的汇率制度就是一种具有适度弹性的汇率制度。中国人民银行于每个工作日闭市后公布当日银行间外汇市场美元等交易货币对人民币汇率的收盘价，作为下一个工作日该货币对人民币交易的中间价格。现阶段，每日银行间外汇市场美元对人民币的交易价仍在人民银行公布的美元交易中间价上下 0. 3%的幅度内浮动，非美元货币对人民币的交易价在人民银行公布的该货币交易中间价 3%的幅度内浮动率稳定。

第四，汇率变动参考一篮子货币。一篮子货币是指按照我国对外经济发展的实际情况，选择若干种主要货币，赋予相应的权重，组成一个货币篮子。同时，根据国内外经济金融形势，以市场供求为基础，参考一篮子货币计算人民币多边汇率指数的变化，对人民币汇率进行管理和调节，维护人民币汇率在合理均衡水平上的基本稳定。篮子内的货币构成，将综合考虑在我国对外贸易、外债、外商直接投资等对外经贸活动占较大比重的主要国家、地区及其货币。参考一篮子表明外币之间的汇率变化会影响人民币汇率，但参考一篮子货币不等于钉住一篮子货币，它还需要将市场供求关系作为另一重要依据，据此形成有管理的浮动汇率。这将有利于增加汇率弹性，抑制单边投机，维护多边汇率。

现今，我国人民币汇率形成的市场机制存在一些不完善之处，比如，当前中央银行处于频繁入市干预和托盘的被动局面，银行还未建立做市商交易制度等。在改革的道路上，我们应当尝试建立市场化条件下的央行外汇市场干预模式，改进央行汇率调节机制，建立一套标准的干预模式，给市场一个比较明确的干预信号，尽量减少直接干预，让市场主体通过自主交易形成公平价格，强化央行的服务职能。此外，我国具有大规模的外汇储备，这在一定程度上证明了我国的经济实力，但是也有外汇风险。未来如何管理这笔庞大的外汇储备也是外汇管理制度应该关注的焦点。

本章思考题

1. 简述国际收支失衡的原因。如何对国际收支失衡进行调节？
2. 影响汇率变动的因素有哪些？
3. 讨论现行人民币汇率制度的主要内容。
4. 汇率变动对经济产生哪些影响？

第八章　货币需求与货币供给

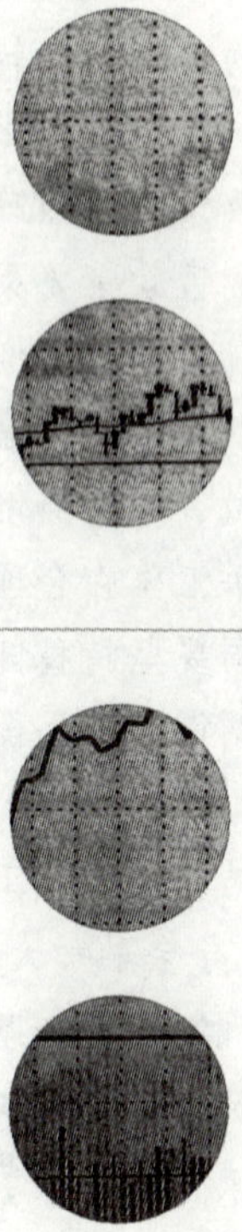

[知识导读]

党的二十大报告指出："健全宏观经济治理体系，发挥国家发展规划的战略导向作用，加强财政政策和货币政策协调配合，着力扩大内需，增强消费对经济发展的基础性作用和投资对优化供给结构的关键作用。深化金融体制改革，建设现代中央银行制度，加强和完善现代金融监管，强化金融稳定保障体系，依法将各类金融活动全部纳入监管，守住不发生系统性风险底线。"2023 年 12 月举行的中央经济工作会议指出，2024 年，我国要坚持稳中求进、以进促稳、先立后破，多出有利于稳预期、稳增长、稳就业的政策，在转方式、调结构、提质量、增效益上积极进取，不断巩固稳中向好的基础。我国要强化宏观政策逆周期和跨周期调节，继续实施积极的财政政策和稳健的货币政策，加强政策工具创新和协调配合。积极的财政政策要适度加力、提质增效。稳健的货币政策要灵活适度、精准有效。我国要保持流动性合理充裕，社会融资规模、货币供应量同经济增长和价格水平预期目标相匹配。我国要发挥好货币政策工具总量和结构双重功能，盘活存量、提升效能，引导金融机构加大对科技创新、绿色转型、普惠小微、数字经济等方面的支持力度。我国要促进社会综合融资成本稳中有降。保持人民币汇率在合理均衡水平上的基本稳定。

我国要坚持稳健货币政策取向，管好货币总闸门，把握好保持货币政策稳定性和加强预调微调的平衡，保持货币政策松紧适度，既有力支持实体经济又坚决不搞"大水漫灌"，守护好老百姓的钱袋子。我国要强化货币政策工具结构性功能创新，进一步发挥好结构性政策工具的牵引带动作用，强化政策的针对性和有效性，实现"精准滴灌"，引导金融加大对小微企业、"三农"等薄弱环节的支持力度。我国要健全货币政策调控机制，健全基础货币投放机制和货币供应调控机制，强化流动性、资本和利率约束的长效机制。我国要发挥货币政策的总量和结构双重功能，精准加大对国民经济重点领域和薄弱环节的支持力度。

中央银行通过货币政策实现对国民经济的宏观调控。但是，中央银行的直接调控对象是货币的供求，而不是宏观经济本身。中央银行的重要任务就是要准确预测整个经济的货币需求量，并以此为依据控制货币供应量。

思考题：

1. 货币超发会有什么影响？
2. 影响货币需求的因素有哪些？
3. 如何发挥货币政策的总量和结构双重功能？

在市场经济运行过程中，一国政府经常受通胀困扰，甚至将稳定物价作为政府宏观调控的目标。学者们认为，通货膨胀是一种货币现象，当一国货币供应量超出了正常的需求，就会导致货币供需失衡，影响物价稳定和社会生产。

中央银行通过货币政策实现对国民经济的宏观调控，但中央银行的直接调控对象是货币的需求与供给，而不是宏观经济本身。为了抑制通货膨胀，中央银行的重要任务就是要准确地预测整个经济的货币需要量，并以此控制货币供应量。

本章主要讲述货币需求理论、货币供给的形成机理、货币均衡及失衡状态等内容。

第一节　货币需求

一、货币需求的含义及特征

（一）货币需求的含义

商品经济条件下，生产与交换都必须借助货币来实现。人们对于生活中的各种物质、精神需求首先表现为对货币的需求。货币需求是指在一定时期内，各经济主体（个人、企业单位、政府）愿以货币形式持有财产的需要，或社会各阶层对执行流通手段、支付手段和价值贮藏手段而形成的对货币的需求。

当考虑价格因素时，我们可以将货币需求分为名义货币需求和实际货币需求。名义货币需求是指社会各个部门在当前价格水平下对货币的需求，即用货币单位来表示的货币数量，如元、马克、英镑等，一般用 M_d 表示。而实际货币需求就是扣除价格变动因素的影响后的货币需求，即用商品来衡量货币。通常，它等于名义货币需求除以物价水平，即 M_d/P。

（二）货币需求的特征

要正确理解货币需求的概念，还需要把握以下几点：

第一，货币需求是一个存量概念。货币需求通常都是从存量角度进行分析的。它考察的是在某个时点和空间内社会各部门在其拥有的全部财产中愿意以货币形式持有的数量和份额。然而，由于货币存量的多少与流量的大小和速度密切相关，因此在货币需求分析中，就要把存量与流量结合起来，做静态与动态的全面分析。

第二，货币需求是有约束条件的。货币需求是愿望与能力的统一。它以收入或财富的存在为前提，是在具备获得或持有货币的能力范围之内愿意持有的货币量。不能将货币需求仅理解为一种主观意愿。构成货币需求必须同时具备两个条件：一是必须有获得或持有货币的能力，二是必须愿意以货币形式保有资产。有能力而不愿意就不会形成对货币的需求，愿意却无能力则只是一种不切实际的幻想。

第三，货币需求不仅包括对现金的需求，而且包括对存款货币的需求。因为货币需求是所有商品、劳务的流通以及有关一切货币支付所提出的需求，如果把货币需求仅仅局限于现金，显然是片面的。

第四，人们对货币的需求既包括执行流通手段和支付手段职能的货币需求，也包括执行价值贮藏手段职能的货币需求。两者差别在于持有货币的动机不同或货币发挥职能作用的不同，但都在货币需求的范畴之内。

二、货币需求的主要决定因素

在界定了货币需求的含义后，我们要从微观、宏观方面来共同考察货币需求变动的规律，其中最重要的是把握影响和决定货币需求的因素。影响货币需求的因素很多，主要有以下几个方面：

（一）收入状况

收入状况是决定货币需求的主要因素之一。这一因素又可以分为收入水平和收入间隔两个方面。在一般情况下，货币需求量与收入水平同向变动，当居民、企业等经济主体的收入增加时，对货币的需求也会增加；当收入减少时，对货币的需求也会减少。同时，如果人们取得收入的时间间隔延长，则整个社会的货币需求量就会增大；相反，如果人们取得收入的时间间隔缩短，则整个社会的货币需求量就会减少。

（二）价格水平

货币是交易和支付的手段，因而物价水平与货币需求有密切联系。在商品和劳务量既定的情况下，价格越高，社会商品流转额就会上升，用于周转或交易的货币需求量必然增加，因而物价水平越高，货币的需求量就越多；反之，则货币的需求量就越少。当然，市场上商品的供求结构发生变化可以通过对价格水平来间接影响货币需求。

（三）收入的分配结构

从宏观上来说，国民收入总是经过初次分配和再分配之后，最终形成各个部门的收入。收入在各部门分配的结构必然决定货币总需求中各部分需求的比重或结构。从微观上来说，收入的分配结构不同将影响持币者的消费与储蓄行为，并对交易和储蓄的货币需求产生一定影响。

（四）货币流通速度

货币流通速度是指单位货币在一定时期内周转或实现交换的次数，即货币的转手次数。它反映的是货币功能发挥的程度。货币流通速度越快，单位货币所实现的交易量就越多，完成一定交易量所需货币量就越少；反之，则完成一定交易量所需货币量就越多。

（五）信用发达程度

信用制度和信用工具越发达，信用活动的效率越高，货币的使用数量也越少。因为发达的信用使得人们在需要货币的时候，能容易地获得现金或贷款。这样，人们所需要持有的货币就会少些，可以将暂时不需要的货币先投资于其他金融资产，待需要使用货币时，再将金融资产出售以换回现金。因此，在交易规模一定的情况下，信用活动越发达，需要的货币数量就越少；反之，则需要的货币数量就越多。

（六）市场利率和金融资产收益率

现实生活中，货币与金融资产之间存在一定的替代关系。银行存款利率、债券利率以及股票收益率等金融资产的收益率越高，意味着持有货币的机会成本越高，也就是因持有货币而必须放弃的收入越多，这时人们显然会减少对货币的持有，即减少货币需求量。

三、货币需求理论

经济学家们从不同的角度研究了货币需求量和其影响因素之间的数量关系，进而形成了许多不同的货币需求理论，如古典学派的货币需求理论、凯恩斯的货币需求理论、弗里德曼的现代货币数量理论等。

（一）古典学派的货币需求理论

1. 费雪方程式

1911 年，美国耶鲁大学教授欧文·费雪在其出版的《货币的购买力》一书中提出了著名的交易方程式，被称为费雪方程式。费雪认为，货币的唯一职能是充当交易媒介，人们对货币需求仅仅是因为货币具有购买力，可用来交换商品和劳务。假设以 M 表示一定时期内流通货币的平均数量；V 为货币流通速度，即每单位货币在一年内与商品交易的平均次数；P 为各类商品价格的加权平均数；T 为各类商品的实际交易数量，则

$$MV=PT \text{ 或 } P=MV/T \tag{8.1}$$

式（8.1）被称为费雪方程式，或交易方程式。PT 表示名义总收入，即通常所说的名义 GDP。该方程式表明，名义总收入等于货币数量与货币流通速度的乘积；同时，也说明 P 的值取决于 M、V、T 这三个变量的相互作用。不过，费雪分析，在这三个经济变量中，M 是一个由模型之外的因素所界定的外生变量；V 是由经济中影响个人交易方式的制度所决定的，由于制度性因素在短期内不变，因而可视为常数；交易量 T 对产出水平常常保持固定的比例，并且由于费雪认为工资和价格是完全有弹性的，所以在正常年份整个经济的总产出总是维持在充分就业的水平上。因此，在短期内也可以认为是大体稳定的。只有 P 和 M 的关系最为重要。这样，P 值就取决于 M 的数量的变化。由于 $MV=PT$，则

$$M=PT/V=(1/V)\cdot P\cdot T \tag{8.2}$$

这就是费雪的货币需求函数。在均衡状态下，人们手持的货币数量 M 就等于货币需求量 M_d，故可以用 M_d 取代式（8.2）中的 M，用 K 来代替 $1/V$，则 $M_d=KPT$。这说明，仅从货币的交易媒介功能观察，全社会在一定时期一定价格水平下的总交易量决定了人们的名义货币需求量 M_d，名义货币需求数量取决于这一时期全社会一定价格水平下的总交易量与同期货币流通速度。

费雪的货币数量论表明：货币需求仅仅是收入的函数，利率对货币需求没有影响。

2. 剑桥方程式

剑桥学派的货币需求理论，也称现金余额说或剑桥方程式，是由同属于剑桥学派的经济学家马歇尔、庇古等人创立的。虽然他们的分析得出与费雪货币需求方程式相同的结论，但研究方法却大相径庭。他们的观点与费雪的显著不同点在于，其强调微观主体对货币需求的影响。他们认为，人们之所以持有货币，是由于货币具有交易媒介和价值贮藏职能，使持有者具有便于交易和预防意外的作用。假如以 Y 表示实际产出，P 代表物价水平，M_d 表示货币需求，K 代表人们的持币比例，即以货币形态持有的财富占名义总收入的比例，则

$$M_d=K\cdot P\cdot Y \tag{8.3}$$

式（8.3）被称为剑桥方程式。由于假定人们的持币比例受自身习惯等因素的影响，是稳定不变的，所以剑桥方程式表明，人们在通常情况下所持有的货币量或现金余额，与名义总收入保持稳定的关系。

如果把 K 看成常数，该方程式和费雪方程式就仅有标号的不同，只需令 $K=1/V$，

它们便基本一样了。但是，它们的区别也是明显的：现金余额说将分析的重心放在货币持有方面，而费雪的现金交易说只注重交易制度因素，忽视个人资产选择因素。

（二）凯恩斯的货币需求理论

凯恩斯在1936年出版的《就业、利息和货币通论》一书中系统地提出了货币需求理论，即流动性偏好论。他从资产选择的角度来考察货币需求，更为精确地研究了个人的持币动机，发展了一种强调利率重要性的货币需求理论。

所谓流动性偏好是指由于货币具有使用上的灵活性，人们宁肯以牺牲利息收入而储存不生息的货币来保持财富的心理倾向。流动性偏好的实质就是人们对货币的需求。凯恩斯从货币需求的动机入手，认为人们的货币需求行为取决于三种动机，即交易动机、预防动机和投机动机，并将货币需求看成一种函数关系。

1. 交易动机

交易动机是指个人或企业需要货币是为了进行正常的交易活动。凯恩斯认为，个人和企业在收入的获得和支出的发生之间在时间上不同步，因而个人和企业必须有足够的货币资金来支付日常需要的开支。个人或企业出于这种交易动机所需要的货币量，决定于收入水平、收入与支出的时距及其规律性、支出习惯、金融制度、预期因素等。在这些因素中，除了收入因素外，其他因素均可视为在短期内不变的常量。于是，按凯恩斯的说法，出于交易动机的货币需求量主要取决于收入，收入越高，交易数量越大。交易数量越大，所交换的商品和劳务的价格越高，从而为应付日常开支所需的货币量就越大。

2. 预防动机

预防动机又称谨慎动机，是指个人或企业为预防意外支出而持有的货币的动机，如个人或企业为应付事故、失业、疾病等意外事件而需要事先持有一定数量货币。预防动机的产生主要是因为未来收入和支出的不确定性。凯恩斯认为，人们愿意持有的预防性货币余额的数量主要取决于人们对未来交易水平的预期，而这些未来交易与收入成正比。因此，凯恩斯假定出于预防动机的货币持有与收入成比例。

由此可见，货币需求的预防动机和交易动机都与收入有关。因此，若用M_1表示由以上两种动机形成的货币需求量，用Y表示名义收入，L_1代表这种货币需求量与收入的函数关系，则这种货币需求量和收入的关系可表示为：

$$M_1=L_1(Y)=kY \tag{8.4}$$

式（8.4）中，k为出于上述两种动机所需货币量同收入的比例关系。式（8.4）说明，交易性和预防性货币需求与收入之间存在正向变动关系。

3. 投机动机

投机动机是指人们为了抓住有利的购买有价证券的机会而持有一部分货币的动机。假定人们一时不用的财富只能用货币形式或债券形式来保存，债券能带来收益，而闲置货币则没有收益，那么人们为什么不全部购买债券而要在两者之间进行选择呢？原因是人们想利用利率或有价证券价格水平的变化进行投机。在实际生活中，债券价格高低与利率的高低存在一种反向变动的关系：债券价格=债券固定收益/市场利息率。由于债券市场价格是经常波动的，如果人们预计债券价格将上涨（预期利率将下降），则会用货币买入债券以备日后以更高价格卖出，对持有货币的需求将会降低；反之，若人们预计债券价格将下跌，就会卖出债券保存货币以备日后债券价格下跌时再买进。这种预计债券价格将下跌（利率上升）而需要把货币保留在手中的情况，就是对货币的投机性需求。可见，这一需求与利率呈反向变动关系。

总之，对货币的投机性需求取决于利率，若用 M_2 表示投机性货币需求，r 表示利率，L_2 表示 r 与 M_2 的函数关系，则有如下关系式：

$$M_2 = L_2(r) = -hr \tag{8.5}$$

式（8.5）中，h 是货币投机需求的利率系数，负号代表货币投机需求与利率变动存在负向关系。

将三种货币需求动机结合起来考察，得出凯恩斯的货币需求函数：

$$M = M_1 + M_2 = L_1(Y) + L_2(r) = kY - hr \tag{8.6}$$

式（8.6）表明，货币需求随收入的变化呈现同方向变化的关系，与利率的变化呈现反方向变化的关系。货币需求函数可用图 8-1 来表示。

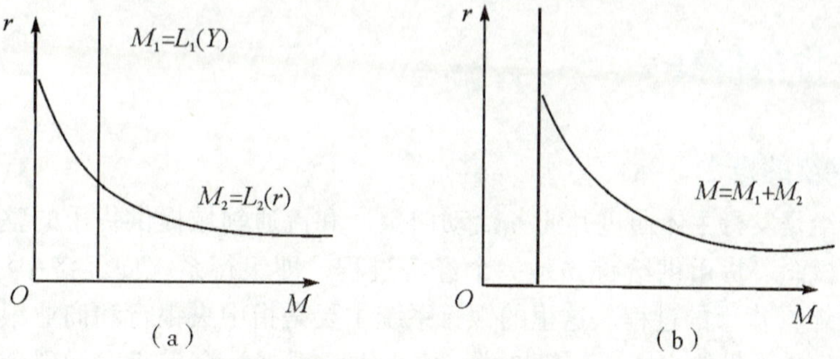

图 8-1　货币需求曲线

凯恩斯还提出，在利率极低时，会出现流动性陷阱的极端情况。所谓流动性陷阱，就是指当利率极低时，几乎所有的人都会产生未来利率上升从而债券价格下跌的预期，货币需求弹性就会变得无限大，货币管理当局无论增加多少货币供给，都会被人们储存起来。图 8-1（a）中的 M_2 曲线表示货币投机需求量随利率下降而增加，最后趋近水平状，表示流动性陷阱。

由于流动性陷阱的极端情况存在（20 世纪 30 年代经济危机正是如此），使货币管理当局运用货币政策影响利率，进而增加投资和总需求的目的无法实现。因此，凯恩斯得出结论，当利率达到极低水平时，货币政策是无效的。

（三）弗里德曼的现代货币数量理论

1956 年，弗里德曼发表的名作《货币数量说——重新表述》，标志着现代货币数量论的诞生。在这篇文章中，弗里德曼对货币数量说给予新的解释。他对货币数量说的重新论述主要集中于对影响货币需求的因素进行分析，并提出了货币需求函数。

弗里德曼认为影响人们持有货币数量的因素主要有三类。

（1）财富是影响货币需求的重要因素。这里的财富是包括货币在内的各种资产的总和。同时，他又将财富划分为人力与非人力财富两种形式。

（2）货币及其他各种财富的预期收益率是影响货币需求的另一因素。

（3）其他因素，如财富所有者的特殊偏好等。

弗里德曼根据以上影响人们持有货币数量的因素提出了货币需求函数：

$$M_d/P=f\left(Y_p,\ W,\ r_m,\ r_b,\ r_e,\ \frac{1}{p}\cdot\frac{dp}{dt},\ \mu\right) \tag{8.7}$$

其中，M_d/P 表示实际货币需求；Y_P 表示实际恒久收入，即财富；W 表示非人力财富占个人总财富的比例；r_m 表示货币的预期名义收益率；r_b 表示固定收益的债券预期名义收益率；r_e 表示非固定收益的证券预期名义收益率；$\frac{1}{p}\cdot\frac{dp}{dt}$ 表示商品价格的预期变化率；μ 表示综合变量。在上述影响货币需求的因素中，Y_P 和 r_m 与货币需求成正比，其余因素与货币需求成反比。

弗里德曼的货币需求理论既是对古典货币数量论的继承，又是对古典货币数量论的发展；同时，也是对凯恩斯主义货币需求理论的批判。它有机地结合了宏观经济运行和微观主体行为，是较全面的货币需求理论。

第二节　货币供给

一、货币供给的概念

货币供给是发行主体通过其业务活动向生产和流通领域提供货币的整个过程，是一个动态的概念。货币供给首先是一个经济过程，即银行系统向经济中注入、创造、扩张（或收缩）货币的过程。这里的银行系统主要是指中央银行和商业银行，它们是一个经济体的货币供给主体。一般来说，中央银行根据社会需要发行现金货币，而商业银行则根据社会需要提供存款货币。

关于货币供给的定义，需注意的是：第一，货币供给是一个存量概念，货币供给量是指一国在某一时点上流通中的货币存量。货币供给量不外乎是被一国经济主体（包括个人、企事业单位、政府等）持有的、由银行系统供应的存款量和货币发行量。因此，影响和决定货币发行供给存量大小的是银行的信贷收支。第二，货币供给是反映在银行资产负债表上的一定时点上的银行负债总额。具体地说，存款是商业银行的负债，而现金发行量则是中央银行的负债。第三，货币供给首先是一个外生变量。因为中央银行能够按照自己的意图运用货币政策工具对社会的货币量进行扩张或收缩，货币供给量的大小受政策左右。同时它又是一个内生变量，即不为政策因素所左右的非政策性变量。因此，中央银行对货币供给量的调控变得十分困难。

同时，理解货币供给的含义也应从货币供给的过程入手。在现代不兑现的信用货币制度下，流通中的货币不论是现金还是存款，都是通过银行的信用活动形成的。银行是货币供给的主体。在货币供给过程中，商业银行和中央银行分别发挥不同的作用。整个货币的供给是由中央银行提供基础货币，在货币乘数的作用下，通过商业银行的信用创造，然后向社会经济提供包括现金、存款的各种不同层次的货币。可以说，货币供给就是以中央银行供给基础货币为起点，以商业银行运用基础货币为中间环节，以非银行部门转移、结算货币为终点，形成一个复杂的货币供给体系。

二、货币供给机制

货币供给机制是指在经济运行中，货币从哪里来、通过什么途径进入流通，形成连续不断的货币运动的功能。在现代信用货币制度下，一国的货币供给是由中央银行创造信用的机制和商业银行扩张信用的机制共同发挥作用完成的。

（一）中央银行与货币供给

在货币供给过程中，中央银行扮演着重要的角色，它直接控制着基础货币的规模。作为发行的银行、银行的银行和政府的银行，中央银行在一国银行体系中处于主导地位。

1. 基础货币

基础货币也称为货币基础、货币基数，是指具有使货币总量倍数扩张或收缩能力的货币，在本质上表现为中央银行的负债。基础货币一旦流入商业银行系统，就会增强银行信用创造的特殊功能。经济学家通常也将基础货币叫作高能货币或强力货币。

对于基础货币可以从来源与运用两个方面加以分析。从其来源看，它是指货币管理当局对公众的负债，即由货币管理当局投放并为货币管理当局所能直接控制的那部分货币，它是整个货币供给量的一部分。从其运用来看，它由两个部分构成：一是商业银行的存款准备金，它包括商业银行的库存现金及商业银行在中央银行的存款准备金；二是流通于银行体系之外而为社会公众所持有的现金。这两者的实质都是中央银行对社会公众的负债总额。

基础货币的伸缩或增减对商业银行信用规模有非常重要的影响，直接决定了商业银行准备金的增减，从而决定了商业银行的信用规模的扩张和收缩。因此，基础货币的变化会引起货币供给量的变化。

2. 基础货币的投放渠道

无论是流通中的现金，还是商业银行的准备金，其实质都是中央银行的负债。我们可以从中央银行的资产负债表（表 8–1）来分析基础货币的供应量。

表 8–1　简化的中央银行资产负债表

资产	负债
1. 贷款 2. 投资 3. 外汇 4. 黄金	1. 通货 2. 存款

基础货币的供应量是通过中央银行的信用活动来实现的。中央银行的资产运用形成基础货币的来源，中央银行的净负债构成基础货币。

从中央银行的资产负债表可以看出，中央银行创造信用是通过三大途径完成的：

（1）国内贷款。中央银行对商业银行和其他金融机构发放再贷款和再贴现，增加商业银行在中央银行的存款，这部分基础货币经由各金融机构的贷款转化为企业与个人的存款和现金，进入货币流通领域。中央银行一般通过调整再贴现政策来影响贷款的需求，即中央银行可以通过降低再贴现率来鼓励商业银行再贴现，而商业银行在资金周转困难时，急需中央银行资金援助，通过再贴现在中央银行借款。这样，商业银行准备金增加，从而增加了基础货币的供给数量。

（2）购买国内证券。中央银行在证券市场操作公开市场业务，向商业银行或企事业单位与个人购买国债资产，出售国债的单位或个人均将获得一笔等值的款项。因此，中央银行在购入证券的同时投放了等值的通货；反之，减少其持有的国债资产，资金回笼，商业银行的存款准备金减少，基础货币也相应减少。

（3）收购外汇及黄金。中央银行通过收购外汇、黄金，增加其外汇、黄金储备，形成中央银行的资产，相当于向流通市场中投放了等额本币，扩大了基础货币的供给量；相反，若中央银行出售外汇、黄金时，则回笼了本币，减少了基础货币的供应量。

（二）商业银行的存款货币创造

商业银行具有创造货币及信用的能力。在现代金融制度下，商业银行是货币供给体系中的一个重要层次，是整个货币运行的最主要的载体。商业银行通过其资产、负债业务完成货币创造的功能。

1. 基本概念

（1）原始存款与派生存款。银行的存款由两部分构成：原始存款和派生存款。

原始存款是指能够增加商业银行准备金的存款，也是商业银行创造信用、供给存款货币的基础。商业银行获得原始存款后，除按法定存款准备金比率保留一部分作为法定准备金以外，其余部分可用于放款或购买证券。通过对原始存款的吸收和放贷，商业银行系统又可创造出数倍于原始存款的派生存款。中央银行通过规定法定存款准备金比率来控制这部分存款，以达到调节信贷规模和控制货币供应量的目的。

派生存款是相对于原始存款而言的，是由银行的放款行为引申出来的。商业银行吸收到原始存款后，只按规定留一部分做现金准备满足提现需求，其余部分可用于放款和投资。在广泛使用非现金结算的条件下，取得银行贷款或投资款项的客户并不支取现金，而是转入其银行存款账户。这样，在原始存款的基础上形成了一笔新的存款。接受这笔新存款的商业银行，除保留一部分作为准备金外，其余部分又可用于放款和投资，从而又派生出存款。这个过程继续下去，就可以创造出大量的派生存款。

（2）法定准备金和超额准备金。这是指金融机构为保证客户提取存款和资金结算需要而准备的在中央银行的存款。在现代金融制度下，金融机构的准备金分为两部分：一部分以现金的形式保存在自己的业务库，另一部分则以存款形式存储于央行。存款准备金分为法定准备金和超额准备金两部分。按照中央银行要求持有的准备金称为法定准备金，超过部分称为超额准备金。

央行规定金融机构须将自己吸收的存款按照一定比率交存央行，这个比率就是法定存款准备金率，按这个比率交存央行的存款为法定准备金存款。金融机构在央行存款超过法定准备金存款的部分为超额准备金存款，超额准备金存款与金融机构自身保有的库存现金构成超额准备金（习惯上称为备付金）。超额准备金与存款总额的比例是超额准备金率（备付率）。

2. 存款货币创造的前提条件

商业银行以原始存款为基础创造派生存款的必备条件有两个：部分准备金制度和非现金结算制度。

（1）部分准备金制度。部分准备金制度是指商业银行在业务经营中，只需要以现金和在中央银行存款的形式，按存款的一定比例保留准备金，把其余的资金全部贷出的制度。在这种制度下，商业银行不必对所有的存款保留100%的准备金，而只需要按存款总额的一定比例来保留准备金即可，其余的可以用来发放贷款，也可以用来进行证券投资，如此循环下去，就会形成多倍的存款创造。

（2）非现金结算制度。非现金结算即现金结算的对称，又称转账结算。转账结算是指不使用现金，通过银行将款项从付款单位（或个人）的银行账户直接划转到收款单位（或个人）的银行账户的货币资金结算方式。在非现金结算方式下，企业通过银行完成交易款项的支付与收取。一方面，商业银行的负债凭证即存款货币与现金一样发挥流通手段和支付手段的作用；另一方面，收款单位将资金存入银行，银行提留法定准备金之后，再放贷给企业。如此循环往复，商业银行的资产与负债规模都得到扩张。如果商业银行把吸收的存款中可以贷出的部分贷出后，借款人把贷款全部以现金形式提走，而且在贷款归还之前这笔现金始终在公众手中流通，未存入银行，也不会有存款的创造。

3. 存款货币的创造过程

为说明商业银行存款货币的多倍创造过程，我们用银行的资产负债表（T式账户）进行分析，设置如下假设条件：第一，银行体系由中央银行和商业银行组成；第二，法定准备率为20%，且商业银行除留存法定准备金以外，其余的存款均用于放贷；第三，银行客户会将其一切货币收入以活期存款形式存入银行。在这种情况下，甲客户将100万美元存入自己在A银行开设的存款账户，银行体系就因此增加了100万美元的活期存款。A银行按法定准备金率保留20万美元作为准备金存入中央银行，其余80万美元全部贷出。A银行的资产负债表如表8-2所示。

表8-2 A银行资产负债表　　单位：万美元

资产	负债
准备金　20	存款　100
贷款　80	
合计　100	合计　100

假定A银行的80万美元是借给了一家公司用来购买机器，机器制造商乙得到这笔从A银行开来的支票又全部存入与自己有往来的B银行，B银行得到这80万美元支票存款后留下16万美元作为法定准备金存入中央银行，然后再贷出64万美元。这样，B银行的资产负债表如表8-3所示。

表 8-3　B 银行资产负债表　　单位：万美元

资产	负债
准备金　16	存款　80
贷款　64	
合计　80	合计　80

以此类推，C 银行的资产负债表如表 8-4 所示。

表 8-4　C 银行资产负债表　　单位：万美元

资产	负债
准备金　12.8	存款　64
贷款　51.2	
合计　64	合计　64

由此，不断存贷下去，各银行的存款总和是：

$100+80+64+51.2+\cdots$

$=100\ (1+0.8+0.8^2+0.8^3+\cdots+0.8^{n-1})$

$=100/\ (1-0.8)\ =500$（万美元）

而贷款总和是：

$80+64+51.2+\cdots$

$=100\ (0.8+0.8^2+0.8^3+\cdots+0.8^n)\ =400$（万美元）

其派生存款为 400 万美元。

从以上例子可见，存款总和（用 D 表示）同这笔原始存款（用 R 表示）及法定准备率（用 r_d 表示）之间的关系为

$$D=R/r_d \quad (8.8)$$

上例中，派生存款的创造过程如表 8-5 所示。

表 8-5　法定准备金率条件下的派生存款创造过程　　单位：万美元

银行名称	银行存款	法定准备金	银行贷款
A	100	20	80
B	80	16	64
C	64	12.8	51.2
⋮	⋮	⋮	⋮
合计	500	100	400

上述的存款创造过程属于简单存款创造过程。该过程表明，对于整个银行体系来说，通过贷款和存款之间的相互转化，某个银行新增的原始存款最终被完全转化为整个银行体系的法定准备金，即新增的原始存款被银行体系的新增存款完全消化了。

4. 货币乘数

货币乘数是指货币扩张（或收缩）的倍数，是商业银行存款创造过程中存款总额与原始存款之比。货币乘数反映了货币供应量与基础货币之间的倍数关系。

根据式（8.8）可以得出，$1/r_d$成为货币乘数，用k表示的话，则$k=1/r_d$，它是法定准备金率的倒数。上述存款创造过程中假设法定准备率为20%，则货币乘数为5。

从上面的分析可知，货币的供给不能只看到中央银行起初投放了多少货币，而必须更为重视派生存款或者说派生货币，即由于货币创造乘数作用而增加的货币供给量，而货币乘数的大小与法定准备率有关，法定准备率越大，乘数就越小。同时，货币乘数的变化也会对货币供给量有影响，主要表现在：在货币供应量扩张或紧缩时，货币乘数充当货币供应量的放大器或消减器，以产生对基础货币一定倍数放大或紧缩的效果；在基础货币量不变时，货币乘数的变动直接影响货币供应量的变化；在调节货币供应量时，货币乘数和基础货币可以互相协调，以减缓经济的震荡，如果辅之以基础货币量的变动，则可以缓和货币乘数变动引起的冲击。

但是，以上所说货币乘数为法定准备率的倒数是有条件的，是在超额准备为零以及无现金漏出的前提下进行分析。但事实并非如此简单。实际上，商业银行存款创造还要受超额准备金、现金漏损率等因素的影响。因此，我们将货币乘数进行适当修正。

（1）超额准备金的影响。商业银行没有超额储备，即商业银行得到的存款扣除法定准备金后将全部放贷出去。如果银行为保持流动性，或厂商由于预期利润率太低而不愿意借款等诸如此类的原因会使商业银行的实际贷款低于其本身的贷款能力。这部分没有放贷出去的款额就形成超额准备金。超额准备金对存款的比率可以称为超额准备率（可用r_e表示）。

这时，货币乘数不再是法定准备率的倒数，而应该扩展为

$$k=1/(r_d+r_e) \tag{8.9}$$

（2）现金漏出的影响。在现实经济生活中，客户取得银行贷款后，并非将所有的货币都存入银行，他们通常会提取部分现金满足自己的各种需要，即在贷款转化为存款的过程中会出现一些现金漏出。银行在信用扩张及创造派生存款的过程中，难免会有部分现金流出银行体系，保留在人们的手中而不再流回。由于现金外流，银行可以用于放款的资金减少，因而削弱了银行体系创造存款货币的能力。这种现金漏出同商业银行的超额准备金的影响一样，都是派生存款过程中的损失。若用r_c表示现金在存款中的比率，则有超额准备和现金漏出时，货币乘数应为

$$k=1/(r_d+r_e+r_c) \tag{8.10}$$

（3）活期存款转定期存款的影响。由于经济主体既会持有活期存款，也会持有定期存款。当活期存款被转入定期存款时，尽管不使原持有的准备金额下降，但这种变动会对货币乘数产生影响。因为法律规定，银行对定期存款也要按照一定的法定准备率（r_t）提取准备金。定期存款同活期存款总额之间也会有一定的比例关系（表示为t），也就是说每一个货币单位的活期存款中就会有$r_t \cdot t$作为法定准备漏出。考虑到这部分对货币乘数的影响，货币乘数公式可进一步扩展为

$$k=1/(r_d+r_e+r_c+r_t \cdot t) \tag{8.11}$$

从上述式子可以看到，货币乘数除了和法定准备率有关外，还和超额准备率、现金漏损率、定期存款比率等因素有关。这说明由于派生存款创造过程中的种种漏出，其扩张倍数缩小了。

这里必须强调指出：上述银行存款的多倍扩张的连锁反应也会发生相反的作用。相反的连锁反应会使整个银行体系按乘数来缩小存款总额。同时，就实际情况来说，存款货币的扩张究竟能达到多少倍数，还得依整个国民经济情况、经济发展阶段而定。

第三节　货币均衡

一、货币均衡的含义

所谓货币均衡是指货币供给与货币需求的一种对比关系，是货币供给量与国民经济发展对货币的客观需要基本上相适应的一种状况。由于货币需求所对应的主要是商品和劳务的实际交易，货币供给主要为这种交易提供购买和支付手段，因此货币均衡的状态就表现为在市场上既不存在实际交易量大而购买力或支付能力不足所导致的商品滞销，也不存在实际交易量小而购买力或支付能力过多而导致商品短缺或价格上涨。

分析货币均衡定义时，需要注意以下几点：

第一，货币均衡是货币供给与货币需求的基本适应，而非数量上完全相等。换句话说，货币均衡不是货币供给量和实际货币需求量一致，而是货币供给量与适度货币需求量基本一致。

第二，货币均衡是一个动态概念。日常经济生活中，供求状况更多地表现为失衡。这种均衡并不追求某一时点上的静态均衡，而应是一段时期内的动态均衡，是经常发生的货币失衡中运用各种调控机制暂时达到的均衡状态，这种均衡很快又会遭到破坏，又需要再建立新的平衡关系。

第三，货币均衡在一定程度上反映了国民经济的总体均衡状况，两者互为影响。货币不仅是现代经济中商品交易的媒介，还是国民经济发展的内在要求；货币供需的相互作用制约并反映了国民经济运行的全过程，国民经济运行的状态会通过货币均衡与否反映出来。因此，货币均衡不能简单地理解为货币供给与货币需求自身相适应，还必须联系社会总供给与社会总需求即经济均衡来分析。

二、货币均衡与社会总供求均衡

（一）社会总供求

社会总供求之间的平衡是指社会总供给与总需求的相互适应。总供给（*AS*）是指一个国家或地区在一定时期内（通常为 1 年）由社会生产活动实际可以提供给市场的可供最终使用的产品和劳务总量。总需求（*AD*）是总供给的对称，又称总支出，指经济中对物品与劳务需求的总和，或用于购买物品与劳务的支出的总和。在凯恩斯主义宏观经济模型中，总需求决定国民收入与就业水平。

（二）货币供给与社会总需求

社会总需求可以分成以下四个部分：

$$AD=C+I+G+(X-M) \tag{8.12}$$

式（8.12）中，C 为消费需求；I 为投资需求；G 为政府支出，可分解为消费支出和投资支出；$X-M$ 为净出口，同样也可分解为消费支出和投资支出。因此，社会总需求可归纳为两类——消费需求和投资需求进行分析。

在现代经济中，不论是消费需求还是投资需求的实现都需要支付货币，其表现为有支付能力的需求。收入水平决定了人们的总需求，而货币供给又决定了人们的收入水平。因此，货币供给和社会总需求的关系是：货币供给决定社会总需求。货币供给增加时，名义国民收入增加，各部门的名义收入也增加，社会总需求增加。若货币供给是适当的，由它作为载体的总需求也是适当的，因为这样的货币供给和社会总需求可以保证社会总产出得以出清。调节货币供给的规模会影响社会总需求的扩张。因此，货币供给是否合理决定着社会总需求是否合理，从而决定着社会总供求能否达到平衡。

（三）社会总供给与货币需求

从宏观角度来看，货币需求是流通中的商品和劳务需要多少货币媒介来完成它们的交换。任何商品和劳务都需要用货币来度量其价值，并通过与货币交换实现其价值，产品市场的商品供给决定了一定时期货币市场上的货币需求。经济体系中到底需要多少货币，从根本上说，取决于有多少实际资源需要货币实现其流转。因此，社会总供给和货币需求之间的关系应该是社会总供给决定货币需求。

从微观角度来看，也能得到相同的结论。货币需求是指人们在一定的收入水平下，愿意以货币的形式保留财富的数量。显然，货币需求的大小取决于人们收入的高低，而收入最终来源于总供给。人们只有创造出总供给，才可能获得收入。因此，人们的实际收入水平取决于总供给的多少，又直接决定了货币需求。

（四）货币供给与社会总供给

货币供给是否合理决定于社会总需求是否合理。同时，货币供给还会通过两个途径影响社会总供给。一是在经济中存在闲置的社会资源时，若货币供给增加，投资增加，会使闲置的社会资源得以利用，导致社会总需求相应增加，从而引起社会总供给的增加，进而引起货币需求的增加，使产品市场和货币市场达到均衡。二是在经济中不存在闲置的社会资源时，货币供给的增加会引起社会总需求增加。但由于社会资源已得到充分利用，无法引起社会总供给的增加，而只能引起价格水平的上涨，对货币的实际需求并未增加，从而使产品市场和货币市场由于价格上涨而处于一种强制的均衡状态。

（五）货币供求均衡与社会总供求均衡

综上所述，社会总供给的形成需要通过货币来表现、衡量和实现，这就产生了对货币的需求，而社会总需求的形成又决定于货币的供给。由于总供给与总需求之间存在密切的联系，并且总需求更多地制约总供给的变化，而货币供给从根本上受制于货币需求。因此，货币供求均衡是社会总供求均衡的现象形态或载体，如果分别用 M_s、M_d、AS、AD 代表货币供给、货币需求、社会总供给和社会总需求，上述关系可以进一步表示为图 8-2。

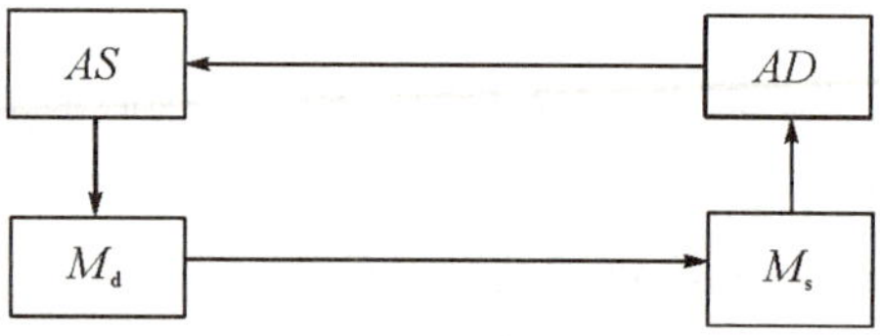

图 8-2　货币供求与社会总供求关系

图 8-2 包括以下几层含义：

(1) 社会总供给决定了一定时期的货币需求。在商品货币经济条件下，任何商品都需要用货币来表现或衡量其价值量的大小，并通过与货币的交换实现其价值。此时，商品是第一性的，货币是第二性的，货币是为商品服务的，有多少商品生产出来就需要多少货币与之对应。

(2) 货币需求决定了货币的供给。因为中央银行控制货币供给的出发点和归宿点都在于使货币供给适应货币需求，并以货币需求作为前提和基础。

(3) 货币的供给形成对商品的需求。基础货币经银行体系的资产业务活动创造出存款货币，形成了有支付能力的对商品及劳务的总需求。

(4) 社会总需求 *AD* 必须与社会总供给 *AS* 保持平衡。如果社会总需求大于社会总供给，会引起物价水平上涨，通货膨胀的发生；反之，如果社会总需求小于社会总供给，会引起存货增加，投资下降，失业增加。因此，保持社会总需求与社会总供给平衡是各政府宏观管理的最终目标。

在这个关系图中，货币供求的均衡是整个宏观经济平衡的关键。也就是说，如果货币供求不平衡，整个宏观经济的均衡就不可能实现。而要使货币供求保持均衡，就需要中央银行控制货币的供给，使货币的供给与客观的货币需求经常保持一种相互适应的关系，以保证经济的发展有一个良好的货币金融环境，从而促进宏观经济均衡协调的发展。

三、货币失衡

（一）货币失衡的概念

货币失衡是同货币均衡相对应的概念，又称货币供求的非均衡，是指在货币流通过程中，货币供给偏离货币需求，从而使两者之间不相适应的货币流通状态。货币失衡有两种表现：货币供应量相对于货币需求量偏小，或货币供应量相对于货币需求量偏大。在现代信用货币制度下，前一种货币供给不足的情况很少出现，即使出现也容易恢复，经常出现的是后一种货币供给过多引起的货币失衡。造成货币供应量大于货币需求量的原因很多，例如政府向中央银行透支以融通财政赤字，一味地追求经济增长速度，而不适当地采取扩张性货币政策刺激经济等，其后果之一就是引发严重的通货膨胀。

（二）货币失衡与社会总供求失衡的关系

货币失衡反映了货币供给与货币需求之间的严重不相适应，同时也从根本上反映了社会总供给与社会总需求之间的不相适应，也就是我们所说的社会总供求失衡。在社会主义市场经济条件下，社会总需求与社会总供给的关系，归根结底是货币供给与货币需求的关系。

社会总需求是由各种具体形态的货币供给所体现的，有支付能力的购买力构成的。即货币供给形成了社会购买力，进而形成了对商品与劳务的需求。社会总需求也就是在现有货币供给下对商品和劳务的需求，实际承担者是现实存在的货币供给量。社会总供给的具体形态是各种待售的商品与劳务，然而，社会生产的最终目的是将其使用价值转化成价值，而价值是通过货币表现出来的。因此，可以说，社会总供给是以商品与劳务的形式而对货币发生需求，生产总量决定着货币的实际需求数量。很显然，社会总需求与社会总供给的关系，实际上就是货币供给、货币需求的关系的外化，最终是由货币供给、货币需求的关系决定的。因此，社会总需求与社会总供给的失衡，实际上是货币供给与货币需求的失衡。也就是说，货币失衡是社会总供求失衡的形成原因，社会总供求失衡是货币失衡的表现形式。

四、通货膨胀和通货紧缩

（一）通货膨胀

通货膨胀是货币失衡的表现，指在货币流通的条件下，因货币供给大于货币实际需求，经济中的大多数商品和劳务的价格连续在一段时间内物价水平以不同形式（包括显性和隐性）普遍上涨，其实质是社会总需求大于社会总供给（供远小于求）。对于通货膨胀的定义，经济学家之间分歧很大，但在对其描述性的定义方面却是一致的，即物价普遍而持续上涨的一种经济现象。这里包含两层意思：一是物价普遍上涨，也就是所有商品和劳务价格在内的总物价水平，而不是指个别物价或部分物价的上涨；二是物价上涨是一个持续的过程。

衡量通货膨胀的价格指数一般有三种：消费价格指数、生产者价格指数、国民生产总值价格折算指数。

通货膨胀按产生的原因划分为以下几种类型：一是需求拉动型通货膨胀。由于经济运行中总需求过度增加，超过了既定价格水平下商品和劳务等方面的供给而引发通货膨胀，即过多的货币追逐过少的商品。按照凯恩斯的解释，如果总需求上升到大于总供给的地步，过度的需求能引起物价水平的普遍上升。二是成本推动型通货膨胀。成本推动而形成的通货膨胀是指在社会商品和劳务总需求不变的情况下，因生产成本提高而引起的物价总水平的上涨。三是供求混合推进型通货膨胀。供求混合推进型通货膨胀是指由于需求拉动和成本推进的共同作用而引发的通货膨胀。四是结构型通货膨胀。结构型通货膨胀是指由于经济结构本身的不平衡，也会出现一般价格水平的持续上涨。

通货膨胀对经济的影响是多方面的，主要包括收入分配效应、产出效应等。世界各国经济发展的实践表明，通货膨胀是一把双刃剑，从短期来看应该说对经济具有一定的刺激作用，促使投资需求增加，刺激企业加大投资，促进经济增长；而从长期来看，持续的通货膨胀最终都会给一国经济发展带来负面的效应和影响，尤其是在生产、流通、收入分配、国际收支、货币信用制度等方面带来负面的效应和影响。治理通货膨胀一般要多管齐下，即从需求管理政策、收入政策、供给政策、结构调整政策等多方面着手。

（二）通货紧缩

通货紧缩是与通货膨胀相对的一个概念，是货币失衡的另一种表现。从通常意义上说，通货紧缩是指一般物价总水平全面而持续下跌的经济现象。一般来说，通货紧缩的发生是由于经济中总供给超过了总需求，导致生产过剩、商品滞销而引发的物价总水平全面而持续地下跌。

通货紧缩的成因是复杂的，但一般认为是有效需求不足、生产力水平提高和生产成本降低、结构性因素、本币汇率高估和其他外部因素的冲击、金融体系的效率降低或出现大量不良资产和坏账等导致的。通货紧缩也是一把双刃剑。从短期来看，物价下跌能够降低消费成本，使消费者得到一定的好处，名义利率的下降也使企业的负债压力有所减轻。但从长期来看，通货紧缩会对一国的经济发展带来严重的负面影响，具体表现在：一是加速经济衰退，二是抑制社会总需求，三是影响金融稳定，四是影响社会稳定。严重的通货紧缩，会导致企业因商品销售困难而停产、半停产，出现严重亏损，债务负担加重，个人收入下降，银行不良债权增加，影响人们对金融系统的信心，危及社会信用，导致金融不稳定。

应当指出，想要有效地治理通货紧缩，仅仅依靠实行财政政策和货币政策是不够的，还必须同时运用其他的经济政策措施，如与产业政策、收入分配政策等协调配合，进行综合治理，这样才能达到更好的治理效果。

本章思考题

1. 结合我国经济金融发展的实际情况，说明影响我国货币需求的因素有哪些。
2. 简述凯恩斯货币需求理论的主要内容。
3. 简述存款货币的创造过程。
4. 中央银行和商业银行在货币供给过程中各发挥怎样的作用？
5. 什么是货币乘数？影响货币乘数的因素有哪些？
6. 什么是基础货币？基础货币的投放渠道有哪些？
7. 简述通货膨胀的成因。
8. 如何实现货币供求平衡？

第九章 金融风险

[知识导读]

党的二十大对金融工作提出了明确的要求，强调要“深化金融体制改革，建设现代中央银行制度，加强和完善现代金融监管，强化金融稳定保障体系，依法将各类金融活动全部纳入监管，守住不发生系统性风险底线。”金融安全是国家安全的重要组成部分，防范化解金融风险是金融工作的根本性任务，也是金融工作永恒的主题。

我国经济正处在转变发展方式、优化经济结构、转换增长动力的攻关期，经济发展前景向好，但也面临着结构性、体制性、周期性问题相互交织所带来的困难和挑战。过去，经济高速发展掩盖了一些矛盾和风险。现在，伴随着经济增速下调，各类隐性风险逐步显性化。虽然系统性风险总体可控，但不良资产风险、流动性风险、债券违约风险等局部性风险不容小觑。党的十八大以来，金融工作有力促进了经济社会发展，为完成脱贫攻坚目标、全面建成小康社会、实现第一个百年奋斗目标做出了重要贡献。一批紧迫性、全局性的突出风险点得到有效处置，金融脱实向虚、盲目扩张的局面得到根本扭转，金融风险整体收敛、总体可控，发挥了金融体系稳定“压舱石”的关键作用。当前，我国的金融风险隐患点主要如下：

第一，房地产金融风险。房地产行业关联很多上下游行业，其良性循环对经济健康发展具有重要意义。当前，房地产市场出现了一些调整，房地产市场面临诸多困难。一方面，需求端疲软，居民消费意愿下降，居民“捂紧钱袋子”，商品房销售额降幅明显；另一方面，在供给端，开发商资金紧张，个别楼盘交付延期。从我国房地产金融形势来看，房地产金融风险依旧是监管的重点，其中的风险点需要充分关注。

第二，互联网金融风险。大数据、区块链、互联网等科技手段丰富了金融业务的渠道，但并未改变金融行业的本质、基本的业务模式和风险特征。金融活动的本质是资源配置，通过直接或间接方式将募集的资金投入经济活动之中，实现市场资源的有效配置。随着互联网金融的发展，多样化的金融产品在满足人们需求的过程中，不可避免地也会引发风险。

第三，非法集资等金融乱象引发风险。金融乱象包括非法集资、非法融资、非法吸收存款、违法违规套利、金融诈骗等严重干扰金融市场正常秩序的行为。还有一些违法机构打着“高大上”的旗号，设计出花样百出的庞氏骗局，增加了金融风险隐患，严重损害了债权人、债务人的财产权益。

第四，地方政府隐性债务风险。违规举债、变相举债形成了大量没有纳入限额管理的地方政府隐性债务，不透明性导致难以估计其具体规模，成为潜在风险点。地方政府隐性债务风险带来的经济后果从来不局限于其本身，而在于其与多方位风险的联动。其中，地方政府隐性债务风险与金融风险之间由于关联性，形成了螺旋效应，极易牵一发而动全身。

第五，影子银行风险。影子银行风险主要在于期限错配造成的流动性风险。影子银行与传统银行之间的高度关联容易发生系统性风险。目前，按照“防风险、治乱象、补短板”的要求，监管部门出台资管新规及配套实施细则，统一资管产品监管标准，重点拆解高风险影子银行业务和交叉性金融产品。

我们应居安思危，增强忧患意识、风险意识、责任意识，把防风险摆在突出位置，按照“稳定大局、统筹协调、分类施策、精准拆弹”的基本方针保障金融安全，有效防范系统性风险；持续推动健全金融稳定长效机制，打好防范化解重大金融风险攻坚战，维护金融稳定安全发展大局，为金融业持续健康发展营造安全稳定的良好环境。

思考题：

1. 金融风险的类型有哪些？

2. 如何通过推进金融供给侧结构性改革防范化解金融风险？

第一节　金融风险概述

一、金融风险的概念

风险客观地存在于现实生活的各个方面，人们习惯于将某个结果不确定或可能带来损失的事件称为“有风险”的。风险被定义为在一定条件下和一定时期内，由于各种结果发生的不确定性而导致行为主体遭受损失的大小及其可能性的大小。

金融风险是指经济主体在从事资金融通过程中遭受损失的可能性。风险是金融活动的内在属性，它们总是相伴相随的。股票市场里的价格变幻莫测，其风险对投资者而言主要在于市场价格与买价之间差价的不确定性，对投资者的收益或损失有很大的影响；商业银行等金融机构时刻面对着贷款者是否按时按量还款等风险。随着金融市场全球化程度的加深，全球金融市场的交易更加频繁，随之产生的震荡幅度越来越大，金融风险不断积累。金融风险累积所引发的动荡会波及银行、证券和保险等许多行业，也会对经济发展产生严重影响，危及经济运行，甚至影响社会稳定。

二、金融风险的分类

根据划分依据的不同，金融风险可以分为不同的类型。本书按照以下几种不同的标准对金融风险进行分类。

（一）按金融风险的形态划分

按金融风险的形态划分，金融风险可以分为以下 9 种：

1. 信用风险（credit risk）

信用风险又称违约风险，是指债务人不能或不愿履行债务而给债权人造成损失的可能性，或者是交易一方不履行义务而给交易对方带来损失的可能性。信用风险是一种历史最为悠久的风险，与金融业共生共存，哪里有交易活动，哪里就天然存在信用风险。信用风险存在于一切信用活动中，也存在于一切交易活动中。

造成信用风险的因素有很多，有的来自主观原因，表现为交易对手的履约意愿出现了问题，由债务人的品质、能力等决定，如在远期外汇交易中，公司可能由于持有外汇多头的投机者在外币贬值时不履行合约而蒙受损失；有的来自客观原因，表现为交易对手的履约能力出现问题，如经济恶化、公司倒闭，这些债务人将丧失偿债能力。

2. 流动性风险（liquidity risk）

流动性风险是指由于金融资产流动性的不确定给经济主体造成损失的可能性。在商业银行系统内，流动性风险表现为银行无力为负债的减少或资产的增加提供融资而造成损失或破产的风险。保持良好的流动性，对企业、家庭乃至国家而言都是至关重要的。但并不是流动性越高越好，因为流动性与盈利性是有矛盾的，流动性越高，往往盈利性就越低。

3. 利率风险（interest rate risk）

利率风险是指利率变动的不确定性给金融机构造成损失的可能性。例如，按固定利率收取利息的金融机构将面临市场利率可能高于原先确定的固定利率的风险，导致收取的利息收入比按市场利率计算的要低一些。对于金融机构而言，如果持有利率敏感性正缺口，其将面临利率下降、净收益或净利息收入减少的利率风险。

4. 汇率风险（foreign exchange risk）

汇率风险又称外汇风险，是指一定时期的国际经济、贸易、金融等活动中，以外币计价的资产与负债，由于外汇汇率的波动而引起其价值涨跌的可能性。汇率风险主要分为以下三种：

（1）交易风险，即在用外币进行计价收付的交易中，经济主体因外汇汇率的变动而蒙受损失的可能性。交易风险主要发生在以下几种情况：商品劳务进口和出口交易中的风险、资本输入和输出的风险、外汇银行所持有的外汇头寸的风险。

（2）折算风险又称会计风险，是指经济主体对资产负债表的会计处理中，在将功能货币转换成记账货币时，因汇率变动而导致账面损失的可能性。功能货币是指经济主体在经营活动中流转使用的各种货币。记账货币是指在编制综合财务报表时使用的报告货币，通常是本国货币。

（3）经营风险，即意料之外的汇率变动通过影响企业的生产销售数量、价格、成本，引起企业未来一定期间收益或现金流量减少的一种潜在损失。

5. 操作风险（operational risk）

理论界对操作风险的定义有狭义和广义之分，广义的定义认为，除信用风险和市场风险以外的所有风险都属于操作风险；而狭义的定义则有多种。英国银行家协会（British Banker Association，BBA，1997）最早给出了操作风险的定义。其认为，操作风险与人为失误、不完备的程序控制、欺诈和犯罪活动相联系，是由技术缺陷和系统崩溃引起的。

巴塞尔银行监管委员会对操作风险的正式定义如下：操作风险是指由于内部程序、人员和系统的不完备或失效，或者由于外部事件造成损失的风险。根据《巴塞尔新资本协议》的规定，操作风险可以分为由人员、系统、流程和外部事件所引发的四类风险，并由此分为七种表现形式：内部欺诈，外部欺诈，聘用员工和工作场所安全性，客户、产品及业务做法，实物资产损坏，业务中断和系统失灵，交割及流程管理中的风险。

操作风险通常不是主动产生的，而是存在于各类业务单元和业务中。操作风险产生于两个不同的层面：技术层面，主要是指信息系统、风险测量系统的不完善，技术人员的违规操作；组织层面，主要是指风险报告和监控系统出现疏漏以及相关的法律法规不完善。随着金融全球化的发展，金融产品尤其是金融衍生品的不断推陈出新、新交易模式的迅速出现、信息技术的迅猛发展使得由操作风险引发的金融案件频频发生，给整个金融界造成了巨大的损失。

6. 法律风险（legal risk）

法律风险是一种特殊的操作风险，是指在金融机构的日常经营过程中，由于无法满足或违反法律要求导致金融机构无法履行合同，引发争议甚至法律纠纷，给金融机构带来经济损失的风险。银行系统经常发生的法律风险特指银行在日常经营活动中，因为无法满足或违反相关的商业准则和法律要求，导致不能履行合同、发生争议、诉讼或其他法律纠纷，而可能给银行造成经济损失的风险。

7. 通货膨胀风险（inflation risk）

通货膨胀风险又称购买力风险，是指通货膨胀可能使经济主体的实际收益率下降，或者使其筹资成本提高。通货膨胀会造成单位货币购买力下降。因为实际利率近似于名义利率与通货膨胀率之差，当名义利率一定时，通货膨胀率越高，实际利率就越低，所以通货膨胀会导致实际利率下降。

8. 环境风险（environmental risk）

环境风险是指金融活动的参与者面临自然、政治和社会等方面的变化而带来的风险，如自然灾害、意外事故可能给借款人造成的财产损失和人身伤害，致使借款人无法按期归还贷款，进而间接地给发放贷款的银行造成损失。

9. 国家风险（country risk）

国家风险是指在国际经济活动中，由于国家的主权行为所引起的造成损失的可能性。国家风险是国家主权行为引起的或与国家社会变动有关。在主权风险的范围内，国家作为交易的一方，通过其违约行为（如停付外债本金或利息）直接构成风险，通过政策和法规的变动（如调整汇率和税率等）间接构成风险。在转移风险范围内，国家不一定是交易的直接参与者，但国家的政策、法规却影响着该国国内的企业或个人的交易行为。

（二）按金融风险的性质划分

按金融风险的性质划分，金融风险可以划分为系统性金融风险和非系统性金融风险。

1. 系统性金融风险

系统性金融风险是指发生波及地区性和系统性的金融动荡或严重损失的金融风险，通常涉及整个金融体系。系统性金融风险不能通过资产多样化来分散和回避，因此又称为不可分散风险。系统性金融风险是一种破坏性极强的金融风险，它隐含着金融危机的可能性，直接威胁着一国的经济安全。系统性金融风险主要是由政治、经济以及社会环境等宏观因素造成的。这些因素是金融投资者自身所不能控制的，其不利影响可能在整个金融体系引发“多米诺骨牌”效应，造成经济金融的大幅度波动，产生宏观层面上的金融风险。

2. 非系统性金融风险

非系统性金融风险又称为可分散风险，是指由于内部和外部的一些因素的影响，使个别经济主体（或金融机构）遭受损失甚至破产倒闭的情形。非系统性金融风险属于个别经济主体的单个事件，对其他经济主体没有产生影响或产生的影响不大，没有引起连锁反应，可以通过分散化投资策略来规避。

（三）按金融风险的层次划分

按金融风险的层次划分，金融风险可以分为微观金融风险和宏观金融风险。

微观金融风险是指金融活动的参与者，如居民、企业、金融机构面临的风险。微观金融风险产生于微观经济因素，如外汇市场供求的波动、货币市场供求的变化带来利率的波动等。利率风险、汇率风险、流动性风险、信用风险等基本属于微观金融风险。微观金融风险将对金融交易者带来如资产缩水、投资损失、收益减少或严重亏损甚至破产等风险。

宏观金融风险是国家、整个国民经济和整个金融体系面临的风险。宏观金融风险主要产生于宏观金融因素。金融体系风险、外债风险、国家风险以及一国的货币当局指定的货币政策或汇率政策产生的制度风险都属于宏观金融风险。

（四）按金融风险的地域划分

按金融风险的地域划分，金融风险可以分为国内金融风险和国际金融风险。

国内金融风险是国内金融活动中存在的风险，源于国内金融活动的不确定性，其影响或承受主体仅限于本国居民，即国内经济主体。

国际金融风险是指国际金融活动中存在的风险，是金融风险在国际领域的特殊表现形式。国际金融风险的承担主体既可以是居民，又可以是非居民。国际金融风险比国内金融风险复杂，管理的难度也要大一些。国际金融风险既有经济性风险，又有政治性风险和社会性风险。

随着金融全球化程度日益提高，国内金融风险与国际金融风险相互影响、相互渗透、相互转化，越来越难以分开。一方面，一个国家的金融风险可以“输出”，渗透到其他国家，引发国际金融风险；另一方面，国际金融风险也可以向国内传导，形成国内金融风险。

三、金融风险的特点

金融风险的特点是其本质外化的表现，主要有以下几点：

（一）不确定性

在市场经济中，人们面对的市场变化是无限的，而人们的认识能力却是有限的，由此产生的不确定性是市场风险的本质体现。金融风险就是由不确定性引起的产生金融损失的可能性。金融风险的不确定性要求我们，特别是金融机构必须树立风险的动态观，并时刻根据经济环境、经济主体行为变化的特点把握风险的变化与发展，以采取相应措施予以防范。

（二）普遍性

金融风险普遍存在于金融活动中。资金融通具有偿还性的特点，资金融出方要在将来的某一时间收回其资金，并获得报酬；资金融入方偿还本金的同时，付出利息。但是，由于将来存在着许多不确定因素，融出方可能无法按时、按预期的报酬收回本金和利息；融入方也可能无法按时、按预定期限的成本偿付资金。这种可能性在资金融通过程中是普遍存在的。也就是说，只要存在金融活动，就会伴随着金融风险，这是客观存在的，不以人的意志为转移。这一特性要求各级政府部门、各金融机构、各企业和每个人都要时时处处树立金融风险意识。

（三）扩散性

金融以信用为基础。金融机构作为融资中介，实质上是由一个多边信用共同建立起来的信用网络。信用关系的原始借贷通过这一中介网络后，不再具有一一对应的关系，而是相互交织、相互联动的，任何一个环节出现的风险损失都有可能通过这个网络对其他环节产生影响；任何一个链条的断裂都有可能酿成较大的金融风险，甚至引发金融危机。因此，金融风险不同于其他风险的显著特征体现为金融机构的风险损失不仅影响着自身的生存与发展，而且导致众多的投资者的损失，从而引起社会动荡。这就是金融风险的扩散性。这一特性要求政府和金融监管当局特别要注重区域性和行业性的系统性金融风险。

（四）隐蔽性

由于金融机构具有一定的创造信用的能力，因此可以在较长的时间里通过不断创造新的信用来掩盖已经出现的损失和问题。这些风险因素被不断积累，最终就会以突发的形式表现出来。也就是说，金融风险并非只有在金融危机爆发时才存在，金融活动本身的不确定性带来的损失很可能因信用关系而一直被良好的表象所掩盖。因此，我们在日常工作中要采用科学的指标和方法，加强对金融风险的观测、判断、分析和预测，及时发现问题并加以解决。

（五）可控性

尽管金融风险具有客观性，但风险作为经济主体行为的后果，也可以被认识和把握，并采取积极的防范措施去控制。这一特征要求金融机构必须树立起正确的风险管理观念，并有的放矢地采取有效措施防范和化解金融风险。

（六）双重性

尽管我们在研究金融风险时，更多地强调它损失的可能，但在金融活动中，在风险存在的条件下，获取额外收益的机会也是客观存在的。这种正效应是人们所渴求的，属于风险收益的范畴，激励人们勇于承担风险，富于竞争和创新精神，以促进金融的深化。金融风险的双重性特征，势必使经济主体产生一种约束机制和激励机制，更好更有效地配置资源。

四、金融风险的产生原因

金融风险作为一种导致损失的可能性，其生成机制是比较复杂的。微观主体行为和宏观经济环境等因素都可以从不同的侧面直接或间接地造成金融风险。从理论上分析，金融风险主要来源于以下几个方面：

（一）金融体系主体的缺陷

1. 金融主体的有限理性

金融主体的有限理性是与西方经济学的经济人假说相对应的，是指人们既具有自利性又缺乏理性的行为。在这点上，金融主体表现得尤为突出，主要是过度投机和盲目恐慌。其具体表现如下：

（1）人类竞相追求财富的利益冲动，对虚幻增长的财富的臆想。

（2）大众的盲从导致了过度投机，并使其愈演愈烈。

（3）忠告对卷入投机狂潮的人是无济于事的。

（4）对金融投机历史的“健忘”和对金融与智力关系的曲解。在金融体系出现波动时，人类因缺乏理性会盲目恐慌。例如，一家有问题的银行出现支付困难，存款人可能挤兑所有的银行，造成恐慌性挤兑，甚至导致金融体系的崩溃。金融投机是为了追逐较高的利润，金融恐慌是为了防止损失。

2. 内部人控制

内部人控制是指在财产所有权和经营权分离的情况下，经营者利用在信息和管理上的优势，偏离所有者的利益目标，为获得自身的最大利益而损害所有者利益的行为。在金融体系中，内部人控制会出现逆向选择和道德风险。逆向选择是指在选择代理人的过程中，委托人在考虑了代理人可能存在的问题后，不选择符合要求的代理人，反而选择不符合要求的代理人。道德风险是指经营者在行使资金使用权时，以自身利益目标最大化为依据，选择对出资人来说是次优或存在较大缺陷的方案。金融欺诈是逆向选择的极端例子，利用职权的金融违法犯罪行为是道德风险的极端例子。在内部人控制下，任何形式的风险都转嫁给出资人，并且出资人未能从加大的风险中获得额外的收益。这样就破坏了风险与报酬成正比的风险配置机制，必然会影响金融体系的正常运作功能，这是金融体系风险的一个根源。

（二）金融体系客体的缺陷

金融产品有其独特的风险，主要表现如下：

第一，金融产品具有不确定性。金融产品要经过一段时间交易活动才能够真正完成，由此带来了违约风险或信用风险。这反映了金融活动的信用本质，是金融交易中最基本的风险。

第二，金融产品是一项高度复杂的合同。以贷款合同为例，其主要内容包括贷款数量、贷款利率、贷款期限、有关抵押和担保的条款、贷款违约条款等，导致合同的履行不确定。

第三，合同的复杂性与不确定性的结合，使金融产品的定价十分困难。在现代经济环境中，一些经济变量是很难预测的，金融产品难以定价，金融活动常出现不规范的内幕交易，给金融体系的正常运作留下隐患。

第四，金融产品具有不完全性。在法律制度不健全、不规范的社会中，金融产品的交易困难。

第五，金融产品具有虚拟性。金融产品一旦产生，就脱离实物经济运动，遵循自身的规律。虚拟资本能够产生资产泡沫和货币幻觉，会使金融业的不确定性和风险性加大。

（三）金融体系运作方式和组织结构上的缺陷

1. 风险补偿机制不健全

在现代社会中，金融体系的资金配置主要有两种方式：价格配置、非价格配置。这两种方式都缺乏风险完全补偿的机制。受金融体系主体和客体缺陷的影响，价格配置存在逆向选择和道德风险的问题，风险得不到完全的补偿。

2. 过度竞争

金融机构之间存在过度竞争的问题。其成因主要如下：

（1）金融机构为了自身经营目标，扩大市场份额，无限制地扩张经营能力，加大竞争力度。

（2）金融机构为了逃避较强的金融监管而过度竞争。

（3）在市场准入条件降低的情况下，由于金融机构的增多而过度竞争。过度竞争既能使金融业快速发展，又能使金融机构陷入困境，整个金融体系处于一种快速变动和不稳定的状态。

3. 金融脆弱性

金融脆弱性有广义和狭义之分。狭义的金融脆弱性是指金融业高负债经营的行业特点决定的更易失败的本性，有时也称为“金融内在脆弱性”。广义的金融脆弱性简称为“金融脆弱”，是指一种趋于高风险的金融状态，泛指一切融资领域中的风险积聚，包括信贷融资和金融市场融资。金融脆弱性会在外力（如国际投机资本）或内在偶然事件（如某一特大企业倒闭）的影响下激化成金融危机。

4. 金融监管的不完善

金融监管与金融风险是此消彼长的关系，即放松监管或监管不力必然加大金融风险，而金融风险的大量出现又加大了金融监管的难度。

（四）外部因素

1. 宏观经济因素

金融体系与宏观经济紧密相连。一方面，金融紊乱会导致经济混乱，进而引致政治混乱；另一方面，每次金融危机或金融动荡都有深刻的经济根源，金融体系的状况是经济活动的集中体现。对金融体系造成冲击的宏观经济因素包括经济增长率、通货膨胀率、整体经济效益水平、经济结构、国际收支状况、财政收支状况。宏观经济的恶化一方面通过影响各个经济主体对金融体系造成冲击；另一方面通过影响人们对整个经济的信心来影响金融体系。

2. 非经济因素

非经济因素包括政局的变化、战争、自然灾害等，这些因素都能对金融体系的稳定构成威胁。从人类社会的发展规律看，政治、法律制度必须与经济发展相协调，否则就会影响和阻碍经济的发展。现代市场经济客观上要求廉洁、公正和透明的政治、法律制度，否则金融体系的风险就会加大，造成政局不稳，人们对政府失去信心，影响经济金融体系的稳定运行。同时，战争和自然灾害也会使得市场紊乱，影响金融体系的安全和稳定。

3. 非正式金融体系对金融体系的影响

正式金融体系是指由经过政府批准、接受政府监管、有固定的经营场所和规范的业务流程、提供主要的金融服务的金融机构所组成的金融体系。不符合上述条件的金融体系就是非正式金融体系，如民间借贷、钱庄等。在一定条件下，非正式金融活动是对正式金融活动的有益补充。但是，如果超出一定的限度，非正式金融体系就会对正式金融体系造成冲击，导致正式金融体系的资金外流，宏观调控信息失真，非法金融活动猖獗，扰乱整个社会的经济秩序。

五、金融风险的影响

（一）对微观经济的影响

1. 金融风险带来了经济损失

金融风险可能给经济主体带来直接的经济损失以及潜在损失。例如，经济主体购买股票后，股价大跌；买进外汇进行套汇或套利时，汇率下滑；进行股指期货交易，指数与预期相反，那么都会给经济主体造成直接经济损失。潜在损失表现为：一家企业可能因贸易对象不能及时支付债务而影响生产的正常运营；购买力风险不仅会导致实际收益率下降，而且会影响经济主体持有的货币余额的实际购买力；一家银行存在严重的信用风险，会使消费者对存款安全产生担忧，从而导致银行存款规模减小，业务不断萎缩。

2. 金融风险增大了经营管理成本

金融风险不确定性特征的存在，使经济主体收集信息、整理信息的难度增加，更增大了经济主体的决策风险。同时，经济主体在实施计划和决策的过程中，如果金融风险导致市场情况发生变化，那么必须适时调整行动方案，这就增大了经营管理成本，甚至因为对金融风险的估计不足还将导致一些不应有的损失。

3. 金融风险降低了部门生产率

在生产经营过程中，各种产品都遵循边际报酬递减规律，要实现部门资源最优配置，要求各种投入的边际生产率相同。然而，金融风险的存在对资源配置产生影响，一方面导致过多的资源流向风险较小的产品，极少有资源流入风险较高的产品中，这使得一些产品的边际生产率接近甚至低于要素的价格，而另外一些产品的边际生产率却远远高于要素的价格，导致部门整体生产率下降。另一方面，长期内的不确定性比短期内的不确定性大、开发新产品的风险比较大等原因，导致一些企业行为短期化，因循守旧，也使部门生产率受到影响。

4. 金融风险降低了资金利用率

由于金融风险的广泛性及其后果的严重性，企业不得不留存一定的风险准备金来应对金融风险。例如，企业为了保证生产持续顺利进行，为应对物价变化能及时购回原材料不得不准备一笔资金，这样就造成了这笔资金闲置，无法发挥效益。对于银行等金融机构而言，由于流动性的不确定性，其难以准备安排备付金的数额，往往导致大量资金闲置。此外，由于对金融风险的担忧，一些消费者和投资者往往持币观望，从而也就造成社会上存在大量资金闲置，增大了机会成本，降低了资金利用率。

5. 金融风险增大了交易成本

由于资金融通中的不确定性，许多资产难以正确估价，不利于交易的顺利进行，增大了交易成本，还会因此而产生一些纠纷，影响交易的正常进行，使市场缺乏效率。信用风险、利率风险等的存在，往往给企业筹资带来困难，给银行的负债业务和中间业务带来影响，阻碍着市场的拓展。

（二）对宏观经济的影响

1. 金融风险对宏观经济变量的影响

金融风险将引起实际收益率、产出率、消费和投资的下降，风险越大，下降的幅度越大。这是因为金融风险会诱发损失，所以经济主体会通过各种方式规避金融风险。例如，投资者为了降低投资风险，不得不选择风险较低的技术组合，引起产出率和实际收益率的下降。同样，由于未来收入的不确定性，个人未来财富可能会出现较大波动，境况可能会变坏，因此不得不改变其消费和投资决策，即消费者为了保证在未来能实现正常消费，总是保持较谨慎的消费行为。

2. 金融风险对金融市场秩序的影响

严重的金融风险会引起金融市场秩序混乱，破坏社会正常的生产和生活秩序，甚至使社会陷入恐慌，极大地破坏生产力。长期以来，国际金融体系动荡不安，一系列金融风险的爆发严重破坏了世界经济的平稳增长，导致一国或多国出现生产和投资下滑、失业剧增、国际贸易负增长、股价暴跌、货币贬值、金融机构倒闭、房地产价值缩水等现象，削弱一国的经济竞争力，甚至对社会、政治稳定造成严重破坏，并进一步阻碍经济发展。

3. 金融风险对宏观经济政策制定和实施的影响

一个国家的宏观经济政策旨在通过政府对经济的调节，控制总供给或总需求，以实现政府目标。从一定程度上讲，政府对宏观经济的调节也就是对市场风险的调控。金融风险反过来又影响着宏观政策，它既增加了宏观政策制定的难度，又削减了宏观政策的效果。从宏观政策的制定来看，由于金融风险导致市场供求的经常性变动，政府难以及时、准确地掌握社会总供给和总需求状况，以做出决策，而且金融风险常常导致决策滞后，在政策的传导过程中，金融风险将使传导机制中的某些重要环节（如利率、汇率、信用等）出现障碍，从而导致政策出现偏差。

4. 金融风险对国际收支的影响

金融风险特别是国际金融风险，直接影响着一个国家的国际收支情况，影响一个国家国际经贸活动和金融活动的进行与发展。这主要表现在以下几个方面：一是汇率的上升或下降影响着商品的进出口总额，从而影响到一个国家的国际收支平衡表。二是利率风险大、通货膨胀严重、政策风险大等原因造成投资环境差，会使外国投资者减少对本国的投资与其他交往，导致各种劳务收入的减少。三是国际金融风险影响着资本的流入和流出。利率风险和汇率风险的大小会引起国内资本的流出或国外资本的流入，企业信用风险、国家风险等都会影响甚至决定国际金融组织贷款、政府借贷、短期资金拆放、直接投资等经济行为和决策，从而直接影响着一个国家的资本项目。四是汇率的波动将会引起官方储备价值的增加或减少。因此，国际金融风险也影响着国际收支的平衡项目。

第二节　金融风险管理

金融风险管理是金融管理的核心内容。金融宏观调控与监管部门、金融机构和金融市场的其他参与者都在不断探求有效的风险管理方法。金融风险管理的发展也逐渐向完善化发展转变。

一、金融风险管理的内涵

从总体上讲，金融风险管理是指人们通过实施一系列的政策和措施来控制风险以消除或减少其不利影响的行为。金融风险管理的内涵是多重的，对金融风险管理的含义应从不同的角度加以理解。

金融风险管理根据管理主体的不同，可以分为内部金融风险管理和外部金融风险管理。内部金融风险管理是指作为风险直接承担者的经济个体对其自身面临的各种风险进行管理。内部金融风险管理的主体是金融机构、企业、个人等金融活动的参与者，尤其以金融机构的风险管理为代表。外部金融风险管理主要包括行业自律管理和政府监管，其管理主体不参与金融市场的交易，因此不是作为受险主体对自身的风险进行管理，而是对金融风险的参与者的风险行为进行约束。

金融风险管理根据管理对象的不同，可以分为微观金融风险管理和宏观金融风险管理。微观金融风险管理只是对个别金融机构、企业或部分个人产生不同程度的影响，对整个金融市场和经济体系的影响较小；微观金融风险管理的管理目标是采用合理的、经济的方法使微观金融活动主体因金融风险的影响而受到损失的可能性降至最低。宏观金融风险可能引发金融危机，可能对经济、政治、社会的稳定性造成重大影响。因此，宏观金融风险管理的目标是保持整个金融体系的稳定性，避免出现金融危机，保护社会公众的利益。

二、金融风险管理的产生

从本质上讲，金融机构的整个商业活动就是在反复地接收、转移和处理风险，但是对金融风险全面、系统的认识与管理却是最近几十年的事情。随着全球金融市场的波动日益剧烈，20 世纪以来的金融自由化、全球化以及金融创新的发展都对金融机构运营的稳定性构成威胁，于是金融风险管理应运而生。

早期的金融理论认为，金融风险管理是没有必要的，米勒和莫迪利安尼（Miller &

Modigliani，1958）指出，在一个完美的市场中，对冲或套期保值等金融操作手段并不能影响公司的价值。这里的完美的市场是指市场中不存在税收和破产成本以及市场参与者都具有完全的信息。因此，公司的管理者是没有必要进行金融风险管理的。类似的理论也认为，即使在短期内会出现小幅度的波动，但从长期来讲，经济运行会沿着一个均衡的状态运行，所以那些为了防范短期经济波动损失而开展的风险管理只会是一种对资源的浪费。这种观点认为，从长期来讲是没有金融风险可言的，因此短期的金融风险管理只会抵消公司的利润，从而削减公司的价值。

然而，在现实经济生活中，金融风险管理却引起了越来越多的来自学术界和实务界的关注。无论是金融市场的监管者，还是金融市场的参与者，对风险管理理论和方法的需求都空前高涨。主张应进行金融风险管理的各方认为，风险管理的需求主要基于以下理论基础：现实的经济和金融市场并不完美，因此通过风险管理可以提升公司的价值。现实金融市场的不完美性主要体现在以下几个方面：首先，现实市场中存在各种各样的税收，这些税收会影响公司的价值。由此看来，米勒和莫迪利安尼的理论假设在现实经济状况下并不合适。其次，现实市场中存在交易成本。最后，在现实市场中，金融参与者是不可能获得完全信息的。因此，对金融风险进行管理是可能且有必要的。

金融风险管理的产生与发展主要得益于以下三个方面的原因：第一，自 20 世纪 70 年代以来，随着国际金融市场环境的变化，金融活动范围不断扩大，金融风险不断增加且日趋复杂，催生了对金融风险管理理论和工具的需求。第二，经济学特别是金融学理论的发展为金融风险管理奠定了坚实的理论基础。第三，计算机软、硬件技术的迅猛发展为风险管理提供了强大的技术支持与保障。

三、金融风险管理过程

通常，金融风险管理过程主要分为金融风险识别、金融风险度量、金融风险管理技术选择以及金融风险控制四个步骤。

（一）金融风险识别

金融风险识别是指对宏观、微观环境中潜伏的各种可能给金融机构带来损失的因素进行系统归类分析，从而识别出风险因素的操作过程。金融风险识别通常被定义为利用相关的知识、技术和方法对处于经济活动中的经济主体所面临的金融风险的类型、受险部位、风险源、严重程度等进行连续、系统、全面地识别、判断和分析，从而为度量金融风险和选择合理的管理策略提供依据的动态行为或过程。这一步也是金融风险管理得以进行的前提。金融风险识别方法包括现场调查法、问卷调查法、组织结构图示法、流程图法、专家调查法、客观风险测定法、情景分析法等。金融风险识别的主要目的是通过识别金融风险存在的范围和分析金融风险产生的原因，以选择合理、有效的手段管理风险。随着科研水平的提高，人们对风险的认识以及根据实际需要对引起个体风险的原因、达到的程度等的技术分析也越来越深入和细致，这无疑能够大大提升金融风险管理所要达到的效果。

（二）金融风险度量

在识别出需要管理的金融风险之后，金融风险管理者要对各种风险因素进行效益、成本、投资比重、风险偏好等量化分析，对金融风险发生的可能性或损失范围、程度进行估计和衡量，并对不同程度的损失发生的可能性和损失后果进行定量分析，这便是金融风险的度量。金融风险度量是金融风险管理的核心内容，风险度量就是对风险进行准确测量，确定风险危害的严重性，并采取相应的措施。金融风险变量要求运用概率论和数理统计的方法并借助计算机等工具，对大量已发生的金融风险的损失频率和损失严重程度等相关资料进行科学定量的分析，以准确度量金融风险，之后选择有效的工具来处置金融风险，从而实现用最小成本获得最佳金融风险管理效果的目的。

（三）金融风险管理技术选择

在对风险进行识别和度量之后，金融风险管理者应就金融风险的控制问题，选择金融风险管理的各种工具进行最优组合，并提出金融风险管理的建议。这在很大程度上取决于管理者的主观因素。金融风险管理者在取得风险估计结果的基础上，研究该风险的性质、分析该风险的影响、寻求规避风险的对策。合适的金融风险管理技术对成功的金融风险管理是至关重要的；反之，如果采用的风险管理技术不当，就会给整个管理带来麻烦、浪费，甚至导致失败。

（四）金融风险控制

金融风险控制是指针对不同类型、不同概率和规模的风险，采取相应的措施或方法，使风险损失对经营的影响降到最低限度。这一步将利用所选择的风险管理技术，综合评估结果，设置交易头寸上下限，调整投资组合的资产结构与投资比重，将不确定性控制在预先设定的、可以承受的水平之内。这一步是金融风险管理的最终目的和归宿。同时，金融风险控制还应该包括管理措施及实施后的检查和调整，目的是发现金融风险管理过程中的隐患并进行迅速纠正和补救。

事实上，简单来说，控制金融风险就是分散和转移该金融风险，也是通过市场交易进行收益和风险的流动配置的最主要的方式（把自己不愿意承受的风险转移给其他人）。转移金融风险的基本方法有三种：保险、风险分散化和套期保值。其中，保险是通过支付保险费（可以理解为保单的价格）的方法来避免损失、转移风险的。这实际上也就是利用确定的损失（所支付的保险费）来替代可能遭受的更大的损失。风险分散化是通过分散化的投资在投资组合内实现自然对冲，消除非系统性风险。其结果是大大降低单项有风险资产的风险暴露程度。套期保值是构建一项头寸来临时性地替代未来的另一项资产（或负债）的头寸，或者是构建一项头寸来保护现有的某项资产（或负债）头寸的价值直到其可以变现而采取的行动。实际上，套期保值是利用金融衍生工具对冲头寸来管理价格风险的一种方法。套期保值与保险的不同在于套期保值在减少风险暴露的同时，放弃了可能获利的机会。最常用的套期保值工具有金融期货、期权等。这些套期保值工具多数是因为市场发展到一定程度，为了规避越来越强的金融风险而产生的。随着金融衍生工具的迅速发展，其已经形成了特有的虚拟经济市场，并且交易量不断增加。但是，这种虚拟经济市场的存在又从两个方面增大了金融市场的风险。由于金融衍生物是凌驾于实体经济之上的、是虚拟的，并且有很大的投机性和以小博大的功能，因此随着金融衍生物和虚拟经济的产生，金融市场的风险又大大增加了。另外，金融衍生物是依赖于实体资产而存在的。但是，由于强大的投机性，人们在很多时候对金融衍生物的需求是心理需求，这就很容易产生金融泡沫。过大的金融泡沫往往会形成金融危机，这从另一个角度又增加了金融市场的风险。显然，要想对虚拟经济进行正确的风险度量，对金融衍生工具进行合理定价是必需的。但是，金融衍生工具的合理价格却受到标的资产、利率等金融基准点的影响，因此不易确定。

本章思考题

1. 简述风险和金融风险的定义。
2. 简述金融风险的类型。
3. 简述金融风险的特点。
4. 简述金融风险的产生原因。
5. 简述金融风险管理过程。
6. 你认为风险管理重要吗？为什么？
7. 结合身边发生的金融风险事件，谈谈该事件对人们生活的影响及感受。

第十章　金融科技

［知识导读］

2023 年 10 月召开的中央金融工作会议提出："做好科技金融、绿色金融、普惠金融、养老金融、数字金融五篇大文章。"当前，我国正处于经济转型升级与新一轮技术革命的交汇期，做好科技金融大文章，助力高水平科技自立自强，是高质量发展的必然要求。2022 年 1 月，中国人民银行印发《金融科技发展规划（2022—2025）年》。该规划依据《中华人民共和国国民经济和社会发展第十四个五年规划和 2035 年远景目标纲要》制定，提出新时代金融科技发展的指导意见，明确金融数字化转型的总体思路、发展目标、重点任务和实施保障。该规划强调要以习近平新时代中国特色社会主义思想为指导，全面贯彻党的十九大和十九届历次全会精神，坚持创新驱动发展，坚守为民初心，切实履行服务实体经济使命，高质量推进金融数字化转型，健全适应数字经济发展的现代金融体系，为构建新发展格局、实现共同富裕贡献金融力量。金融科技旨在运用现代科技成果改造或创新金融产品、经营模式、业务流程等，推动金融发展提质增效。在新一轮科技革命和产业变革的背景下，金融科技蓬勃发展，人工智能、大数据、云计算、物联网等信息技术与金融业务深度融合，为金融发展提供源源不断的创新活力。

党的二十大报告指出："深化金融体制改革，建设现代中央银行制度，加强和完善现代金融监管，强化金融稳定保障体系，依法将各类金融活动全部纳入监管，守住不发生系统性风险底线。"金融科技在快速发展的同时，也带来了诸多风险，为了保证金融的稳定运行，金融科技创新监管工具稳步实施，监管规则体系和监管框架不断健全，金融守正创新能力大幅提高。总体来看，我国金融科技发展从星星之火到百舸争流、从基础支撑到驱动变革，呈现出旺盛的生机与活力，有力提升了金融服务质效，高效赋能实体经济，为金融业高质量发展注入充沛动力。

思考题：

1. 金融科技在金融发展中的作用是什么？
2. 我国金融科技面临的挑战是什么？

第一节　金融科技概述

一、金融科技的概念

2016 年，金融稳定理事会（FSB）将"金融科技"（FinTech）概括为通过技术手段推动金融创新，形成对金融市场、机构以及金融服务产生重大影响的业务模式、技术应用以及流程和产品。巴塞尔银行监管委员会（BCBS）总结了国际金融科技活动最为活跃的四个领域：一是支付结算类，如移动钱包、数字货币等；二是存贷款与资本筹集类，如网络借贷、股权众筹等；三是投资管理类，如智能投顾；四是金融市场基础设施类，如客户身份认证、分布式账户、云计算等。

二、金融科技的应用领域

从技术维度看，各类计算机技术在支付结算、存贷款、风险管理和投资咨询领域的应用已达到前所未有的高度。在人工智能和大数据运用方面，日益先进的算法能在几十亿条交易数据的基础上解析和挖掘交易特征与行为模式，预测后续行为，自动化决策，其目前主要应用于自动化金融资产交易、自动化信用评分、金融监管领域。在分布式记账技术方面，作为多项金融业应用的底层技术，其具有削减成本、实现去中介化的企业对企业（B2B）贷款交易等潜在优势，但其在系统性能、可扩展性、存储能力、隐私保护和安全性问题等方面也存在短板，目前仍处于快速发展过程中，将来或将改变支付、证券结算以及后台业务等领域的业务格局。在移动设备和互联网技术发展方面，消费者通过移动便携设备全面享受金融服务，通过第三方应用程序进入金融服务界面，促进网络借贷及企业直接融资发展，推动普惠金融发展。在加密技术方面，其发展将为拓展其他各类技术应用提供支撑。

三、发展金融科技的意义

（一）金融科技成为推动金融转型升级的新引擎

金融科技的核心是利用现代科技成果优化或创新金融产品、经营模式和业务流程。借助机器学习、数据挖掘、智能合约等技术，金融科技能简化供需双方交易环节，降低资金融通边际成本，开辟触达客户全新途径，推动金融机构在盈利模式、业务形态、资产负债、信贷关系、渠道拓展等方面持续优化，不断增强核心竞争力，为金融业转型升级持续赋能。

（二）金融科技成为金融服务实体经济的新途径

发展金融科技能够快速捕捉数字经济时代市场需求变化，有效增加和完善金融产品供给，助力供给侧结构性改革。金融科技运用先进的科技手段对企业经营运行数据进行建模分析，实时监测资金流、信息流和物流，为资源合理配置提供科学依据，引导资金从高污染、高能耗的产能过剩产业流向高科技、高附加值的新兴产业，推动实体经济健康可持续发展。

（三）金融科技成为促进普惠金融发展的新机遇

金融科技助力不断缩小数字鸿沟，解决普惠金融发展面临的成本较高、收益不足、效率和安全难以兼顾等问题；助力金融机构降低服务门槛和成本，将金融服务融入民生应用场景。运用金融科技手段实现滴灌式精准扶持，缓解小微企业融资难、融资贵以及金融支农力度需要加大等问题，为实施乡村振兴战略和区域协调发展战略提供金融支持。

（四）金融科技成为防范化解金融风险的新利器

金融科技运用大数据、人工智能等技术建立金融风险控制模型，有效甄别高风险交易，智能感知异常交易，实现风险早识别、早预警、早处置，提升金融风险技防能力。金融科技运用数字化监管协议、智能风险控制平台等监管科技手段，推动金融监管模式由事后监管向事前监管、事中监管转变，有效解决信息不对称问题，消除信息壁垒，缓解监管时滞，提升金融监管效率。

第二节　中国金融科技的发展

一、中国金融科技发展的基本情况

近年来，大数据、分布式记账、云计算和人工智能等高科技推动中国金融创新迅猛发展，催生了互联网支付、网络借贷、股权众筹融资、智能投顾等新业态。

传统金融机构利用科技手段创新发展。一是调整优化经营战略和架构，摒弃依靠传统网点的“人海战术”，在巩固传统渠道的同时，探索手机应用、微信公众号、网络直销等多元化渠道，拓展线上金融服务。二是提升服务效率，通过互联网渠道不断创新产品服务，开展供应链金融、“刷脸”存取款、小微企业网络融资等业务。三是提高经营效率，运用人工智能等新技术，开展智能投顾业务，在支付清算、信用管理、资产托管等方面引入区块链技术，借助智能合约，简化风险管理，增加透明度。

大型科技企业加速布局金融业。一是在牌照获取方面，2015 年，阿里巴巴和腾讯各自作为主发起人成立了浙江网商银行和前海微众银行，将“服务场所”设置在线上，打破传统金融服务的时间和空间限制。二是在优化金融服务方面，互联网企业提供的手机支付业务，在零售支付领域占据重要地位，蚂蚁金服还通过芝麻信用、蚂蚁金融云、网金社等业务，提供征信、云计算、资产交易平台等金融服务。三是在业务合作方面，科技企业为传统金融机构打造线上运营平台，向金融机构开放最新的人工智能技术，并为金融产品销售提供线上渠道。

此外，各类企业都有创办金融业务的强烈冲动，但质量良莠不齐。2012 年以来，因准入门槛低等因素，网络借贷、股权众筹等普通民众即可设立的互联网金融业务迅速发展，最高峰时全国网络借贷平台数量超过 5 000 家。这些平台质量良莠不齐，在满足多元化投融资需求的同时，积累了许多问题和风险。2018 年下半年以来，随着经济下行压力加大，1 000 多家网络借贷平台集中“爆雷”，尤其是一些风险事件的爆发，对行业声誉造成了较大的负面影响，危及社会和金融稳定，规范此类业务发展形成广泛共识。

二、中国金融科技发展的挑战

金融科技发展推动了普惠金融发展，在便利金融交易、满足多元化投融资需求、提升金融服务质量、提高资源配置效率方面发挥了积极作用，但也暴露出了一系列问题，对维护金融业稳健运行带来挑战。

金融科技增强金融体系的关联性和顺周期性，加剧跨行业、跨市场、跨区域的风险传递。金融科技使金融机构、科技企业和金融市场基础设施间的联系更加紧密，三者之间任何一环出现问题，都可能被迅速放大并形成系统性风险。此外，金融机构在通过自动化和人工智能等技术降低成本的同时，底层算法和操作的趋同可能导致金融市场价格大幅波动，造成风险叠加共振，加剧金融体系的顺周期性。

金融科技的发展影响宏观调控政策的有效性。一是各类金融科技创新增加了货币金融的统计复杂性，尤其是一些金融产品和业务事实上具有期限转化功能，从而影响货币政策的传导。二是缺乏监管的网络借贷容易将资金引向落后产能和限制领域，不利于信贷政策发挥调节作用。三是部分科技公司拥有支付清算、征信和金融资产交易平台等金融基础设施，对相关领域的规则制定、准入和退出等产生影响。

金融科技的发展对现行金融监管形成挑战。由于互联网监管环境相对宽松，部分互联网金融业务游离于金融监管之外或利用现有分业监管的空白进行套利。例如，部分大型互联网企业通过新设机构、控股或参股金融企业等方式，已演化为事实上的金融控股集团，但其本身并不直接受到监管。其中，一些互联网企业以单纯获取金融牌照为目的，将所控金融机构作为资本运作平台，追逐高额金融投资回报，偏离服务实体经济的目标。

金融科技存在信息安全隐患。金融科技在帮助金融机构进一步了解客户的同时，也可能带来信息过度收集、滥用和泄露等社会问题。此外，部分机构掌握了海量消费者数据，垄断了整个信息链条，一旦发生数据泄露或遭受网络攻击，甚至可能对整个国家的数据安全造成威胁。

三、中国金融科技发展的趋势

从发展趋势看，近十年来金融科技的发展，一方面突出表现为各种新型支付工具的兴起，以互联网平台和通信公司为代表的技术类企业涌入全球金融服务市场；另一方面，金融机构积极使用自动化和去中心化等技术，提高内部经营效率和金融服务质量。目前，有观点认为，商业银行、中央银行提供的部分金融服务和部分金融基础设施未来可能会被新型公司、自动化程序和去中心化网络取代。

我国的金融科技以加强金融数据要素应用为基础，以深化金融供给侧结构性改革为目标，以加快金融机构数字化转型、强化金融科技审慎监管为主线，将数字元素注入金融服务全流程，将数字思维贯穿业务运营全链条，注重金融创新的科技驱动和数据赋能，推动中国金融科技从“立柱架梁”全面迈入“积厚成势”新阶段。

根据《金融科技发展规划（2020—2025 年）》的要求，金融科技发展的重点任务有以下八个方面：一是强化金融科技治理，全面塑造数字化能力，健全多方参与、协同共治的金融科技伦理规范体系，构建互促共进的数字生态。二是全面加强数据能力建设，在保障安全和隐私的前提下推动数据有序共享与综合应用，充分激活数据要素潜能，有力提升金融服务质效。三是建设绿色高可用数据中心，架设安全泛在的金融网络，布局先进高效的算力体系，进一步夯实金融创新发展的“数字底座”。四是深化数字技术金融应用，健全安全与效率并重的科技成果应用体制机制，不断壮大开放创新、合作共赢的产业生态，打通科技成果转化“最后一公里”。五是健全安全高效的金融科技创新体系，搭建业务、技术、数据融合联动的一体化运营平台，建立智能化风控机制，全面激活数字化经营新动能。六是深化金融服务智慧再造，搭建多元融通的服务渠道，着力打造无障碍服务体系，为人民群众提供更加普惠、绿色、人性化的数字金融服务。七是加快监管科技的全方位应用，强化数字化监管能力建设，对金融科技创新实施穿透式监管，筑牢金融与科技的风险防火墙。八是扎实做好金融科技人才培养，持续推动标准规则体系建设，强化法律法规制度执行，护航金融科技行稳致远。

第三节　中央银行数字货币

近年来，伴随着信息革命的不断深化和数字经济的迅猛发展，国际社会和主要经济体高度关注央行数字货币（central bank digital currency，CBDC）研发。瑞典等已进入 CBDC 试点测试阶段，部分经济体正处于 CBDC 研发阶段，另有一些经济体仍在论证 CBDC 的可行性。由于各经济体 CBDC 的研发背景、目标、设计等有所差异，对金融体系的潜在影响也不尽相同。

一、央行数字货币的概念和分类

确保支付体系安全、高效、普惠是中央银行的一项重要职能。随着互联网的普及和金融科技的迅猛发展，网上支付、移动支付等电子支付方式得到普遍应用，提高支付效率的同时也提高了支付市场集中度。依托分布式记账技术的加密资产不断涌现，部分稳定币类加密资产凭借价格稳定机制、网络效应等优势有可能被广泛采用，意图发挥支付手段和价值储藏职能，并可能带来一系列风险。为适应数字经济发展，应对现金使用量下降，促进支付市场竞争，维护支付安全，进一步提高支付效率，提高金融普惠性，部分经济体央行启动 CBDC 研发工作。

CBDC 通常是指作为央行负债发行的、用于支付结算的数字化工具。从类型上看，CBDC 可以分为零售型和批发型，前者面向全体公众、用于日常交易，后者面向特定机构、用于大额结算；从运营方式上看，CBDC 可以分为单层运营和双层运营，前者由央行直接对公众发行，后者先由央行把 CBDC 兑换给银行等机构，再由这些机构兑换给公众；从系统设计上看，CBDC 可以分为基于账户（account-based）或基于代币（token-based），前者通过开立在央行或商业银行的数字货币账户进行交易，后者在数字钱包间通过中心化或去中心化的结算系统使用代币进行交易；从计息规则上看，CBDC 可以分为计息型和不计息型。

二、央行数字货币的国际研发进展

目前，少数经济体已开始试点运营 CBDC，部分经济体正在进行研发试验，一些经济体正在积极论证 CBDC 可行性但尚无具体研发计划。从支付类型上看，现阶段已进入试点运营的 CBDC 均为零售型，采取双层运营、不计息的方式，批发型 CBDC 处于研发或可行性论证阶段。

（一）少数经济体央行开始试点运营央行数字货币

瑞典央行于 2017 年启动了电子克朗（e-krona）研发工作，并于 2020 年 2 月开始试点。近十年来，瑞典的现金使用量急剧下降，推动瑞典央行研发 CBDC。电子克朗定位于现金的补充工具，属于零售型 CBDC，不计付利息，采取双层运营模式，运用分布式记账技术，遵循有限匿名。此外，乌拉圭、乌克兰、柬埔寨、巴哈马等国央行也开展了 CBDC 试点。

（二）部分经济体央行正在研发试验央行数字货币

欧洲央行和日本央行于 2016 年提出央行数字货币（Stella）项目，开始联合研发批发型 CBDC，对经济体内银行间结算、券款对付结算、同步交收结算、平衡保密性与可审核性等方面分别实施测试并取得预期目标。2019 年 12 月，欧洲央行发布报告介绍了零售型 CBDC 方案（EURO chain 项目），定位为现金替代，采取双层运营模式，遵循有限匿名，目前正在开展研发。2020 年 7 月，日本央行发布探讨 CBDC 普及性和运营弹性的技术报告，并表示将通过实证试验探索 CBDC 的可行性。

英格兰银行于 2015 年提出英国数字货币（RSCoin）项目，与伦敦大学合作研究 CBDC，并开展了小规模试验。RSCoin 采用中心化和分布式记账相结合的混合型架构，是一种采用双层运营模式的零售型 CBDC。2020 年 3 月，英格兰银行系统阐释了零售型 CBDC 的设计思路，从发行目标、设计原则、运营模式、系统应用技术等多个维度呈现了对未来 CBDC 的构想。英格兰银行指出，未来发行的 CBDC 是对货币形态和相关支付基础设施的创新，将采取与私营部门合作的模式，以作为现金的补充，提升英格兰银行实现政策目标的能力。

法国央行于 2020 年 3 月启动了“数字欧元”研发工作，旨在改善银行间清算和结算流程，属于批发型 CBDC。2020 年 5 月，法国央行完成了“数字欧元”的首次测试工作，未来还将开展一系列测试。

加拿大央行于 2016 年提出加拿大数字货币（Jasper）项目，开始研究批发型 CBDC。项目前三个阶段主要聚焦于利用分布式记账技术改善国内大额支付系统，在技术方面取得成功，但效率提升较为有限。在项目第四阶段，加拿大央行与新加坡金管局、英格兰银行合作，探索研发跨境、跨币种的大额支付系统并取得阶段性成果。2020 年 2 月，加拿大央行宣布开始研发零售型 CBDC，以应对“无现金经济”的出现及私人数字货币的挑战，尚未公布具体设计方案。

新加坡金管局于 2016 年提出新加坡数字货币（Ubin）项目，开始研究批发型 CBDC，探索使用区块链技术提供更为简洁高效的支付系统，主要用于跨境交易和结算。项目前三个阶段主要涉及银行间大额支付系统、券款对付系统的重构。在项目第四阶段，新加坡金管局与加拿大央行 Jasper 项目相互连接，成功进行了跨境、跨币种支付测试。在项目第五阶段，新加坡金管局成功开发出一款基于区块链的支付网络，使不同币种可以在同一网络中进行支付。

韩国央行于 2020 年 4 月开始研发零售型 CBDC，计划分三步开展测试，依次为需求分析和技术评审、业务流程分析和咨询、试点系统构建和测试。

（三）一些经济体央行正在论证央行数字货币可行性，尚无具体研发计划

美联储表示正在评估 CBDC 成本与收益，研究相关法律问题，并进行关于分布式记账技术及其在数字货币（包括 CBDC）领域潜在用途的研究和实验。瑞士央行已就发行 CBDC 的必要性和相关的技术、政策、法律问题进行研究并确定基本设计思路。澳大利亚央行建立了 CBDC 研究机构，计划测试大额结算领域使用批发型 CBDC 的可行性。印度央行已在内部开展讨论，研究 CBDC 的可行性，尚未透露具体计划和实施

时间。此外，意大利、挪威、丹麦等国也正在积极开展 CBDC 研究。

三、央行数字货币对金融体系可能产生的影响

国际组织及部分经济体央行对 CBDC 可能给金融体系带来的影响开展了前瞻性研究。总体来看，CBDC 的潜在影响因其类型、运营方式以及计息机制的不同而有较大差异。采用单层运营模式或计息的零售型 CBDC 对货币政策传导、金融脱媒的影响较大，批发型 CBDC 和采用双层运营模式且不计息的零售型 CBDC 则对金融体系影响较小。

计息型 CBDC 可能影响货币政策传导机制，不计息型 CBDC 则影响较小。有观点认为，不计息型 CBDC 只有支付功能，仅可能取代现金，对货币政策不会产生实质性影响；计息型 CBDC 不仅发挥了支付媒介作用，还有储蓄功能，流动性和安全性高于银行存款，CBDC 利率可能成为存款利率的下限参考，央行可以通过调整 CBDC 利率来影响银行存款利率。此外，如果 CBDC 基本替代了传统现钞，央行可以通过对 CBDC 实行负利率，提高持有成本，打破零利率下限的约束，进一步引导市场利率下行。也有观点认为，CBDC 的使用可以防止私人数字货币对货币政策传导机制有效性的冲击。

计息型 CBDC 可能对银行发挥金融中介职能带来影响，不计息型 CBDC 则影响较小。有观点认为，如果 CBDC 计付利息，出于安全性考量，存款人可能将银行存款转为 CBDC，资金将从银行账户流向央行账户。面对金融脱媒压力，银行可能会被迫提高存款利率或选择融入成本更高的同业资金，从而导致信用收缩、银行期限错配风险增加。如果 CBDC 不计付利息，仅作为现金的补充工具或替代品，一般不会导致金融脱媒，但在极端情形下，即存款利率调至零或为负时，仍可能引发金融脱媒。也有观点认为，采用双层运营、不计付利息、限制 CBDC 持有量等方式可以降低金融脱媒风险。

CBDC 有助于提高支付效率，降低支付成本，助力普惠金融。零售型 CBDC 一般作为现金补充，高效便利，与现有电子支付工具形成互补，增强支付市场竞争力。计息型 CBDC 不仅较电子支付工具更加安全，还具有储蓄功能，对现有电子支付工具有较强替代性。批发型 CBDC 有助于改善大额支付结算，提高跨境支付效率和安全性，降低支付成本，助力国际贸易和金融交易。在传统金融服务欠发达地区，CBDC 依托数字化和安全性优势，通过移动客户端和网络通信，提高金融服务覆盖面和便利化程度，提升普惠金融水平。

CBDC 有助于提升反洗钱、反恐怖融资、反逃税能力。与完全匿名使用的现金不同，CBDC 能够实现可控匿名，可以改善识别客户能力，在保护用户合理隐私的前提下，提高对洗钱、恐怖融资、逃税等违法犯罪行为的识别效率和精准度。

四、数字人民币

中国人民银行自 2014 年起开始研究法定数字货币，并于 2017 年年底组织部分商

业机构共同开展数字人民——数字货币电子支付（digital currency electronic payment，DC/EP）的研发。目前，数字人民币体系已基本完成顶层设计、标准制定、功能研发、联调测试等工作，正在遵循稳步、安全、可控、创新、实用原则，先行一些地区试点测试。截至2023年11月，全国共有23个省级行政区全域或部分城市开展数字人民币试点。

数字人民币定位于流通中的货币（M0），属于零售型CBDC，数字人民币由中国人民银行发行，是有国家信用背书、有法偿能力的法定货币。

数字人民币采用双层运营模式、不计付利息，即中国人民银行不直接对公众发行和兑换数字人民币，而是先把数字人民币兑换给指定的运营机构，如商业银行或者其他商业机构，再由这些机构兑换给公众。运营机构需要向中国人民银行缴纳100%的准备金，也就是1∶1的兑换过程。这种双层运营体系和纸钞发行基本一样，因此不会对现有金融体系产生大的影响，也不会对实体经济或金融稳定产生大的影响。

数字人民币支持银行账户松耦合，不需要银行账户就可以开立数字人民币钱包。对一些农村地区或边远山区群众以及来华境外旅游者等，不能或不便持有银行账户的，也可以通过数字钱包享受相应的金融服务，有助于实现普惠金融的目标。

数字人民币以广义账户体系为基础，任何能够形成个人身份唯一标识的东西都可以成为账户。比如说车牌号就可以成为数字人民币的一个子钱包，通过高速公路或停车的时候进行支付。

另外，数字人民币像纸钞一样实现满足飞机、邮轮、地下停车场等网络信号不佳场所的电子支付需求。如果真的发生了盗用等行为，数字人民币可以提供挂失功能。不愿意用或没有能力用智能手机的人群，可以选择智能卡（IC卡）、功能机或其他硬件。根据掌握客户信息的强度不同，数字人民币钱包可以分成几个等级，如大额支付或转账必须通过信息强度高的实名钱包。数字货币智能合约的方式，可以实现定点到人交付，如民生资金可以发放到群众的数字钱包上，从而杜绝虚报冒领、截留挪用的可能性。在有关机关严格依照程序出具相应法律文书的情况下，进行相应的数据验证和交叉比对，为打击违法犯罪提供信息支持，即使腐败分子通过化整为零等手段，也难以逃避监管。

中国人民银行注重从宏观经济、货币政策、金融发展、金融稳定等方面评估数字人民币的可能影响，确保相关设计不会对现有货币金融体系和货币政策传导产生大的冲击。数字人民币体系尚无正式推出的时间表，中国人民银行将继续稳妥有序推进数字人民币体系研发工作，做好试点测试，加强相关政策和影响研究，不断优化和完善研发设计。

第四节　金融科技监管

目前，金融科技监管尚未形成国际标准框架，从实践来看，主要经济体都密切关注金融科技发展趋势，并及时调整现行监管框架，注意平衡好鼓励创新与防范风险之间的关系。

在政策法规方面，注重完善现行体系，强化消费者保护。美国货币监理署（OCC）探索构建针对互联网金融的监管体系，联邦及州层面监管部门加快研究基于互联网开展的金融活动监管规则。欧洲银行管理局（EBA）发布《金融科技监管路径》，对其金融科技工作的目标和范围进行听证。英国发布《通过互联网众筹及其他媒介发行不易变现证券的监管办法》，对网络借贷平台的信息披露、消费者保护作出明确的监管要求。

在监管架构方面，注重功能监管和持牌监管，确保监管有效覆盖。由于金融科技并未改变金融市场的基本格局和金融业务的基本法律关系，目前主要国家均沿用现行监管框架，根据业务属性对金融科技相关业务进行归口管理，实施功能监管和全面覆盖。一是对网络借贷、众筹股权融资等属性明确且发展迅速的业务，监管部门通常通过牌照审批等方式纳入现行法律框架予以约束。二是对业务属性尚不明确、未形成规模的创新业务，监管部门通过行业自律予以约束，评估其发展后再决定监管方式。三是部分国家还进一步改革牌照机制，如美国货币监理署推出金融科技银行牌照，印度于 2016 年发放有限支付业务银行牌照。四是部分国家将监管范围延伸至第三方服务提供商，赋予监管部门对第三方服务机构进行定期专项监管检查和风险评估的权力。

在监管工具方面，注重探索创新促进机制，平衡风险管控与鼓励创新的关系。各主要经济体积极推动监管工具创新，比较有代表性的做法包括监管沙盒（regulatory sandbox）、创新中心（innovation hub）、创新加速器（innovation accelerator）等。监管沙盒由英国金融行为监管局（FCA）于 2015 年最早推出，面向金融创新产品或服务，由监管部门按照适度简化的准入标准和流程，允许金融科技企业在有限业务牌照下，利用真实或模拟的市场环境开展业务测试。创新中心是指监管部门设立的旨在为监管对象、非监管对象提供指导和支持的机制或场所。创新加速器是指金融科技服务提供商与政府部门之间的资金或技术合作安排。

在监管协调方面，注重一致性监管与国际合作，避免监管空白与监管套利。部分经济体积极就金融科技监管领域开展双边合作，推进数据共享和监管协调。国际组织积极推动金融科技监管领域的国际研究和标准制定，通过成立工作组，发布指导性文件或报告等形式推动监管经验共享和协同行动。

在能力建设方面，注重发展合规科技与监管科技，提升监管效能。合规科技（regtech）是指金融机构或科技服务商出于监管报告和合规目的开发的金融科技应用。监管科技（suptech）是指监管机构利用科技推进监管创新。合规科技和监管科技的进步有助于被监管对象更好地达到合规要求，也有助于监管当局更好地识别风险、化解风险，提升监管效能。目前，英格兰银行正尝试建立分布式清算系统，法国央行正在进行银行间市场区块链交易模式试点，奥地利央行探索用数据立方模式来代替传统的监管数据报送等。

近年来，中国在完善金融科技监管框架方面取得一定进展。2015 年 7 月，中国人民银行、工业和信息化部、公安部等 10 部门联合发布《关于促进互联网金融健康发展的指导意见》，同年 12 月，中国互联网金融协会成立。2016 年 4 月，国务院办公厅出台《互联网金融风险专项整治工作实施方案》。2017 年 8 月，网联清算有限公司成立，把支付宝、财付通、京东支付等第三方支付机构的网络支付业务纳入集中统一清算管理。此外，金融管理部门就第三方支付、网络借贷、股权众筹、网络保险等领域陆续出台规定。借鉴相关国际经验并结合中国实际，中国应进一步积极完善监管框架，积极推进金融科技创新试点，强调功能监管，提升监管科技水平，在尊重市场原则、鼓励创新的同时，积极有效防控金融风险。

本章思考题

1. 金融科技的定义是什么？简述金融科技的演进。
2. 中国金融科技发展的情况如何？
3. 当前中国金融科技发展的挑战有哪些？
4. 金融科技的发展趋势是怎样的？
5. 中国央行数字货币的定义是什么？
6. 中国央行数字货币（DC/EP）的特点有哪些？
7. 中国金融科技发展的重点是什么？
8. 央行数字货币对金融体系的可能影响有哪些？
9. 中国央行数字货币（DC/EP）与其他货币形态相比优势是什么？
10. 国际上金融科技监管的主要做法有哪些？

第十一章　金融监管

[知识导读]

党的二十大报告提出："加强和完善现代金融监管，强化金融稳定保障体系，依法将各类金融活动全部纳入监管，守住不发生系统性风险底线。"以习近平经济思想为指导，回顾国际国内金融治理的历史，总结近年来我国应对各种风险挑战的实践，现代金融监管的基本内涵可以归纳为以下几个要素：

第一，宏观审慎管理。防范和化解系统性风险，避免全局性金融危机，是金融治理的首要任务。我国宏观审慎的政策理念源远流长，早在春秋战国时期就开始了政府对商品货币流通的监督和调控。西汉的"均输平准"就已经成为当时促进经济发展和金融稳定的制度安排。现代市场经济中，货币超发、过度举债、房地产泡沫化、金融产品复杂化、国际收支失衡等问题引发的金融危机反复发生，但是很少有国家能够真正做到防患于未然。2008年全球金融危机爆发后，国际社会从"逆周期、防传染"的视角，重新检视和强化金融监管安排，完善分析框架和监管工具。有效的信息共享、充分的政策协调至关重要，但是决策层对重大风险保持高度警惕、执行层能够迅速反应更为重要。

第二，微观审慎监管。中华传统商业文化就特别强调稳健经营，"将本求利"是古代钱庄票号最基本和最重要的行事准则，其实质就是重视资本金约束。巴塞尔银行监管委员会和国际保险监督官协会就是在资本金约束规则的基础上，逐步推动形成银行业和保险业今天的监管规则体系。资本标准、政府监管、市场约束被称为微观审慎监管的"三大支柱"。许多广泛应用于微观审慎监管的工具，如拨备制度等，也具有防范系统性风险的功能。

第三，保护消费权益。金融交易中存在着严重的信息不对称，普通居民很难拥有丰富的金融知识，而且金融机构工作人员往往也不完全了解金融产品所包含的风险。这就导致金融消费相较于其他方面的消费，当事人常常会遭受更大的利益损失。2008年全球金融危机之后，金融消费者保护受到空前重视。世界银行推出39条良好实践标准，部分国家对金融监管框架进行重大调整。我国金融监管部门已设立金融消费者权益保护部门，从强化金融知识宣传、规范金融机构行为、完善监督管理规则、及时惩处违法违规现象等方面，初步建立起行为监管框架。

第四，打击金融犯罪。金融犯罪活动隐蔽性强、危害性大，同时在专业和技术方面也较为复杂。许多国家设有专门的金融犯罪调查机构，部分国家赋予金融监管部门一定的犯罪侦查职权。巴塞尔银行监管委员会和一些国家的金融监管机构均将与执法部门合作作为原则性要求加以明确。我国也探索形成了一些良好实践经验。例如，公安部证券犯罪侦查局派驻中国证监会联合办公，中国银保监会承担全国处置非法集资部际联席会议牵头职责，部分城市探索成立专门的金融法院或金融法庭。但是，如何更有效地打击金融犯罪，仍然是政府机构设置方面的重要议题。

第五，维护市场稳定。金融发展离不开金融创新，但要认真对待其中的风险。过于复杂的交易结构和产品设计，容易异化为金融自我实现、自我循环和自我膨胀。能源、粮食、互联网、大数据等特定行业和特定领域在国民经济中具有重要地位，集中了大量金融资源，需要防止其杠杆过高、泡沫累积最终演化为较大的金融风险。金融市场是经济社会运行的集中映射，在经济全球化背景下，国际各种事件都可能影响市场情绪，更加容易出现“大起大落”异常震荡。管理部门要加强风险源头管控，切实规范金融秩序，及时稳定市场预期，防止风险交叉感染、扩散蔓延。

站在新的历史起点，金融监管改革任务非常艰巨。金融监管改革必须以习近平新时代中国特色社会主义思想为指导，坚守以人民为中心的根本立场，不断提升金融监管能力和水平。

思考题：

1. 我国的金融监管体系是怎样的？

2. 现阶段金融监管面临的主要挑战是什么？

第一节　金融监管概述

一、金融监管的原因：市场失灵

金融监管有狭义和广义之分。狭义的金融监管是指金融主管当局依据国家法律法规的授权对金融业（包括金融机构以及它们在金融市场上的业务活动）实施监督、约束、管制，使它们依法稳健运行的行为总称；广义的金融监管除金融主管当局的监管之外，还包括金融机构的内部控制与稽核、行业自律性组织的监督以及社会中介组织的监督等。

金融监管的最初动因是危机的爆发。危机的爆发可以追溯到16世纪的“荷兰郁金香狂热”、17世纪的英国“南海泡沫”案、18世纪的法国“密西西比泡沫”事件。近年来，危机也不断发生，或者是一家银行的危机（如英国巴林银行、日本大和银行、国际商业信贷银行等），或者是一个国家或地区的危机（如1994年年底的墨西哥金融危机），还有可能是多个国家和地区的危机（如1995年上半年的欧洲货币危机、1997年的东南亚金融危机）。时间上较近的有1998年的俄罗斯金融危机和巴西金融危机、2000年的土耳其金融危机、2001年的阿根廷金融危机以及2007年以来的美国次贷危机，这些危机所产生的各种负面影响是倒逼进行金融监管的直观理由。

从理论上分析，金融领域内存在的垄断、外部性、产品的公共性、信息的不对称性、过度竞争所带来的不稳定性以及分配的不公平都会导致金融产品与服务价格信息扭曲，从而表现为金融市场失灵。失灵的金融市场无法保证社会资源配置符合帕累托效率，这就为政府介入金融监管提供了理由。

（一）金融领域的负外部效应

历史经验表明，金融领域内的负外部效应尤为明显。第一，金融机构不同于一般企业，它可以运用少得多的自有资本支撑同样规模的资产运营，一旦发生问题，其所有者遭受的损失要小得多，其成本是由整个金融体系及社会来承担的；第二，金融领域出现的问题往往具有“传染性”，如银行挤提、证券市场的“恐慌心理”等，说明金融领域中的负外部效应有可能会“自我放大”；第三，这种负外部效应“自我放大”到极端有可能导致系统的危机或崩溃，即个别金融中介机构或环节的问题蔓延开来，最终使整个体系的运作遭到破坏，进而给实际经济部门造成损害的灾难性事件。典型的例子是20世纪30年代的大萧条。这些严重的负外部效应的存在，为政府介入实施必要的金融监管提供了重要的理论支持。

（二）金融体系提供的产品和服务具有公共物品的特征

一个稳定、公平而有效的金融体系具有公共物品的明显特征。每个人都可以尽享金融体系提供的信心和便利。同时，任何人在享受上述好处的同时，并不妨碍别人享受相同的好处，也就是既不具有排他性，也不具有竞争性。但作为公共物品，其局限性表现如下：人们虽然有内在动力消费某一物品，但得不到有效的激励为这一公共物品的提供做出贡献，如银行的挤提行为、金融机构业务经营违反审慎原则而过分冒险等，这就决定了要么在政府主导下来构建金融体系，要么以私人部门为基础构建金融体系。政府要通过限制过度竞争的制度安排给予私人部门适当的保护和监管，以维护金融体系的稳定。

（三）信息不对称导致交易低效率

在金融领域，信息不对称是广泛存在的。这会导致交易的不公平和低效率。在交易中，拥有信息优势的一方可能会利用这一优势来损害信息劣势方的利益。例如，证券交易所的员工和外部投资者相比，具有明显的信息优势，特别是他们比一般的投资者掌握更充分的市场动态信息。同样，对银行和保险公司的经营管理者来说，其对自己所在金融机构的风险，也会比存款人和投保人更加了解。由于这些金融机构比投资者、存款人、证券持有人、投保人等拥有更多的信息，其就有可能利用这一信息优势为自己谋取利益，而将风险或损失转嫁给投资者、存款人、证券持有人、投保人等。因此，政府介入对这些信息优势者加以规范、约束、监管，并制定强制的信息披露制度，可以为投资者创造公平、公正、公开的投资环境。

（四）金融领域有可能出现垄断和不正当交易

金融领域内的垄断包括自然垄断和人为垄断。前者是指金融业务存在规模经济效应，规模越大，成本越低。典型的例子是清算中介。后者有可能表现为由于银行业具有信贷配给的特点，银行逐渐获得对与其具有传统关系的企业的垄断地位。这就相当于断绝了其他银行介入的可能。不正当竞争在金融领域里有多种表现方式，如银行业和证券业的从业者利用信息优势进行机会主义行为，损人利己，银行对特别客户发放的“关系型贷款”，金融机构为争夺客户进行恶性竞争或虚假宣传等。这些垄断和不正当竞争行为的存在会破坏正常的市场秩序。由此引入政府来保证公平的竞争环境不失为一种预防性的措施。

二、金融监管的目标与基本原则

（一）金融监管的目标

金融监管的目标可以分为一般目标和具体目标。金融监管的一般目标是针对上述市场失灵而提出的概括性的目标。它主要包括两个方面：第一，维护金融体系的安全与稳定，避免系统危机的发生，这是金融监管的首要目标。金融是现代经济的核心，在整个社会的货币供应、货币运行、信用活动中举足轻重。以获取利润为目的的金融机构在经营过程中面临信用风险、流动性风险、市场风险、利率风险、国家风险等诸多风险，加上金融机构之间的竞争，难免会发生金融危机或破产倒闭。一家银行的问题可能会在多米诺骨牌效应的作用下迅速传染到多家银行或企业，引起系统性风险或系统性危机，其后果将是十分严重的。如果系统性危机得以避免，则其负外部效应也不会被放大，同时银行也成为惠及众人的公共物品。第二，保护存款人和社会投资者的利益，实质上就是维护社会的信用制度。这既可以解决信息不对称所造成的金融交易低效率问题，又在很大程度上实现了矫正不正当竞争和保护小额储蓄者的公平目标。

因此，金融监管的一般目标仍然是一般的公共政策目标的一部分，一般概括为经济运行的效率、公平和稳定三个方面。金融监管的具体目标是针对各国历史、经济、文化背景和发展的不同情况而制定出来的，其侧重点也有所区别。

1995 年 3 月颁布、2003 年 12 月修改的《中华人民共和国中国人民银行法》，1995 年 6 月颁布的《中华人民共和国保险法》，1999 年 7 月实施的《中华人民共和国证券法》，2003 年 12 月颁布的《中华人民共和国银行业监督管理法》共同界定和规范了我国的金融监管目标。其概括如下：

（1）一般目标：防范和化解金融风险，维护金融体系的稳定与安全，保护公平竞争和金融效率的提高，保证中国金融业的稳健运行和货币政策的有效实施。

（2）具体目标：经营的安全性、竞争的公平性和政策的一致性。经营的安全性是指既要保护存款人和其他债权人的合法权益，又要规范金融机构的行为，提高信贷资产质量。竞争的公平性是指通过监管，创造一个平等合作、有序竞争的金融环境，鼓励金融机构在公平竞争的基础上，增强经营活力，提高经营效率和生存发展能力。政策的一致性，即通过监管，使金融机构的经营行为与中央银行的货币政策目标保持一致。

（二）金融监管的基本原则

由于各个国家的政治、经济、文化体制等存在差异，因此金融监管体制也存在差异。但是，金融监管遵循的基本原则是相同的。

1. 依法管理原则

依法管理原则有以下几重含义：一是对金融机构进行监督管理，必须以法律法规为依据；二是金融机构对法律法规所规定的监管要求必须接受，不能有例外；三是金融监管当局实施监管必须依法行事。只有依法，才能保持监管的权威性、严肃性、强制性和一贯性，才能保证监管的有效性。

2. 合理、适度竞争原则

竞争是市场经济条件下的一条基本规律。金融监管当局的监管重心应放在保护、维持、培育、创造一个公平、高效、适度、有序的竞争环境上。金融监管当局既要避免造成金融高度垄断、排斥竞争，从而丧失效率与活力；又要防止出现过度竞争、破坏性竞争，从而影响金融业的安全和稳定。

3. 自我约束与外部强制相结合的原则

外部强制管理再缜密严格，其作用也是相对有限的。如果其管理对象不配合、不愿自我约束，而是千方百计地逃避、应付、对抗，那么外部强制监管也难以收到预期效果；反之，如果将全部希望寄托在金融机构本身自觉自愿自我约束上，则不可能有效地避免种种不负责任的冒险经营行为与道德风险的发生。

4. 安全稳健与经济效率相结合的原则

金融机构安全稳健地经营业务，历来都是金融监管的中心目的。为此，所设置的金融法规和一系列指标体系都着眼于金融业的安全稳健及风险防范。但金融业的发展毕竟在于满足社会经济发展的需要，追求发展就必须讲求效率。因此，金融监管不应是单纯消极防范风险，而应是积极地把防范风险与提高金融效率这个最基本的要求协调起来。

金融监管还应该注意如何顺应变化了的市场环境，对过时的监管内容、方式、手段等及时进行调整。进入20世纪90年代以后，金融自由化浪潮一浪高过一浪，金融衍生工具风险、金融业的收购兼并风潮、风险的国际扩散等已经成为金融监管当局高度关注的问题。监管力度的松紧搭配以及管理的审慎、强化等已经上升为基本原则的一个重要延伸部分。

三、金融监管的成本和金融监管失灵

（一）金融监管的成本

金融监管并不是万能的，同市场失灵一样，政府的监管也可能存在失灵。因为在资源约束的条件下，实施监管是需要成本的，这就使得实施监管有可能是不合算的，即在管制过程中所耗费的资源成本有可能大于实现监管目标后的收益。一般来说，金融监管越严格，其成本也就越高。具体来说，金融监管的成本主要表现在两个方面：直接的显性成本和间接的效率损失。直接的显性成本是监管引起的直接资源成本，包括金融监管当局的行政预算支出和被监管者因遵守条例而耗费的成本。金融监管当局关注的是监管目标的实现，而较少考虑降低监管成本，这有可能造成监管的直接成本过高的现象。

间接的效率损失是一种不易被观察到的隐性成本，主要是指因监管者改变了原来的行为方式而造成的福利损失。金融监管有可能导致的效率损失如下：

1. 道德风险

这主要表现为以下三个方面：一是由于投资者相信金融监管当局会保证金融机构的安全和稳定，会保护投资者的利益，就易于忽视对金融机构的监督、评价和选择，而只考虑如何得到较高的收益。这就导致经营不良的金融机构照样可以通过提供高收益等做法而获得投资者的青睐，而这无疑会增加整个金融体系的风险。二是存款保险制度的确立，使得存款人通过挤兑的“用脚投票”方式向金融机构经营者施加压力的机制不再存在。存款金融机构可以通过提供高利率吸收存款，并从事风险较大的投资活动，这也会人为地增大金融体系的风险。三是由于金融机构在受监管时承担一定的成本，因此会通过选择高风险、高收益资产的方式来弥补损失，这显然有悖于监管者的初衷。

2. 人为地削弱竞争

从市场准入、运作过程的监管措施来看，尽管其出发点是为了防止金融领域内出现恶性竞争，维护正常和公平的业务环境，并保护消费者的利益，但如果分寸把握不当，就有可能人为地抑制金融机构之间的一些合理的竞争，导致静态低效率。

3. 对金融创新的抑制

一般来说，金融监管条例是根据当时的最佳惯例适时制定出来的。随着时间的推移和形势的发展，这些最佳惯例很可能变得不再是最佳，从而妨碍金融机构新产品的开发和服务水平的提高，导致动态的低效率。

总之，这些效率损失的存在就会对当事人造成反向的激励，即严格的金融监管虽然能够消除全部或大部分风险，但因为随之而来的可能是间接的道德风险和低效率，所以并不是十分可取的。考虑到监管的各种成本，客观上应该存在一个适可而止的界限。从理论上说，这一界限应处于边际成本等于边际收益的那一点上。

（二）金融监管失灵

按照公共选择理论，政府的管制一般可以弥补市场缺陷，但政府的管制也会失灵，从而达不到资源的有效配置。因此，在考虑政府监管的同时需要考虑金融监管失灵的问题。

1. 金融监管者的经济人特性

从理论上看，金融监管者是社会公众的委托人，代表社会公众的利益，能够在某种程度上超越具体的个人利益。但在实践中，金融监管部门及金融监管者个人的目标并不是或并不仅仅是公共利益的最大化，而是有自己的组织目标与经济利益。这就使得金融监管部门具有某种类似个人经济人的特征，从而追求个人利益最大化。特别是当其掌握着垄断性的强制权力时，很容易被某些特殊利益集团俘获，并成为特殊利益集团的代言人。

2. 金融监管者同样面临信息不对称的问题

金融监管者与广大被监管者之间，前者处于信息劣势的一方，这就意味着金融监管者即使主观愿望很好，也有可能力不从心，无法全面及时地行使其监管职能。

3. 金融监管者处于独特的垄断地位

由于政府提供的公共服务往往具有不可替代性，因此它们缺乏市场竞争和约束，也就没有提高监管效率的压力和动机。另外，金融监管机构具有政府部门的科室结构，其运作机制与一般的政府部门也无大的区别，极易导致监管的官僚主义行为。

总之，金融监管的失灵虽然表现为多种多样，但概括起来主要有两个方面：一是监管过度，即多管了不该管的；二是监管松懈，即该管好的却放任不管。因此，金融监管制度安排应适时地引入对金融监管者的监管，监管的主要思路就从两方面入手，防止金融监管者管制过度或防止监管者管制松懈。

第二节　金融监管的内容和方法

一、金融监管的内容

一般来说，金融监管的具体内容都是从市场准入、市场运作过程、市场退出三个环节入手。其目的有二：一是督促金融机构约束其风险行为，避免其做出损人不利己的行为；二是针对金融机构在处理客户关系时利用信息优势采取的机会主义行为，避免其做出损人利己的行为。

（一）市场准入监管

所谓市场准入，就是金融监管当局对新设机构或金融机构的合并进行的限制性管理，即对申请进入金融业和金融市场的机构与人员进行筛选，保证只让合适的机构与人员进入市场，维持市场的公平竞争和秩序。市场准入监管是进行监管的第一个环节，如果在该环节上控制得力，就可以有效地将金融风险拒之门外；反之，就可能为以后的监管留下后患。为此，各国对金融机构的设立通常采取审批制（批准制），而不像一般工商企业那样实行登记制。在审批营业执照时，监管机构主要考虑的因素有最低的资本数量，以保证稳健经营和维护社会公众利益；较完备的专业设施；所有权结构；一定数量的合格的专业人员，即董事和高级管理人员应受过专业训练，具有专业经验和良好品行；业务发展目标和规划，等等。

在我国，设立商业银行必须经中国人民银行批准，否则任何单位和个人不得从事吸收公众存款等商业银行业务，不得使用“银行”字样等。对申请设立商业银行者，我国要求其必须有符合规定的章程，足够的注册资本，健全的组织结构和管理制度，高级管理人员不得有贪污、受贿等不良记录等。

不同国家对不同领域和种类的金融机构的市场准入的要求是不尽相同的。但各国对金融机构的市场准入都有或高或低的门槛。其必要性和作用在于可以限制恶性竞争或保护公平竞争，保证参与者具备起码的条件。

（二）市场运作过程监管

1. 资本充足性监管

资本对金融机构的作用显而易见。足够的资本既可以维持银行在社会公众心目中的信心，以保证其正常运转，并借此扩展更多的业务；又可以在发生挤提和意外时使其赢得足够长的时间来收回其他资产或用它冲销损失，不至于使金融机构立刻资不抵债、破产清算。因此，保留一定量的资本是稳定金融业所必需的，也是各国金融监管的重点。例如，《巴塞尔协议》要求银行资本与资产总额、存款总额、负债总额以及风险投资之间保持适当的比例。

2. 流动性监管

流动性是金融机构以适当的价格获取可用资金的能力，各国的金融监管当局对流动性监管也是十分重视的。在实践中，金融监管当局要恰当、准确地测量金融机构的流动性是非常困难的。例如，银行的流动性监管的趋势是以考核银行的资产负债期限和利率结构搭配是否合理为基础对流动性进行系统的评价，如中国的商业银行贷款余额与存款余额的比例不得超过75%，流动性资产余额与流动性负债余额的比例不得低于25%；法国的金融监管当局规定，银行的流动资产与短期负债的比率不得低于60%；比利时的金融监管当局要求私人储蓄银行要将其至少35%的储蓄存款用于购买一年期以内的政府债券。

3. 业务范围监管

金融机构能够经营哪些业务、不能够经营哪些业务，一般是有限制的。在实行职能分工体制的国家，商业银行业务和投资银行业务严格分开，并禁止商业银行认购包销股票和债券。全能型体制的国家并无这些限制。在新的金融形势下，各国金融业出现了混业经营的大趋势，那么混业监管也在所难免。

4. 贷款风险监管

为控制银行的信用风险过于集中，大多数国家的金融监管当局都制定了审慎的限额，以限制银行对单一借款人、关系人（金融机构的董事、监事、管理人员、信贷业务人员及其近亲属以及他们投资或担任高级管理职务的公司、企业和其他经济组织）和对某些行业或部门提供过多贷款，以分散风险。如何对银行的风险集中程度做出客观的评价及采取相应的监管措施是金融监管当局面临的新挑战。

5. 对金融机构内控制度监管

金融监管当局对金融机构内控制度进行监管是必要的，目的是确保金融机构的业务能根据董事会制定的政策以审慎的方式经营。内部控制制度不严格可能会导致金融机构倒闭，典型的事件如英国的巴林银行和日本的大和银行。

（三）市场退出监管

市场退出监管意味着监管机构对金融机构的倒闭和破产清算进行管制，不能想退出就退出，而要按一定的程序进行，由监管机构代表社会各方的利益来进行协调和疏通。例如，关闭有问题的银行，罢免和更换管理人员，任命接收者，购买、销售和转让有问题的资产，负责债务的收回和业务的恢复，决定清算和合并等，以尽可能地降低金融机构市场退出的成本。为此，许多国家还建立了官方或行业性的存款保险制度，以维护存款人的利益和金融业的稳健经营。我国对金融机构市场退出的监管由法律予以规定，一般有接管、解散、撤销、破产等几种形式。

二、金融监管的主要手段和方法

（一）金融监管的主要手段

金融监管的主要手段一般有三种：法律手段、经济手段、行政手段。

1. 法律手段

尽管各国金融监管的体制和风格各异，但在依法监管这一点上是共同的。金融监管的基本出发点就是要求金融机构必须接受国家金融监管当局的监管。金融监管必须依法进行，这样才能保证监管的强制性、权威性、严肃性和一贯性。

2. 经济手段

金融监管的经济手段中最主要的是最后贷款人和存款保险。这是针对系统性危机而建立的一种官方安全网。从表面上看，这是一种事后的挽救性措施，但是由于稳定了人们对金融体系的信心，因此产生了预防性的效果。最后贷款人是指中央银行作为监管者，为保护存款者的利益对发生清偿力困难的银行或金融机构进行财务上的援助和实施抢救行动，是金融体系的最后一道安全防线，具体操作有提供贷款、担保及兼并。

存款保险是指由经营存款业务的金融机构按照吸收存款的一定比例，向特定的保险机构缴纳保险金，当投保机构破产倒闭、不能偿还存款人的款项时，由存款保险机构进行赔偿。其目的是保护存款者的利益，维护正常的信用秩序。存款保险制度最早开始于美国，后来大多数国家都陆续建立了此项制度。

3. 行政手段

行政手段作为辅助性工具，具有见效快、针对性强、不可替代的特点。

从金融监管趋势来看，应用最多的是法律手段和经济手段。因为一定程度上行政手段和市场规律相抵触，会影响整体经济的发展。

（二）金融监管的方法

一般而言，金融监管的方法主要有直接监管和间接监管。

1. 直接监管

直接监管包括现场检查（稽核）和非现场检查。现场检查是由稽核人员通过亲临现场对金融机构的会计凭证、账簿、报表、现金、物资财产和文字资料进行检查、分析、鉴别，直接对有关人和事进行查访，掌握第一手真实资料。现场检查一般主要集中于资本充足状况、资产质量、管理质量、收入和利润状况、清偿能力、法规的遵守程度等方面；非现场检查是对被稽核单位根据要求报送的有关经营活动状况的资料，按照一定的程序和标准进行整理、分析和计算，对金融机构经营现状及发展趋势做出判断的一种检查监督形式。

2. 间接监管

间接监管是金融监管当局委托其他部门，如金融机构内部审计机构、外部审计机构、信用评级机构等从加强内部控制的角度出发，实施间接的监管。其具体有以下几种方法：一是金融机构的内部审计。内部审计是由金融机构自行组织实施的，主要涉及银行内部的各项管理工作实施情况，包括检查自身会计控制、营运控制、行政管理控制等的完整与准确，并参与检查和修改业务政策与业务程序。其主要目的是保证资产的安全性和遵守法规，提供高效准确的业务记录，评价管理控制的程序和有效性，并为制定政策提供参考。金融机构的内部审计及内部控制在整个监管体系的设计中占有基础性的地位。二是外部审计。外部审计是金融监管当局委托社会上的会计师事务所来参与监管。这种社会审计可以保证金融监管的客观性和公正性，有效地避免舞弊、作假现象，防止内部审计的主观性和金融监管当局的疏漏，使金融监管当局的监管更有针对性。三是对金融机构的评级。评级制度是通过综合考虑金融机构的资本充足性、资产质量、管理能力、盈利能力以及流动性能力等因素，按照评级结果将金融机构划分为几个等级，供金融监管当局决策使用。这种评级还可以利用社会上的资信评估机构来进行。四是行业自律。行业自律是指同一行业的从业者组织，基于共同利益制定规则，自我约束，实现本行业内部的自我监管，以保护自身利益并促进本行业的发展。一般来说，金融业自律的组织形式主要为金融行业公会或银行家协会，这是一种金融业自我管理、规范和约束的民间组织。行业内部管理避免参与主体之间的不正当竞争并促进彼此间的协作，与金融监管当局共同维护金融业的安全和稳定。该组织除了在会员间起协调和服务的功能外，还在金融机构与金融监管当局之间起着沟通桥梁的作用。一方面，行业组织向金融监管当局反映会员单位的要求和建议，保护会员单位的合法权益；另一方面，行业组织接受金融监管当局的委托，执行某些监管机构不宜执行或执行效果欠佳的监管职能。此外，行业组织还通过建立举报监督系统，强化会员金融机构的自律和互律，并对违规会员金融机构做出相应的处罚，维护和提高金融业的整体利益和社会形象。

第三节　金融监管体制

一、金融监管体制概述

金融监管体制是指金融监管的制度安排，包括金融监管当局对金融机构和金融市场施加影响的机制以及监管体系的组织结构。由于各国的历史文化传统、法律、政治体制、经济发展水平等方面的差异，金融监管体制表现为明显不同的特点。

（一）外部监管与行业自律

从监管规则的形成与实施是否通过国家法律法规和行政干预来看，各国的金融监管体制可以分为外部的正式监管与行业内的自律。

外部的正式监管是一种严格立法的规范化金融监管，它由管制当局制定规则，强制金融机构必须遵守。欧洲大陆和美国是典型代表。

行业内的自律是一种非正规、不成文的制度安排，它不需要借助政府的力量来强制实施，其有效性是建立在当事人长期从业的基础上。一般来说，金融领域内的行为规则是当事人之间在长期博弈的过程中逐渐自发形成的、共同遵守的行为规范。在历史上，英国是以自律为主的典型。当然，以自律为主的金融监管制度并不是放任自流的，而是以政府的法律框架为基础，只不过强调这种对当事人的行为限制可以有效地自我实施而已。后来，由于英国的一些次要银行的挤提危机波及了主要银行，英国改变了其悠久的自律传统，制定了1979年银行法，也开始加强外部的规范化监管。

在任何金融体系中，正式的外部监管与非正式的行业自律是构成监管体制的必不可少的部分，两者不可偏废。

（二）单一监管体制和多头监管体制

根据监管主体的多少，各国的金融监管体制大致可以划分为单一监管体制和多头监管体制。按监管机构的监管范围划分，监管体制可以分为集中监管体制和分业监管体制。一般来说，实行单一监管体制的国家在监管范围上都是实行集中监管，而实行多头监管的国家在监管范围上都实行分业监管。

1. 单一监管体制

单一监管体制是指由一个金融监管机关对金融业实施高度集中监管的体制。监管机关通常是各国的中央银行（也有另设独立监管机关的情况）。目前，实行单一监管体制的发达市场经济国家有英国、澳大利亚、比利时、卢森堡、新西兰、奥地利、意大利、瑞典、瑞士等。此外，一些发展中国家，如巴西、埃及、泰国、印度、菲律宾等也实行这一监管体制。

2. 多头监管体制

多头监管体制是根据从事金融业务的不同机构主体及其业务范围，由不同的监管机构分别实施监管的体制。根据监管权限在中央和地方的不同划分，多头监管体制又可以分为分权多头式监管体制和集权多头式监管体制两种。实行分权多头式监管体制的国家一般为联邦制国家，如美国和加拿大。实行集权多头式监管体制的国家，对不同金融机构或金融业务的监管，由不同的监管机关来实施，但监管权限集中于中央政府。一般来说，该体制以财政部和中央银行为监管主体。日本、德国、法国、新西兰等国采用这一监管体制。

（三）预防性监管和挽救性监管

从金融危机发生前后的时间顺序来看，金融监管的措施可以分为预防性监管与挽救性监管。预防性金融监管措施的提出有两个前提：一是假定金融机构有可能在日常经营活动中对其往来客户采取机会主义的态度，利用存款人或投资者知情较少这一信息不对称的现实损害客户利益；二是假定金融机构在其日常经营活动之中不能保证总能做到足够的审慎。因此，对金融机构的市场准入、市场运作过程、市场退出进行监管就显得十分必要。这是进行金融监管的第一道防线。

挽救性金融监管制度的建立是出于防范系统性危机和系统性风险，而系统性危机之所以发生主要是由于流动性不足和人们对金融体系的信心不足。因此，由官方出面建立存款保险制度和最后贷款人制度就构成了预防金融风险的第二道、第三道防线。这样的制度通过做出保证银行流动性的承诺，从而保证人们总是对银行体系具有信心。从名义上看，尽管这些制度和措施是一种事后的弥补性和挽救性的措施，但由于其起到了稳定人们对金融体系的预期的作用，从而具有主动的预防效应。在实际中，这两类金融监管制度往往是并行不悖、共同发挥作用的。

二、中国的监管体制

伴随互联网信息技术的发展，各个国家相继开展金融创新，原本以机构监管为主的金融监管框架难以适应金融创新发展的需要。金融监管部门之间的业务相互交叉、重合度高，既拓宽了金融脱实向虚的操作空间，又挑战了守住不发生系统性金融风险这一底线。为深化金融监管体制改革，2023 年 3 月，中共中央、国务院印发《党和国家机构改革方案》，决定组建国家金融监督管理总局。至此，中国金融监管体制延续多年的“一行三会”调整为“一行一局一会”。这标志着中国金融监管体制进入新的发展阶段。

国务院金融稳定发展委员会于 2017 年 7 月在北京召开的全国金融工作会议上宣布设立，于 2017 年 11 月正式成立。作为国务院统筹协调金融稳定和改革发展重大问题的议事协调机构，国务院金融稳定发展委员会承担落实党中央、国务院有关金融工作的决策部署、审议金融业改革发展重大规划的职责。其宗旨是强化中国人民银行宏观审慎管理和系统性风险防范职责，强化金融监管部门监管职责。2023 年 9 月 24 日，中共中央办公厅、国务院办公厅调整中国人民银行职责机构编制，不再保留国务院金融稳定发展委员会及其办公室，将国务院金融稳定发展委员会办公室职责划入中央金融委员会办公室。

中国人民银行处于监管的核心地位，根据《中华人民共和国中国人民银行法》的规定，其主要职责是制定和执行货币政策、防范和化解金融风险、维护金融稳定。在新的金融监管制度下，中国人民银行还新增了拟定银行业、保险业重要性法律法规草案和审慎监管基本制度的职能。

国家金融监督管理总局是在中国银行保险监督管理委员会基础上组建的国务院直属机构，负责贯彻落实党中央关于金融工作的方针政策和决策部署，把坚持和加强党中央对金融工作的集中统一领导落实到履行职责的过程中。

中国证券监督管理委员会是我国证券市场的监管机构。根据《中华人民共和国证券法》的规定，国务院证券监督管理机构依法对全国证券市场进行监督管理，维护证券市场的秩序，保障其合法运行。

至此，我国初步形成了国务院金融稳定发展委员会统筹协调，以健全货币政策与宏观审慎政策为双支柱，综合考虑微观审慎、行为审慎等因素的多元目标监管制度。中国金融监管正处于大变革时代，“一行一局一会”的金融监管体制改革有利于解决分业模式产生的监管职责不清晰、交叉监管等问题，弥补监管空白。改革后，中央金融委员会办公室负责监管协调。中国人民银行以货币政策保障币值稳定，加强宏观审慎，保障金融稳定。国家金融监督管理总局和中国证券监督管理委员会加强微观审慎，保障个体金融机构的稳定，保护消费者权益。这有利于统筹系统重要性金融机构监管，优化监管资源配置，建立合理有效的现代金融监管框架，防止系统性金融风险的发生。

第四节　金融监管的国际协调

一、国际监管协作的必要性

（一）金融国际化与金融风险国际化

第二次世界大战以后，经济和金融趋于全球一体化，金融风险也趋于全球一体化。金融机构的国际化，一方面使金融机构经营风险增加，同时伴随外汇风险与国家风险的发生，使金融机构面临的风险种类越来越多，复杂性越来越大；另一方面，这些金融风险越来越不可能被限制在一国的地理区域内，而是要同时面临日益增加的外国风险。因此，任何一国的监管机构都无法对金融所面临的风险进行全面的监管，迫切需要各国之间的协调与合作。

（二）金融国际化背景下的金融监管困境

金融国际化的快速发展及其风险在国际范围内的广泛传播，给各国的金融监管当局带来了严峻的挑战。因为国际金融活动是超越一国的行政管辖权的，但对金融活动和机构的监管却是每一个国家政府的事情。这意味着各国金融监管部门必须加强协调与合作，否则无论是对个别国家还是对整个国际金融市场都有可能带来消极的影响。

在金融国际化背景下，金融监管当局面临的困境和挑战主要如下：

（1）金融活动和金融机构的国际化与金融监管的国别化之间的矛盾日益加深。就国际金融监管角度来看，当金融活动的监管还是单个国家政府的事情，金融监管行为还被限制在国家主权地理区域之内的时候，就意味着无法对国际金融活动进行有效的监管，即面临“监管真空”的危险。在国际金融风险日益加大之际，“监管真空”无疑会带来严重的后果。

（2）金融国际化加大了监管者与被监管者之间的信息不对称。在金融国际化过程中，金融机构的组织结构和业务结构日趋复杂，国际经营和交易业务大量以表外业务的形式来开展。这使得原本就在监管者与被监管者之间存在的信息不对称更加严重。监管者根本无法及时完整地获得信息，并据此进行有效的金融监管。

（3）国际金融业务的创新不断突破现有的金融监管框架，使得监管机构面临新的监管对象。创新使得金融机构资产负债的表外业务大量增加，单纯的资产负债表难以反映金融机构的真实经营情况。层出不穷的金融创新使金融衍生工具大量涌现，这些衍生工具在为交易主体提供风险转移和风险规避手段的同时，也因其具有以小搏大的杠杆效应增加了市场风险，使金融机构业务操作的复杂程度和投资组合调整的速度加剧。这些都导致监管部门无法对其进行及时有效的监管。

（4）金融机构的集团化和业务的综合化与金融监管的分散化之间的矛盾。金融集团复杂的业务结构和风险结构使得金融监管极为困难。目前，许多国家实施的还是分散化的金融监管体制，这就使如何对进入本国的国际金融集团实施有效监管成为一个亟待解决的问题。

（三）金融监管政策的溢出效应

在封闭环境下，一国的金融监管政策效应仅限于本国。在开放环境下，金融国际化的实践却使这种金融监管政策的效应波及国外，产生了明显的或正或负的溢出效应。所谓溢出效应是指任何一国针对本国金融机构所做出的监管决策将影响金融机构的经营行为，进而会波及该机构在国际金融市场上的经营行为，而各国金融机构在国际市场上的业务联系使得这种行为的调整可能会影响该机构的合作者或交易对手，进而会对他国的金融机构产生影响。由于这种溢出效应，金融监管当局做出的不协调的监管决策很可能会导致世界范围内的低效金融产出，影响资源配置的有效性。因此，这就需要各国金融监管当局充分考虑相互之间的联系，加强在政策上的相互协调。

（四）金融监管制度差异会造成监管竞争和监管套利

在开放的国际化市场上，由于各国监管松紧程度不一样，有可能出现监管竞争和监管套利两种现象，影响整体监管的有效性。

监管竞争是指各国监管者之间为了吸引金融资源而进行的放松管制的竞争。一般一国的金融监管制度越放松，越有可能吸引金融资源的流入。但是，监管竞争与产品竞争的一个最大区别就在于监管竞争的主体，即监管者并不是竞争成本和收益的直接承担者，却具有强烈的动机去进行竞争，吸引更多的金融资源本身便是其业绩。这种竞争主体地位的非经济特征将会扭曲竞争，甚至可能造成竞争性的放松监管的局面。这种放松管制的程度达到一定的水平，就会引发世界性的系统风险和灾难性的后果。

监管套利是指被监管的金融机构利用监管制度之间的差异获利。如果一个国家金融监管过于严格，该国的金融机构和业务活动会被其他监管宽松国家所吸引而转往他国。尤其是在国际资本流动自由化的条件下，这种移动就更为迅捷和方便。本国金融机构和业务活动外移的监管套利，将导致本国对金融机构所实施的金融监管措施失效，同时使本国的金融机构数量达不到理想中的竞争状态，影响资源的有效配置。

在金融国际化的大背景下，存在金融监管的各种困境、矛盾、政策失效和监管空白，因此加强金融监管的国际协调势在必行。有效的国际金融监管协调将可能产生两方面的效应：一是继续推进金融的国际化和一体化进程，为金融机构的国际化努力创造良好的金融环境；二是提高全球金融市场监管的有效性，保持金融稳定。

二、金融监管的国际协调组织

在金融国际化实践中，由于存在金融监管国际协调的强大需求，一些相关的国际组织已经在推进世界范围内的金融监管协调，一些区域性的带有统一监管雏形的协调性组织也已经出现。根据协调能力划分，现有的金融监管国际协调组织基本上可以分为两类：一类是对成员没有法律约束力的国际监管组织，包括巴塞尔委员会、证券委员会国际组织、国际保险监管官联合会等，这类组织主要通过没有法律约束的“君子协议”来推动成员之间的合作以及国际性监管标准的推广；另一类是以国际法或区域法为基础的监管组织，它们所通过的监管规则对成员具有法律约束力，可以在一定程度上统一实施对成员的金融监管，如欧盟和北美自由贸易组织等。

（一）巴塞尔委员会

巴塞尔银行监管委员会简称巴塞尔委员会，是在 1975 年 2 月成立的国际清算银行下的常设监督机构（由于英格兰银行的银行监督主管彼得·库克长期担任该委员会主席，因此该委员会又被称为库克委员会）。巴塞尔委员会由银行监管机构的高级代表以及比利时、德国、加拿大、日本、法国、意大利、卢森堡、荷兰、瑞典、瑞士、英国和美国的中央银行组成。巴塞尔委员会通常在巴塞尔的国际清算银行（秘书处永久所在地）召开会议。巴塞尔委员会每年召开三次例会，其工作主要致力于以下几个方面：提高国际银行监管技巧的效能，提出任何影响从事国际银行业务的问题，为了改善全世界银行业监管的工作而与世界各监管机构交换信息和意见。巴塞尔委员会并没有担负正式的、跨国性的监管责任，其出台的决议没有法律效力，但由于巴塞尔委员会代表世界上强大的经济集团，其影响力是不容忽视的。

随着银行业国际化的不断推进，巴塞尔委员会的工作重点转移为堵塞国际监管中的漏洞、提高监管水平和全球监管质量。其主要内容如下：交换各国在监管安排方面的信息、提高国际银行业务监管技术的有效性、建立资本充足率的最低标准以及研究在其他领域制定标准的有效性。巴塞尔委员会在国际监管方面遵循以下两条基本原则：第一，没有任何境外银行机构可以逃避监管；第二，监管应是充分的。

（二）证券委员会国际组织

证券委员会国际组织是由国际上各证券及期货管理机构所组成的国际合作组织。其总部设在西班牙马德里，于 1983 年正式成立。其前身是成立于 1974 年的证监会美洲协会。中国证监会于 1995 年加入该组织，成为其正式会员。目前，几乎所有的有股票交易所的国家都是该组织成员。

证券委员会国际组织的宗旨如下：一是通过合作确保在国内和国际上实现更好的监管，以维持公平和有效的市场；二是就各自的经验交换信息，以促进国内市场的发展；三是共同努力，建立国际证券交易的标准和实现有效监管；四是提供相互援助，通过严格采用和执行相关标准确保市场的一体化。

证券委员会国际组织的提议是建议性的，对成员方不具有法律约束力，且该组织也没有强制实施的权力。实施证券委员会国际组织的政策建议是各成员方监管方面的权力，取决于成员方各自的立法或监管程序。

（三）国际保险监管官联合会

国际保险监管官联合会是一个推动各国保险监管国际协调的组织，成立于 1994 年。该组织的成员超过了 100 个。该组织的秘书处原设在位于华盛顿的美国全国保险监管者联合会内，于 1998 年迁往国际清算银行。

国际保险监管官联合会的宗旨如下：第一，通过合作来改善一国国内乃至国际层次上的保险监管，以此来促进保险市场的效率、公平、安全和稳定，并最终保护投保人的利益；第二，统一各方努力，制定供各成员方选择遵守的监管标准。国际保险监管官联合会的工作内容主要如下：推动保险监管主体之间的合作、建立保险监管的国际标准、为各成员方提供培训、同其他金融部门的监管者和国际金融组织合作。

国际保险监管官联合会由两类会员组成：一类是宪章会员，另一类是新会员。从 1999 年起，国际保险监管官联合会开始接受观察员会员。

（四）金融稳定理事会

金融稳定理事会（FSB）的前身为金融稳定论坛（FSF），是 7 个发达国家（G7）为促进金融体系稳定而成立的合作组织。在中国等新兴市场国家对全球经济增长与金融稳定影响日益显著的背景下，2009 年 4 月 2 日，在伦敦举行的二十国集团（G20）金融峰会决定，将金融稳定理事会的成员扩展至包括中国在内的所有二十国集团成员方。

金融稳定理事会的宗旨是促进与维护各国和全球金融体系稳定，其设立指导委员会指导理事会日常事务，同时设立脆弱性评估、监管合作和标准执行三个专门委员会。金融稳定理事会的任务是制定和实施促进金融稳定的监管政策和其他政策，解决金融脆弱性问题。

三、金融监管国际协调的基本内容

（一）交流、共享监管信息

信息是实现有效监管的重要前提条件，国际社会对信息交流取得了充分的共识，认为监管信息的交流要遵循以下几个原则：第一，为了实现有效监管，每个监管者都必须获得足够的信息；第二，监管者对所需获得的信息及其他监管者之间的合作，应该有一个前瞻性的态度，并且当其面对这些问题时应该以良好的态度及时反馈；第三，监管者应该及时地向某一金融机构主要的监管者传递正在实施的政策、变动的信息以及可能的不利状态，同时也包括监管行为和潜在的监管行为；第四，主要的监管者应该和其他相关的监管者共同分享那些影响被监管者行为的监管信息；第五，监管者应该主动地采取措施同其他监管者签署相关协议，同时在彼此之间建立一种合作和信任的态度。

目前，国际上的信息交流机制主要有双边合作和多边合作两种形式。双边合作主要是通过协议的形式来实现，如谅解备忘录、双边援助协议、非正式的信息交流或信息共享等。多边合作主要是通过国际监管组织的监管建议和监管标准来实现。

（二）银行监管范围和监管责任

1975 年，巴塞尔委员会首次提出了划分银行国外机构监管责任的原则，这是国际监管合作的一个重大进步。但是，随后的阿姆西诺银行的倒闭使国际社会认识到只注意监管责任的划分是不够的。

1983 年，巴塞尔委员会制定了修改后的《巴塞尔协定》，即《对银行国外机构的监管原则》，强调对银行国外机构的充分监管，不但要求在母国和东道国金融监管当局之间适当地划分责任，而且要求两者之间进行联系与合作。

1992 年，巴塞尔委员会根据国际银行业的新发展重新审查了协调国际银行监管的安排，并在 1983 年的《巴塞尔协定》基础上制定了《对国际银行集团及其境外机构的最低监管标准》，希望成员方的金融监管当局共同遵守。

1996 年，巴塞尔委员会向第九届国际银行监管官大会提交了关于跨境银行监管的报告，就如何克服银行监管者在对国际性银行跨国业务进行有效监管过程中所遇到的一些障碍进一步提出了建议。

（三）并表监管

所谓并表监管，是指在银行与各地所从事的全部业务的基础上，母银行和母国监管当局对整个银行或银行集团进行监管，即并表监管是一个金融监管当局对银行集团的总体经营进行监管的过程。

实施并表监管的目的主要如下：一是坚持实现无论银行在何处经营，都不应逃避监管的原则；二是防止资本的双重杠杆；三是保证银行集团的经营风险，无论其在何处注册，都在全球的基础上进行评估与控制。这些原则的充分实施很可能导致母国监管责任的某种延伸，但它并不意味着东道国当局对在其领土上经营的外国银行机构的监管责任有任何减少。

（四）国际监管标准的建立

1988 年，巴塞尔委员会制定的《巴塞尔协议》对资本充足率做了详细的规定，凡是经营国际业务的银行，都要将资产业务按协议规定的风险权数换算为风险资产。银行资本（核心资本加附属资本）与风险资产的比率最低为 8%，其中核心资本要占全部资本的 50%。这一标准不仅在巴塞尔委员会成员方实施，而且有 100 多个非成员方也在本国主动实施。

巴塞尔委员会出台的《新资本协议》更加具有风险敏感性，将风险扩大到信用风险、市场风险、操作风险和利率风险，并提出“三个支柱”，要求资本监管更准确地反映银行经营的风险状况，进一步提高金融体系的安全性和稳健性。

第一支柱是最低资本规定。其中，考虑了信用风险、市场风险和操作风险，并为计量风险提供了几种备选方案。

第二支柱是监管部门的监督检查。金融监管当局的监管是为了确保各银行建立起合理有效的内部评估程序，用于判断其面临的风险状况，并以此为基础对其资本是否充足做出评估。金融监管当局要对银行的风险管理和化解状况、不同风险间相互关系的处理情况、所处市场的性质、收益的有效性和可靠性等因素进行监督检查。金融监管当局的监督检查是最低资本规定和市场纪律的重要补充。

第三支柱是市场纪律。巴塞尔委员会强调，市场纪律具有强化资本监管，帮助金融监管当局增强金融体系安全、稳健的潜在作用。《新资本协议》在适用范围、资本构成、风险暴露的评估和管理程序以及资本充足率四个领域制定了更为具体的定量及定性的信息披露要求。金融监管当局应评价银行的披露体系并采取适当的措施，《新资本协议》还将披露划分为核心披露与补充披露。

（五）对金融集团的监管

金融集团是指在“同一控制权下”完全或主要在至少两个不同的金融部门大规模地提供服务的集团公司。

1993 年年初，巴塞尔委员会、证券委员会国际组织和国际保险监管官联合会成立了一个三方小组，开始研究对大型金融集团的监管问题，并于 1997 年发布了《金融集团的监管》，系统规范了大型金融集团的监管问题。在该文件中，三方小组明确了监管者在金融集团监管方面存在的问题，并讨论了解决问题的具体方法。

1996 年，三方小组升级为联合论坛，由 13 个国家金融监管部门的代表组成。1999 年 2 月，联合论坛发布了《多元化金融集团监管的最终文化》，第一次就多元化金融集团的监管原则与方法提出了具体的指导意见，并明确四项基本原则，即资本充足原则、适宜性原则、信息分享原则、协调员制度。

本章思考题

1. 为什么要进行金融监管?
2. 金融监管的基本目标和原则是什么?
3. 金融监管间接的效率损失有可能表现在哪些方面?
4. 金融监管失灵表现在哪些方面?
5. 对金融机构进行日常的审慎性监管的具体内容有哪些?
6. 如何理解外部的正式监管、行业内的自律与金融机构内部控制制度之间的关系?
7. 在金融国际化背景下，金融监管当局面临的挑战有哪些?
8. 什么是金融监管政策的溢出效应?
9. 如何评价金融监管竞争和监管套利的正面效应和负面效应?
10. 金融监管国际协调的基本内容有哪些?

参考文献

安东尼·桑德斯，马西娅·米伦·科尼特，2012. 金融风险管理：第5版［M］. 王中华，陆军，译. 北京：人民邮电出版社.

曹龙骐，2016. 金融学［M］. 5版. 北京：高等教育出版社.

曹龙骐，陈红泉，李艳丰，等，2015. 人民币国际化路径研究［M］. 北京：中国金融出版社.

戴小平，2018. 商业银行学［M］. 上海：复旦大学出版社.

复旦大学中国金融史研究中心，2017. 中国金融史集刊［M］. 上海：复旦大学出版社.

高鸿业，2018. 西方经济学：宏观部分［M］. 7版. 北京：中国人民大学出版社.

黄达，张杰，2017. 金融学［M］. 4版. 北京：中国人民大学出版社.

姜波克，2012. 国际金融新编［M］. 5版. 上海：复旦大学出版社.

李成，2016. 金融学［M］. 3版. 北京：科学出版社.

罗明雄，唐颖，2013. 互联网金融［M］. 北京：中国财政经济出版社.

马克思，2004. 资本论：第三卷［M］. 北京：人民出版社.

曼昆，2015. 经济学原理：第7版［M］. 梁小民，梁砾，译. 北京：北京大学出版社.

米什金，2016. 货币金融学：第11版［M］. 郑艳文，译. 北京：中国人民大学出版社.

牛淑珍，齐安甜，潘彦，等，2018. 互联网金融理论与案例分析［M］. 上海：复旦大学出版社.

萨缪尔森，2008. 经济学：第18版［M］. 萧琛，译. 北京：人民邮电出版社.

王广谦，2017. 中央银行学［M］. 4版. 北京：高等教育出版社.

约翰·梅纳德·凯恩斯，1999. 就业、利息和货币通论［M］. 陆梦龙，译. 北京：商务印书馆.

张亦春，郑振龙，林海，2017. 金融市场学［M］. 5版. 北京：高等教育出版社.

赵园园，2012. 银行业反垄断法适用问题研究：以银行业结构规制为视角［M］. 上海：复旦大学出版社.

兹维·博迪，亚历克斯·凯恩，艾伦·J. 马库斯，2017. 投资学：第10版［M］. 汪昌云，张永骥，译. 北京：机械工业出版社.